생각을 빼앗긴 세계

WORLD WITHOUT MIND
:THE EXISTENTIAL THREAT
OF BIG TECH

생각을 빼앗긴 세계

프랭클린 포어 지음
이승연, 박상현 옮김

거대 테크 기업들은
어떻게 우리의 생각을 조종하는가

반비

독점에 열렬히 반대하는
자상한 나의 아버지,
버트 포어에게 드립니다.

"따뜻한 생각 하나가 발하는 빛이 내게는 돈보다 더 가치가 있다"

"The glow of one warm thought is to me worth more than money."

———

토머스 제퍼슨, 1773년

목차

서문

얼마 전까지만 해도 가장 유명한 기업들을 정의하는 일은 어렵지 않았다. 어떤 기업이 어떤 사업을 하는지는 초등학교 3학년이라도 설명할 수 있었다. 엑손은 석유를 파는 회사이고, 맥도날드는 햄버거를 파는 회사이며, 월마트는 사람들이 이런저런 물건을 사러 가는 매장이다. 하지만 이제는 그리 간단하지 않다. 모든 영역을 아우르는 독점 기업들이 등장하고 있기 때문이다. 독점 기업들 중에서는 그 같은 무한한 확장 열망을 이름에 반영하는 경우도 있다. 지구상에서 유량이 가장 많은 강 이름을 따서 회사 이름을 지은 아마존의 로고는 A부터 Z까지를 가리키고 있으며, 구글의 회사명은 0이 100개나 붙는 숫자 구골(googol)에서 따왔다. 구골은 수학자들이 상상하기 힘들 정도로 큰 숫자를 간략히 줄여 말할 때 사용하는 단어이다.

이런 회사들은 대체 얼마나 클까? 래리 페이지(Larry Page)와 세르게이 브린(Sergey Brin)은 세상의 모든 지식을 모으겠다는 목표로 구글을 설립했지만, 그 목표로도 충분하지 않았다. 구글은 현재 무인 자동차와 폰을 만들고, 죽음과 싸워 영원히 사는 방법을 찾으려 하고 있다. 아마존은 한때 "모든 물건을 파는 상점"으로 만족했지만, 이제는 TV 프로그램을 만들고, 드론을 설계하고, 클라우드 서비스를 제공하고 있다. 세계에서 가장 야심찬 기업들—거기에는 페이스북과 마이크로소프트, 애플도 포함된다—은 모두 우리의 "개인 비서"가 되려고 경쟁하고 있다. 아침에 우리를 깨워주고 인공지능(A.I.) 소프트웨어로 우리의 하루를 이끌어주면서 우리 곁을 떠나지 않으려고 한다. 우리의 소중하고 개인적인 것들, 일정과 연락처, 사진과 문서들을 모아 보관하려 하고 있다. 이 기업들은 사람들이 아무 생각 없이 자기들에게서 정보와 오락거리를 찾게 만드는 동시에, 사람들이 바라는 것은 무엇이고 싫어하는 것은 무엇인지를 총망라하는 거대한 리스트를 작성하고 있다. 구글글래스와 애플워치를 보면 그 기업들이 인간의 몸에 인공지능을 이식하게 될 미래를 쉽게 상상할 수 있다.

테크업계의 독점 기업들은 인류를 자신들이 바라는 그림대로 바꿔놓으려는 의지가 과거의 어떤 기업 집단들보다 강하다. 이들은 인간의 진화 방향을 바꿔서 인간과 기계의 통합이라는 오랜 노력을 드디어 완수할 기회를 잡았다고 생각한다. 그걸 어떻게 알 수 있느냐고? 테크와 관련된 보도가 대부분 최신 제품 발표에 치우쳐 있다 보니 무심코 지나치기 쉽지만 위와 같은 주장은 실리콘밸리에서는 제법 흔한 생각이다. 테크 기업의 창업자가 연례 연설을 할 때면, 인류의 본성, 특히 그들의 생각에 우리가 미래에 가져야 한다고 믿는 인류의 본성에 대한 대담한 선언을 하는 것을 종종 듣게 된다.

테크 전문가들의 세계관을 대표해서 흔히 사용되는 개념이 있다. 사람들은 흔히들 자유지상주의(libertarianism)°가 실리콘밸리를

° 흔히 자유의지론으로도 번역되는 미국 보수파의 한 흐름. 정부의 영향력을 최소화하려는 점에

지배할 거라 짐작하는데, 완전히 틀린 생각은 아니다. 실제로 실리콘 밸리의 유명인들 중에는 아인 랜드(Ayn Rand)[∞]를 사상적 스승으로 생각하는 사람들이 종종 있다. 하지만 테크계의 거물들에게 귀를 기울여 보면, 그와는 다른 세계관을 발견하게 된다. 오히려 영웅적 개인을 숭배하는 자유지상주의와는 정반대에 가깝다. 테크 대기업들은, 인간은 근본적으로 사회적인 존재이며 집단적으로 존재하도록 태어났다고 믿는다. 이들은 네트워크와 집단이 가진 지혜, 그리고 협업을 기꺼이 신뢰하며, 원자화된 세상을 복구하려는 깊은 열망을 품고 있다. 세계를 연결하면 문제를 치유할 수 있을 거라고. 이들이 사용하는 수사법에는 인간의 개인성(individuality)에 대한 존중이 드러나지만(테크 기업들은 "사용자"에게 권한을 부여한다고 말한다.) 이들의 세계관은 그와는 정반대다. 심지어 흔히 사용하는 사용자라는 표현도 사람들을 수동적이고 관료주의적으로 묘사한 것처럼 들린다.

　유럽에서는 이런 테크 대기업들을 하나로 묶어서 **GAFA**(Google, Apple, Facebook, Amazon)라고 부르는데(이 기업들을 하나로 묶은 것은 재치 있을뿐더러, 그 특성을 제대로 본 것이기도 하다.) 이 네 개의 기업은 지금 개별성을 보호하는 원칙들을 무너뜨리는 중이다. 이들이 만든 기기나 웹사이트는 개인정보를 보호하지 않는다. 이들은 지적재산권에 적대적인 태도를 취하며, 저작권의 가치를 무시한다. 또한 경제 영역에

서는 주류 보수와 비슷하지만, 전통적 사회 가치보다 개인의 자유로운 선택을 중시한다고 스스로 주장한다.—옮긴이

∞ 러시아 태생의 미국 작가, 사상가로, 『파운틴헤드(Fountainhead)』 『아틀라스: 지구를 떠받치기를 거부한 신(Atlas Shrugged)』 등의 작품은 미국의 자유지상주의자들의 바이블처럼 여겨진다.—옮긴이

서는 인류가 공공선과 위대한 목표들을 추구하는 것을 경쟁이 방해한다는 정교한 논리를 내세워 독점을 정당화한다. 테크 기업들은 개인주의(혹은 개인성, individualism)의 핵심을 이루는 자유의지에 대해서 전혀 다른 생각을 갖고 있다. 그들은 각 개인이 하루하루 내리는 크고 작은 선택들을 자동화하려 한다. 어떤 뉴스를 읽을지, 어떤 물건을 살지, 어떤 길로 이동할지, 어떤 친구를 사귈지 등을, 테크 기업이 만든 알고리듬이 제안한다.

테크 기업들과 이들이 만들어낸 결과물들을 보면 경탄을 금할수 없다. 덕분에 우리의 일상은 너무나 편리해졌다. 하지만 우리는 너무나 오랫동안 경탄만 하고 있었다. 이제 이들의 독점이 빚어낸 결과를 곰곰이 따져보고 인간의 앞날을 결정하는 데 있어 우리 스스로의 역할을 되찾아야 할 때가 되었다. 어떤 문턱을 넘어서는 순간 다시는 돌이킬 수 없는 것들이 있다. 기관이나 제도가 가지고 있던 가치를 바꾸고 프라이버시를 포기하면, 우리는 개인성(individuality)을 상실하고 다시는 회복할 수 없게 된다.

지난 여러 세대 동안 우리는 이 같은 혁명들을 겪어왔다. TV디너°나 새로 나온 음식들이 갑자기 주방을 가득 채웠고, 우리는 비닐로 감싼 치즈, 전자레인지에 데우면 치즈가 줄줄 흐르는 냉동 피자, 바삭바삭 씹히는 동그란 감자튀김 같은 것들에 놀라고 즐거워했다. 인류의 역사에서 그런 것들은 중요한 혁신처럼 보였다. 식재료를 사서 레시피에 따라 차근차근 조리하는 일은 따분한 작업이었고 조리

° 전자레인지에 데워서 TV를 보면서 먹을 수 있도록 간편하게 포장된 음식—옮긴이

후에는 냄비와 프라이팬을 박박 닦아야 했는데, 어느날 갑자기 기적과도 같은 음식이 나타나서 시간이 많이 걸리지만 해야만 했던 일들이 역사의 뒤안길로 사라진 것이다.

　식생활에 일어난 혁명은 단순히 새롭고 재미나기만 했던 것이 아니다. 그 변화는 우리의 삶을 바꿔놓았다. 새롭게 등장한 제품들이 일상생활에 너무나 깊숙이 스며들었기 때문에 우리가 편리함과 효율성, 풍요로움과 맞바꾼 비용이 얼마나 큰 것인지 깨닫게 되기까지는 수십 년이 걸렸다. 새로운 음식이 놀라운 엔지니어링의 결과인 건 맞다. 하지만 이 엔지니어링은 사람들을 비만으로 이끌었다. 감칠맛을 내기 위해서는 엄청난 양의 나트륨과 상당량의 지방이 들어갈 수밖에 없는데, 그런 음식을 먹다 보면 입맛이 바뀌고 허기를 달래기 어렵게 된다. 또한 그런 음식물을 만들기 위해서는 엄청난 양의 고기와 옥수수가 추가 생산되어야 했고, 급증한 수요를 채우기 위해 미국 농업에는 근본적인 변화가 일어났고, 환경에는 끔찍한 폐해를 불러왔다. 그 결과 완전히 새로운 기업형 농장이 등장했다. 한푼이라도 비용을 절감하려는 대기업들이 똥이 가득한 우리에 닭을 쑤셔넣고 항생제를 마구 주입했다. 소비 패턴의 변화가 가져온 결과를 깨닫기 시작했을 무렵에는 우리의 허리둘레와 수명과 정신, 그리고 지구가 이미 피해를 입은 후였다.

　1900년대 중반의 음식 혁명과 유사한 변화가 이제는 지식의 생산과 소비를 바꿔놓고 있다. 대기업들이 우리의 지적인 습관을 뒤바꿔놓는 중이다. 나비스코와 크래프트 같은 식품 기업들이 우리의 먹을거리와 먹는 방식을 바꾸고자 했던 것과 똑같이, 이제는 아마존과 페이스북, 구글이 우리의 읽을 거리와 읽는 방식을 바꾸고 싶어한다. 가장 거대한 테크 기업들은 인류 역사상 그 무엇보다도 가장 강력한 게이트키퍼다. 구글은 우리에게 정보에도 위계가 있음을 알려주면서 인터넷을 정리해서 보여주고, 페이스북은 이용자가 속해 있는 사회집단에 대한 세밀한 이해와 알고리듬을 활용해 우리가 접하는 소식들을 정리해준다. 또 아마존은 출판업계에 자리 잡고 출판 시장을 장악했다.

그같은 시장 지배적 기업들은 자신이 통제하는 시장을 새롭게 재편할 능력을 갖게 된다. 거대 식품 기업과 마찬가지로 거대 테크 기업들은 소비자들의 입맛을 사로잡는 제품을 구성하는 과학적인 방법을 찾아냈다. 이 기업들은 문화 생산의 전 과정을 바꾸어 수익을 극대화하고 싶어한다. 지식인이나 프리랜서 작가들, 탐사전문 기자들, 그리고 제법 알려져 있지만 베스트셀러를 내지 못한 작가들은 과거의 소농들과 비슷한 신세가 되었다. 소농은 늘 근근이 버텨왔는데, 경제가 변화하면서 아예 경쟁 자체에 들어갈 수 없게 되었다.

지식의 영역에서 독점과 순응주의(conformism)는 떼려야 뗄 수 없는 위험이다. 독점은 힘있는 기업이 시장 지배력을 사용해서 경쟁의 다양성을 억누르는 것이며, 순응주의는 그런 독점 기업들 중 하나가 의식적, 무의식적으로 시장 지배력을 사용해서 의견과 취향의 다양성을 말살할 위험을 말한다. 집중화(concentration)에는 동질화(homogenization)가 뒤따른다. 변화한 식생활에서 우리는 이런 패턴을 뒤늦게 발견했다.

나도 늘 회의적이었던 건 아니다. 첫 직장에 다닐 때 나는 베를린 장벽을 바라보면서 점심식사를 했다. 육중한 두께에, 표면 여기저기가 파이고 뜯겨 나간 장벽이었다. 통과가 허용되지 않는 제국의 경계를 표시했던 베를린 장벽은 이제 의도치 않게, 새롭게 떠오른 권력의 중심부를 장식하고 있다. 빌 게이츠가 베를린 장벽의 일부를 사서 마이크로소프트 구내식당에 가져다 놓았던 것이다.

나는 언론인의 커리어를 마이크로소프트에서 시작했다. 당시 마이크로소프트는 새롭게 출범시킨 미디어들을 전부 모아놓은 새로운 캠퍼스를 시애틀 근교에 만들었다. 중정이 있는 이 사각형 건물군의 사이로 시냇물이 흘렀다. 마이크로소프트는 《언더와이어》°라는 제목의 여성지(그런 이름을 가진 매체가 망하지 않았다면 오히려 신기할 노릇이다.)와 자동차 잡지, 도시 생활을 주제로 한 웹사이트 몇 개를 만들었다. 나는 대학을 졸업한 후 서부로 날아가서 마이크로소프트가 만드는 일반 교양 잡지 〈슬레이트〉 발행진의 막내가 되었다.

인터넷 저널리즘을 처음 만들어가는 건 신나는 일이었다. 독자들은 우리 매체를 컴퓨터 화면을 통해 소비했고, 이는 새로운 스타일의 글쓰기가 필요하다는 뜻이었다. 그런데 새로운 스타일은 뭘까? 더 이상 우편 배달이나 인쇄기에 의존할 필요가 없었다. 그렇다면 발행주기는 어떻게 정해야 할까? 하루 한 번? 한 시간마다 한 번? 글쓰기의 모든 형식을 우리가 새롭게 규정하면 될 것처럼 느껴졌다.

인터넷에 관한 여러 면에서 그랬듯이, 마이크로소프트는 미래

° 언더와이어는 브래지어의 모양을 잡아 주는 금속 와이어를 의미하는데, 여성들이 거추장스럽게 생각하는 물건을 여성용 잡지의 제호로 정한 것을 지적하는 말이다. 물론 통신사를 흔히 '와이어(wire)'라고 부르기 때문에 나름 재치 있다고 생각해서 정한 이름일 것이다.—옮긴이

에 벌어질 일들이 어떤 모습일지 잘못 판단했다. 마이크로소프트는 스스로를 최첨단 미디어 기업으로 재정의하려 했지만, 이를 위한 노력은 어설펐고 비용이 많이 들었다. 특히 콘텐츠를 직접 만들어내는 실수를 범했다. 마이크로소프트의 뒤를 이은 페이스북, 구글, 애플 같은 기업들은 이 실수를 되풀이하지 않았다. 그 기업들은 방법을 다르게 적용함으로써 마이크로소프트를 앞서 나갔다. 작가나 편집자를 고용하지 않고, 거의 아무것도 직접 소유하지 않고서 미디어를 점령했다는 점에서 혁신적인 방법이었다.

수십 년 동안 인터넷은 읽기 패턴을 송두리째 바꿔놓았다. 점점 더 많은 독자들이 〈슬레이트〉나 《뉴욕타임스》 페이지에서 기사를 읽기 시작하는 대신, 구글이나 페이스북, 트위터, 애플을 통해 기사를 접한다. 미국의 62퍼센트가 소셜미디어를 통해 뉴스를 접하고, 그중 대부분이 페이스북을 통해 접한다. 미디어 사이트에서 발생하는 트래픽의 3분의 1이 구글을 통해서 들어온다. 그 결과 미디어는 비굴할 정도로 철저하게 테크 기업들에 수입을 의존하게 되었다. 미디어 기업들은 생존을 위해 자신들의 가치를 상실했다. 심지어 직업정신이 투철한 언론인들도 새로운 마음가짐을 체화해서, 구글과 페이스북의 알고리듬에 맞춰 쉽게 발견될 수 있는 방법을 고민한다. 미국에서 가장 중요한 뉴스 공급자들이 클릭 수를 올리기 위해 선정주의를 마다하지 않고, 진위가 의심스러운 기사를 발행하고, 음모와 선동을 퍼뜨리는 사람들에게 관심을 몰아다 주었고, 결국 그들 중 하나가 미국 대통령에 당선되었다. 페이스북과 구글은 사실과 거짓을 가르는 오래된 경계가 사라져버린, 그래서 거짓 정보가 바이럴되어 퍼져 나가는 세상을 만들어냈다.

나는 방금 위에서 한 이야기를 아주 강렬하게 직접 경험했다. 나는 경력의 대부분을 워싱턴에 본사가 있는 《뉴리퍼블릭》이라는 작은 잡지에서 보냈다. 《뉴리퍼블릭》은 구독자 10만 명을 넘지 않는 잡지로, 주로 정치와 문학을 다룬다. 우리는 격변의 인터넷 시대를 힘겹게 통과하고 있었다. 그러던 중 2012년에 크리스 휴스(Chris Hughes)가 우리 잡지를 인수했다. 크리스는 단순한 구원자가 아니라 시대정신을 대표하는 사람이었다. 그는 하버드 재학 중 마크 저커버그의 룸메이트였고 페이스북의 첫 번째 사원이 되었다. 크리스는 케케묵은 잡지에 밀레니얼 세대의 승인과 늘어난 예산, 그리고 내부자만이 알 수 있는 소셜미디어 정보를 가져다주었다. 우리는 저널리즘의 희망 전도사라도 된 것 같았다. 저널리즘은 맞닥뜨린 많은 문제들에 대해 자존심을 건드리지 않을 해결책을 갈구하고 있었다. 크리스는 나를 잡지의 편집장으로 임명했고(나는 이전에도 이 잡지의 편집장으로 일한 적이 있었다.), 우리는 함께 잡지를 다시 새롭게 만드는 작업을 시작했으며, 실현 불가능할 만큼 높은 기대를 충족시키는 일에 착수했다.

결론적으로 말하면, 그런 과한 기대를 유지하는 일은 불가능했다. 우리는 크리스가 원하는 만큼 재빠르게 움직일 수 없었다. 트래픽은 늘어났지만, 기하급수적으로 늘어난 건 아니었다. 크리스가 보기에 우리는 소셜미디어를 충분히 터득하지도 못했다. 나와 크리스의 관계는 악화일로로 치달았다. 결국 그는 2년 반 만에 나를 해고했고, 이 결별은 실리콘밸리가 그토록 강력한 영향력을 행사하면서도 언론계를 이해하지 못하고 있음을 보여주는 우화로 해석되었다. 그 경험이 이 책에서 하려는 주장을 뒷받침하게 되었음은 물론이다.

이 책이 분노로 쓰였다는 인상을 주지 않기를 바라지만, 그렇다고 내가 가진 분노를 부정하고 싶지도 않다. 테크 기업들은 소중한 어떤 것을 파괴하고 있다. 바로 '사색 가능성'이다. 그들은 우리가 끊임없이 뭔가를 보고 있고, 늘 주의 산만한 상태로 사는 세상을 만들어냈다. 그들은 수집한 데이터를 사용해서 우리가 지닌 정신의 초상화를 만들었고, 이를 이용해 대중의 행동을(그리고 점차 개인의 행동을) 눈에 띄지 않게 어딘가로 유도해서 돈을 벌고 있다. 그리고 지적인 저작물을 공급해서 사고를 자극하고 민주주의를 이끄는 미디어나 출판사 같은 기관들의 직업적 원칙을 훼손했다. 이 기관들의 가장 소중한 자산이자 우리 자신의 가장 소중한 자산이기도 한, 관심과 주의를 함부로 다루었다.

테크 기업들은 인간의 진화를 바꾸려는 목적을 이미 달성했다. 우리는 모두 이미 일정 부분 사이보그가 되었다. 우리의 폰은 기억의 일부를 담당하고 있고, 기초적인 두뇌 활동을 알고리듬에 위탁했으며, 자신만의 비밀을 외부 서버에 저장해서 컴퓨터로 정보를 캐 갈 수 있도록 허용했다. 항상 기억해야 할 점은, 우리가 단순히 기계와 한몸이 되고 있는 게 아니라, 그 기계를 운용하는 기업들과 한몸이 되고 있다는 사실이다. 이 책은 테크 기업들을 움직이는 사고방식, 그리고 그런 사고방식을 거부해야 할 당위성에 관한 책이다.

1부
생각을 독점하는 기업들
THE MONOPOLISTS OF MIND

1장 실리콘밸리 문화의 기원
THE VALLEY IS WHOLE,
THE WORLD IS ONE

실리콘밸리가 부상하기 전까지 미국인들에게 독점이라는 단어는 비난의 어조를 담고 있었다. 물론 그런 오명에도 불구하고 기업들은 기꺼이 독점을 추구했고, 시장을 완전히 장악하기 위해 언제나 공격적인 노력을 기울였다. 현대의 경제학 교과서들은 이런 야망을 건강하고 정상적인 것으로 서술하지만, 독점은 여전히 문화적으로 용납되지 않았고, 목표로 내세우기에는 정치적으로도 위험했다. 오늘날 공룡 기업들의 선조 격인 별도의 몇 가지 사례를 제외하면, 토머스 제퍼슨 대통령°의 나라에서 함부로 입 밖에 내서는 안 되는 단어였다. 미국은 경쟁이 권력의 집중에 따르는 위험을 분산한다는 낭만적 시각을 가지고 있었다. 미국 정부가 독점을 적극적으로 제한하는 활동을 사실상 중단한 1980년대 이후에도, 기업들은 철저한 경쟁의 미덕을 존중하는 오랜 전통을 지켜왔다.

그러다가 새로운 거대 테크 기업들이 등장했다. 실리콘밸리의

° 미국 '건국의 아버지' 중 한 명으로, 「독립선언문」을 작성하고 미국의 3대 대통령을 지냈다.—옮긴이

기업들은 단순히 이익을 내기 위해 독점을 탐하는 것이 아니다. 실리콘밸리의 전문가와 이론가들은 경제 생활의 일부분으로서 거대증(巨大症)을 용인하자고 주장하지도 않는다. 실리콘밸리가 있는 샌프란시스코 남쪽 거대한 사무실이 밀집한 지역에서 독점은 영적인 추구이고, 당당하게 내세워 수용하는 개념이다. 테크 대기업들은, 기업 내에서나 기업이 통제하는 네트워크 내에서 권력의 집중이란 하루속히 이룩해야 할 사회적 선이고 전지구적 화합의 전 단계이며 인류의 소외를 해결해줄 수 있는 필요조건이라고 생각한다.

가장 이상적인 순간마다, 테크 대기업들은 독점의 추구를 '인권'이나 사람들 사이의 '연결' 같은 거창한 수식어로 포장한다. 결국 스스로 부여한 임무인데도, 네트워크의 성장이야말로 반드시 이룩해야 할 과업이라도 되는 것처럼 만든다. 테크 기업의 규모는 그 자체로 목표가 된다. 그들은 경쟁을 탈출해서 자신만의 세상에 존재하면서 초월적인 잠재력을 발휘하고자 한다. 테크 대기업들이 위험한 포부를 그토록 굳건하게 믿는 이유는, 그것이 실리콘밸리의 오랜 전통에서 나왔기 때문이다. 이상하게 들리겠지만, 실리콘밸리의 독점에 대한 열망은 가장 낭만적으로 평화와 사랑을 전망했던 1960년대 반문화(counterculture)까지 거슬러 올라간다. 좀더 정확하게 말하면, 그 전통은 히피 왕국의 황태자로부터 비롯되었다.

1960년대 초, 스튜어트 브랜드(Stewart Brand)°는 자기 트럭을 몰

° 스티브 잡스가 젊은 시절 자신에게 영감을 주었다고 해서 유명한 잡지 《홀어스 카탈로그》의 편

고 옅어지는 안개를 가르며 샌프란시스코 반도의 남쪽으로 내려가
곤 했다. 범퍼에는 "커스터는 당신의 죄를 대신해 죽었다.(Custer Died
for Your Sins.)"°°라는 문구가 적힌 스티커가 붙어 있었고, 셔츠를 풀
어헤쳐 드러난 스튜어트 브랜드의 맨 가슴에는 구슬 목걸이가 늘어
져 있었다. LSD 환각제를 사용하던 사람들은 브랜드를 리더처럼 생
각했고, 그들 사이에서 브랜드는 '인디언 마니아(Indian freak)'¹로 통
했다. 브랜드의 인디언 사랑이 처음 시작된 것은 가족과 가깝게 지내
던 어떤 사람의 부탁으로 웜스프링스 인디언 보호구역에 가서 브로
슈어에 사용할 사진을 찍었던 때였다. 그렇게 시작된 스튜어트 브랜
드의 인디언 사랑은 오타와 인디언인 로이스 제닝스²와 결혼하면서
최고조에 달한다. 광고회사 임원의 아들이었던 브랜드에게 북미 원
주민들은 커다란 깨달음으로 다가왔다. 그의 아버지는 1950년대 미
국의 순응주의, 소비주의에 영합하는 광고 문구를 작성했던 반면, 북
미 원주민들은 그런 흐름의 대척점에서 살아 숨쉬는 존재였다.

　　과거에 많은 백인들이 그랬던 것처럼, 브랜드도 인디언 보호구
역에서 자신의 삶에는 고통스러울 만큼 결여된 진정성을 발견했다.
그의 눈에 인디언 보호구역은 지구를 파괴하는 행동에 참여하기를
끝까지 거부하고 '우주적 의식'³을 잃지 않으려는 사람들의 피난처
이자 요새였다. 자신의 생각에 유독 심취했던 때는 이렇게 말하기도
했다. "(인디언들은) 너무나 지구적인 존재여서, 지구라는 행성을 초월

집장—옮긴이

°° 1960년대에 유행했던 문구로, 리틀빅혼 전투에서 라코타 인디언과 싸우다 전사한 조지 암스트
　롱 커스터 장군의 죽음은 백인들의 죄 때문이라는 뜻—옮긴이

하는 존재인 것 같아."[4] 브랜드는 자신이 웜스프링스 보호구역에서 처음 발견한 가치를 널리 알리기 위해 '아메리카는 인디언이 필요해'라는 멀티미디어 쇼를 공연할 소규모 댄스 그룹을 만들었다. 브랜드도 말한 것처럼, 손전등과 음악, 프로젝터를 동원한 그 댄스 공연은 "페요테만 없었을 뿐, 페요테 파티[5]°였다."

이 공연은 훗날 스튜어트 브랜드가 어떻게 기술의 미래를 결정하는 기획자 역할을 하게 되었는지 어렴풋이나마 설명해준다. 브랜드는 자신이 속한 세대의 영적인 갈망을 발견하고, 기술이 어떻게 그것을 충족시킬지 설명할 수 있는 재능을 가지고 있었다. 그는 자신의 주장을 책과 기사로도 남겼지만, 책과 기사는 그가 남긴 많은 것들 중 덜 재미있는 편에 속한다. 브랜드는 자신과 비슷한 생각을 하는 사람들의 글을 서로 연결하는 새로운 장르의 출판물을 만들어냈고, 테드(TED) 컨퍼런스가 등장하기 수십 년 전에 이미 비슷한 컨퍼런스를 연속해서 조직했다.

브랜드는 컴퓨팅 혁명이 일어나도록 영감을 불어넣었다. 실리콘밸리의 엔지니어들은 자신들이 하고 있는 일이 지닌 엄청난 잠재력을, 자신들은 보거나 표현하지 못했던 방식으로 설명해주는 브랜드를 존경했다. 그가 테크놀로지에 짜릿한 이상주의를 불어넣었기 때문에, 사람들은 브랜드를 열렬히 추종했다. 정치는 인류를 변화시키지 못했지만 컴퓨터라면 할 수 있을 것 같았다.

세상이 테크놀로지로 치유되고 평화로운 협업 모델을 통해 하

° 페요테 선인장에서 채취한 환각제를 복용하는 모임—옮긴이

나가 되는 식의 변화에 대한 꿈은 순진하지만 나름의 매력이 있다. 실리콘밸리에서는 이 순진한 믿음이 세대를 거쳐 계승되었고, 심지어 사업에 엄격한 기업들에조차 그런 믿음이 내재화되어 있다. 인류를 하나의 초월적인 네트워크로 묶으려는 흥미로운 꿈에서 시작된 것이 이제는 독점을 정당화하는 근거가 되었다. 브랜드가 가졌던 비전이 페이스북과 구글의 손에 들어가서 지배의 구실이 된 것이다.

　테크놀로지를 새롭게 만들기에 앞서 스튜어트 브랜드는 '1960년대'를 만들어내야 했다. 히피 세대 이전의 이야기들이 흔히 그렇듯, 이 이야기도 다소 방향 없이 시작한다. 브랜드는 미국 명문 사립학교인 필립스엑서터 고등학교와 스탠퍼드 대학교를 졸업한 후 군에 입대한다. 그의 군 생활은 행복하게 끝나지 않았지만, 브랜드는 군에서 조직을 운영하고 업무 관리하는 기술을 배웠다. 워낙 철저하게 배웠던 터라, 브랜드는 심지어 LSD를 복용[6]한 후에도 관리 능력을 잃지 않았다(그는 1962년 경부터 LSD를 복용하기 시작했는데, 당시만 해도 의학 실험실의 연구원에게서 합법적으로 LSD를 구할 수 있었다.). 긴 머리를 한 전형적인 히피 친구들은 콘서트 홀을 계약하고 이벤트를 홍보하는 등의 일을 깔끔하고 빈틈없이 처리하는 브랜드의 능력에 놀랐다. 톰 울프(Tom Wolfe)의 논픽션『일렉트릭 쿨에이드 애시드 테스트(The Electric Kool-Aid Acid Test)』에 따르면, 브랜드가 마약을 하던 유명한 친구들인 '메리 프랭스터들(Merry Pranksters)'과 소설가 켄 키지(Ken Kesey)를 엮어주던 시절, 브랜드는 화려한 형광색의 안료인 데이글로를 좋아하던 힙스터들 중에서는 "차분하고 사색적인 축에" 속했

다.[7] 꽃을 꽂은 실크 모자를 쓰고 장난기 어린 문구를 읊고 다니기는
했어도, 브랜드는 서류를 잘 챙기는 깔끔한 사람이었다.

브랜드의 가장 중요한 업적 중 하나는 '트립스 페스티벌(Trips
Festival)'을 조직한 일이다. 키지의 친구들이 자기들이 가장 좋아하
는 마약인 LSD를 기념하기 위해 샌프란시스코에서 개최한 애시드°
테스트 파티들 중에서도 가장 대규모였으며, 지금은 1960년대 문화
의 도래를 알린 행사로 유명한 3일간의 환각제 파티의 프로그램들을
브랜드가 구성한 것이다. 특히 이 대규모 행사에서 브랜드는 록밴드
'그레이트풀데드'를 세상에 처음 소개했고, 6000명의 히피들을 한자
리에 모아 그들에게 고유의 문화, 정확히는 반문화에 대한 소속감을
심어주었다. 그러는 중에도 브랜드는 본인이 집착하는 '아메리카는
인디언이 필요해' 공연을 첫날 밤 공연 프로그램의 가장 중심부에
배치했다.

브랜드가 페스티벌에서 사용한 조명과 이미지들은, 참가한 사
람들이 의식을 더 강렬히 자각하도록 인위적으로 시도했다는 점에
서 LSD와 다를 바 없었다. 아메리카는 인디언이 필요했고, LSD도
필요했다. 모두들 회색의 플란넬 셔츠를 입고 일하는 무감각해진 나
라를 흔들어 깨울 필요가 있었다. 시간이 지나면서 브랜드는 페스티
벌에서 사용한 환각 작용의 힘을 컴퓨터에도 적용했다. 하지만 그가
태도를 바꿔 컴퓨터를 기꺼이 받아들이기 전까지만 해도, 브랜드는
컴퓨터를 그다지 좋아하지 않았다. 브랜드도 그랬고 당시 생겨나기

° LSD 환각제를 흔히 '애시드'라고 부른다.—옮긴이

시작한 반문화가 싫어하는 것들―생각 없이 순종하는 대중들과 관료주의의 독재―에 대한 가장 신랄한 상징이 바로 컴퓨터였다. 브랜드는 훗날 1960년대를 이렇게 회상했다. "우리 세대의 대다수는 중앙의 통제를 상징하는 전형이라며 컴퓨터를 비판했다."[8]

실리콘밸리에서 샌프란시코만 건너편에 위치한 버클리에서는, 신좌파(New Left)의 초기 구호에 컴퓨터에 대한 비판이 포함되어 있었다. 뛰어난 연설로 대학 내 '자유발언운동(Free Speech Movement)'을 이끌었던 마리오 사비오(Mario Savio)는 대학(과 사회)의 압제를 테크놀로지에 비유했다. "기계 작동이 너무 역겨운 일이 돼버려서[9] 더는 작동에 참여할 수 없는 때가 온다. 잠자코 따를 수도 없고, 톱니바퀴 위에 몸을 직접 올려놓지 않으면 안 된다." 하지만 그의 비유는 대개는 더 구체적이곤 했다. 사비오의 표현에 따르면, "캘리포니아 주립대학에서 당신은 IBM카드에 불과하다." 실제로 항의 집회에 참여하는 학생들은 컴퓨터 카드°를 목에 걸곤 했는데, 그 카드에는 여러 개의 구멍으로 '파업'이라는 단어가 찍혀 있었다. 학생들은 '나를 접거나, 구부리거나, 구멍 내거나, 훼손하지 마시오.'[10]라는 문구를 사용했다.

그런 비판은 전혀 과장이 아니었다. 우선, 정체가 불분명한 컴퓨터 제조사 IBM이 있었다. 1950년대 말까지만 해도 IBM은 미국 내 컴퓨터 시장의 70퍼센트를 장악하고 있었고 이렇다 할 경쟁 기업도 없었다. IBM의 시장 독점은 기업이 보유한 엔지니어링 실력의 산물이기도 했지만, 미 국방부와 정부 각 기관의 전적인 지원에 힘

° 초기 컴퓨터의 입력 도구인 천공카드를 의미한다.―옮긴이

입은 결과이기도 했다(정부 지원 덕분에 당시 가장 앞서 있던 유럽 엔지니어
들을 따라잡을 수 있었다. 유럽에서는 유사한 정부 지원이 없었다.). IBM은 초
기 모델의 하나인 701에 '국방부 계산기(Defense Calculator)'[11]라는 모
델명을 붙였다. 주요 시장이 국방부였음을 고려한 명칭이었다. IBM
이 생산한 701컴퓨터는 거의 예외 없이 국방부나 항공우주 기업에
대여됐다. 몇 년 후, NSA(National Security Agency, 미국 국가안보국)는
'STRETCH'라는 프로젝트를 통해 IBM의 신규 컴퓨터 개발을 지원
했다. 새 모델이 국가 기관들의 특수한 필요를 충족시켜야 한다는 조
건으로 국가가 보조금을 지급했다. 이데올로기적 성향이 없는 조심
스러운 성격의 기술사가(技術史家)인 폴 세루지(Paul Ceruzzi)는 당시를
이렇게 명쾌하게 설명했다. "1945년부터 1970년대까지 미국 컴퓨터
산업은 엄격한 통제 하에 존재하는 대규모 중앙 집중 시스템이 지배
하고 있었다. 그런 점에서 소련의 정치 시스템과 별반 다르지 않았
다."[12]

　　당시 컴퓨터들은 실제로 완벽히 사악한 외관을 하고 있었다.
1970년대까지 대부분의 컴퓨터들은, 컴퓨터를 사용하는 기관과 마찬
가지로 한곳에 고정된 거대한 존재였다. 초기 모델을 설치하려면 방
전체를 사용해야 했으며, 기기가 워낙 비싸고 민감했기 때문에 밤낮
으로 경비를 섰다. 데이터를 입력하려면 제출하는 사람이 창구로 가
서 흰 가운을 입고, 좁은 넥타이를 한 기술자들에게 천공카드를 건네
주어야 했다. 사람들은 이 기술자들을 "제사장"이라고 불렀다. 입력
용 천공카드는 선다형 양식과 비슷하게 생겼는데, 선다형 양식이야
말로 관료제의 필수 도구이기도 했다. 실험실처럼 냉정한 이러한 접

근 방식은 세계대전 후에 등장한 엘리트 집단에 잘 맞았다. 그들은 기술관료적 성향을 가진, 효율성에 집착하는 사람들이었기 때문이다.

스튜어트 브랜드는 컴퓨터에 대해 나쁘게 이야기하는 사람들의 말을 믿지만, 그럼에도 컴퓨터가 세상을 더 좋게 바꿀 거라는 희망을 가지고 있었다. 그런 일말의 낙관주의는 부분적으로는 그가 속한 세대의 특징이기도 했다. 베이비부머 세대는 로큰롤, 자동차, 텔레비전 같은 테크놀로지에 둘러싸인 세상에서 자라났으며, 테크놀로지에 철저하게 반대하기에는 현대성을 한창 만끽하고 있었다. 신좌파 운동의 이론가인 시오도어 로샤크(Theodore Roszak)은 훗날 이렇게 설명했다. "포크 음악이나 원시적인 생활 방식, 수공업, 유기농 같은 것들도 제 나름의 매력이 있지만, 우주선이나 경이로운 기계들은 보는 사람이 어린아이처럼 '우와!'하는 탄성을 내지르게 한다. 그런 이유로 스탠리 큐브릭의 「2001: 스페이스 오디세이」나 TV 시리즈 「스타트랙」에는 컬트 팬들이 있다."[13]

브랜드는 일련의 깨달음을 통해 테크놀로지의 미래를 예언했지만, 그의 깨달음 중에서 환각제의 영향을 받은 것은 하나뿐이다. 브랜드는 어느날 힙스터들이 모여 살던 (샌프란시스코의) 노스비치에 있는 자기 아파트 옥상에 담요를 둘러쓰고 앉아 있었다. 여러 가지 생각이 꼬리를 물고 그의 머리를 스쳐갔다. '눈 앞에 있는 건물들은 왜 완벽한 평행을 이루고 있지 못할까? 아! 지구가 둥글기 때문이겠구나! 맞아, 분명 그것 때문에 그래. 흐음…… 많은 인공위성들이 지구를 내려다보고 있는데 왜 지구를 찍은 사진은 없는 걸까? 그냥 사진 말고, 컬러 사진. 그냥 지구 사진 말고, 지구 전체(whole earth)를 찍은 사진. 지구 전체를 찍은 사진이 있으면 정말 모든 게 달라질 것 같은 데.' 브랜드가 미항공우주국(NASA)에 지구를 찍은 컬러 사진을 공개하라며 물고 늘어지기 시작한 것은 그때부터다. 그는 곧 히치하이킹을 해서 동부로 이동했고, 대학 캠퍼스를 돌아다니며 지구의 컬러 사진을 공개하라는 문구가 들어간 배지를 팔았다. 괴짜처럼 보이는 그의 이런 행동은 환경운동을 일깨우는 역할을 했다.

두 번째 깨달음은 첫 번째 깨달음을 바탕으로 하고 있다. 아버지의 장례식을 마치고 돌아오는 길에 브랜드는 유산으로 물려받은 돈을 어떻게 쓸지 생각했다. 도시에서 떠나 공동체(commune) 생활을 하고 있는 친구들이 생각났다. 그가 공동체 생각을 하게 된 이유는 어렵잖게 짐작된다. 1967년 '사랑의 여름(Summer of Love)'°부터 1968년 '끔찍한 해(annus horribilis)'°°까지 수십 만의 미국 젊은이들이 희망을 갖고 혹은 공포에 쫓겨 문명 세계를 떠나 자급자족 생활을 하는 집단 공동체를 만들어 살았기 때문이다. 뉴멕시코의 사막, 테네시의 산골, 그리고 캘리포니아 북부의 숲속에 드롭시티(Drop City), 트윈옥스(Twin Oaks) 같은 이름의 마을들이 생겨났다(한 추정에 따르면, 1970년대 초 그 같은 공동체 거주자들의 숫자가 75만 명에 이르렀다.).[14] 돌아오는 비행기에서 브랜드는 트럭을 몰고 흩어져 있는 공동체를 돌아다니면서 공동체가 성장하는 데에 필요한 도구나 물건을 팔 구상을 했다.

° 히피의 반문화가 샌프란시스코를 중심으로 본격적으로 서구 세계에 확산된 시점이다.—옮긴이

°° 미국 내에서는 마틴 루터 킹 목사와 로버트 케네디 대통령 후보가 암살 당하고, 해외에서는 '프라하의 봄'이 소련의 군대에 의해 끝나는 등 일련의 사건으로 미국인들에게는 끔찍했던 한 해로 기억된다.—옮긴이

훗날 그는 "그렇게 하면 굳이 힘들게 공동체에서 살지 않으면서도 공동체에 도움이 될 것 같았다."[15]고 농담했다.

그의 트럭 사업은 재미를 보지 못했지만, 그가 가졌던 핵심 아이디어는 결과적으로 그보다 훨씬 더 큰 반향을 불러왔다. 완전히 새로운 개념의 출판물인 《홀 어스 카탈로그》를 만들어낸 것이다(스티브 잡스는 이를 두고 "우리 세대의 바이블 중 하나"[16]라고 했다.). 《홀 어스 카탈로그》는 4년 동안 발행되면서 250만 부가 팔렸고, 전미도서상을 수상하기도 했다. 카탈로그의 부제는 '도구 안내서(access to tools)'이었다. 오늘날의 실리콘밸리가 된 지역 한가운데에서 브랜드가 직접 운영하던 가게에서 팔던 것들이 실제 판매 물건의 전부였지만, 카탈로그를 펼치면 많은 물건들의 설명이 있었다. 카탈로그에서는 독자들에게 계산기와 재킷, 측지선돔(geodesic dome),° 책, 잡지 등을 소개했다. 하지만 소개하는 상품보다 더 중요한 것은 그 상품들에 관해 카탈로그가 주장하는 이론이었다. 초기 카탈로그에 등장하는 내용은 이렇다.

우리는 신과 다름없으며, 그 역할을 제대로 수행해야 합니다. 지금까지 정부나 대기업, 공교육, 교회 등을 통해 멀리서 이루어진 권력과 영광을 모두 따져보면 실제로 얻어진 것보다 결점이 더 많습니다. 한편 그런 딜레마에 맞서고 그 성과를 활용하려는 친밀하고 개인적인 힘의 영역이 발전하고 있습니다. 그 힘은 개인이 스스로 교육을 직접

° 서로 당기는 가벼운 직선 구조물을 연결해서 만드는, 내부에 기둥이 불필요한 돔 형태의 건물. 미국의 건축가 벅민스터 풀러(Buckminster Fuller)가 즐겨 사용해서 유명해졌다.―옮긴이

주도하고, 자기만의 영감을 발견하고, 자기를 둘러싼 환경을 직접 만들고, 모험을 원하는 사람들과 공유하는 힘입니다.《홀어스 카탈로그》는 그런 과정을 도울 수 있는 도구들을 찾아 홍보하고 있습니다.[17]

브랜드의 선언은 당시 공동체 운동이 가졌던 생각을 압축적으로 표현했을 뿐 아니라, 중요한 발전을 이루었다. 그는 테크놀로지가 세상에 폐해를 가져왔으며, 오로지 테크놀로지만이 그 폐해를 해결할 수 있다고 주장했다. 도구가 독점 기업과 군국주의자들의 손아귀에서 풀려나서 개인에게 주어지면, 개인은 더욱 자족적인 존재가 될 수 있고, 스스로를 더 잘 표현할 수 있게 된다는 것이다. 다시 말해 '힘의 도구를 인민에게'라는 주장이었다. 이 내용이 왠지 익숙하게 느껴진다면, 과거 애플의 TV광고들이 같은 내용을 담고 있었기 때문이다.

어떤 의미에서 이것은 실리콘밸리의 자유지상주의의 전조 격인, 급진적인 개인주의와 자립 이론이었다. 하지만 브랜드는 벅민스터 풀러(Buckminster Fuller)나 노버트 위너(Norbert Wiener), 마셜 매클루언(Marshall McLuhan) 같은 사람들의 사상을 연구했다. 그가 지적인 영웅이라고 생각한 사람들은 하나같이 시스템과 네트워크를 자세하게 봐야 한다고 강조했다. '홀어스(전지구)'라는 개념이 여기에서 등장한다. 브랜드는 카탈로그를 읽는 독자들이 생태적인 사고를 하기 바랐고, 모든 것들이 서로 연결되어 있음을 깨닫고 그렇게 연결된 생명의 그물망 안에서 자신이 어디에 위치해 있는지 알기를 바랐다. 카탈로그의 뒷표지에 적힌 표현대로, "우리는 그것을 연결할 수 없다.

그것은 이미 연결되어 있다."[18]

《홀어스 카탈로그》는 실리콘밸리의 기원이 되는 문서로, 이 지역의 문화를 설명하는 데 도움이 된다. 오늘날의 실리콘밸리는 벤처 투자자와 테슬라 전기차들이 가득하지만, 그럼에도 여전히 과거 공동체의 흔적을 얼마든지 찾아볼 수 있다. CEO들이 조직의 위계를 무시하고 열린 사무실의 한가운데 다른 직원들과 섞여 앉아 일하며, 같은 방에 있는 다른 룸펜 프로그래머들과 똑같은 티셔츠를 입고 있는 것도 이런 이유다. 또한 실리콘밸리의 독점 기업들이 이윤을 위해 존재하면서도 자기들을 스튜어트 브랜드가 평생을 추구했던 대로 세상을 '완전한 일체' 단계로 끌어올릴 혁명분자라고 생각하는 이유도 그것이다. 프레드 터너(Fred Turner)의 중요한 책 『반문화에서 사이버문화로(From Counterculture to Cyberculture)』에서 지적했듯이, "(《홀어스 카탈로그》는) 사람들이 마이크로 컴퓨터와 컴퓨터 네트워크를 해방의 도구라고 생각하는 환경을 만드는 데 보탬이 되었다."[19]

스티브 잡스가 《홀어스 카탈로그》를 두고 자기 세대의 "바이블"이라고 말한 것은, 잡스와 같은 세대의 엔지니어와 해커들, 즉 기술의 최전선에서 컴퓨팅에 혁명을 가져온 기크(geek)들에게는 전혀 과장이 아니었다. 퍼스널 컴퓨팅의 모든 기초는 1960년대 말에 개발되었다고 해도 과언이 아니다. 매사추세츠 주의 하드웨어 기업인 DEC 덕분에 거대한 메인프레임 컴퓨터가 접근성이 훨씬 개선된 마이크로프로세서로 줄어들 수 있다는 것이 확인되었고, 스탠포드 대학교의 디자이너들은 마우스를 만들어냈으며, 미 국방부는 최초로 인터넷을 연결했다. (마우스를 발명한) 더그 엥겔바트(Doug Engelbart)처럼 비전을 가진 선각자들은 기계가 사람들의 일상생활에서 훨씬 더 사적인 역할을 하게 되는 미래를 예견했다. 하지만 여전히 전문 용어가 통용되었고, 기계는 여전히 너무 비싸고 너무 크고 복잡해서, 가정에 두기는커녕 사무실 책상에 두기도 어려웠다.

혁신은 마술처럼 갑자기 나타나거나 단순히 과학적인 논리대로 진행되는 것이 아니며, 문화가 혁신을 낳는다. 개인용 컴퓨팅이라는 개념도 아직 형성되지 않았던 시절, 엔지니어들이 도약하도록 영감을 준 개념을 구체화한 사람은 분명히 브랜드였다. 《홀어스 카탈로그》는 반문화의 가치들을 테크놀로지로 변모시켰다. 점차 시간이 지나면서 브랜드는 당시만 해도 대규모 기관이 발명한 거대한 장치였던 컴퓨터를, 어떻게 하면 개인의 해방과 공동체의 연결을 위한 도구로 사용할 수 있는지 보여주기 시작했다.

테크놀로지의 역사에서, 샌프란시스코의 변두리 지역이 미국의 환각제 사용의 중심인 동시에 컴퓨팅의 중심지였다는 것은 중요한 사실이다. 이 둘이 한 지역에서 만나는 바람에 젊은 엔지니어들이 스튜어트 브랜드의 메시지에 귀를 기울이는 특이한 현상이 나타났다. 특히 제록스사의 자유분방한 창의력 실험실로 유명했던 팔로알토 리서치센터(Palo Alto Research Center, PARC)가 그랬다. 그 센터의 주요 엔지니어였던 앨런 케이(Alan Kay)는 《홀어스 카탈로그》에 올라온 책들을 모조리 구매해서 사무실의 서가에 모아두게 했다. 훗날 케이는 미래를 보게 해준 사람이 브랜드였다고 했다. "PARC의 연구원들에게 있어 브랜드는 컴퓨터가 앞으로 어떻게 변화할지를 알려주는 조기 경보장치와도 같았다."[20]

　　브랜드의 사상을 자신들의 작업에 흡수한 PARC 엔지니어들은 브랜드를 실험실에 초대해서 함께 어울렸다. 브랜드는 그곳에서 본 것을 글로 옮겨《롤링스톤》잡지에 기고했다. 훗날 중요한 텍스트가 된 그 기사는 뉴저널리즘 스타일의 생생하고 역동적인 글이었다. "나는 메리 프랭스터 애시드 테스트 파티 이후로 이렇게 바쁘고 활기찬 곳은 어디에서도 본 적이 없었다." 브랜드는 자신이 컴퓨터 과학자들을 보는 그대로, 즉 기술의 위대한 해방자로 묘사했다. "날아다니는 기계를 탄 위대한 사람들이 테크놀로지의 최첨단을 탐사하고 있었다. 그런데 그곳에는 이상할 정도의 소프트함이 존재했다. 법이 적용되지 않는 그 지역에서 통용되는 규범은 명령이나 규칙이 아니라, 실현 가능한 것에 대한 더 엄중한 요구다."[21] 당연히 그곳의 엔지니어들은 10년을 앞선 기계들을 만들어내기 시작했고, 너무나 급진적이어서 제록스사의 일반 사무직원들은 완전히 이해하지도 못했다. 그들이 만들어낸 가장 전설적인 컴퓨터 시제품은 훗날 매킨토시에 구현된 요소들을 가지고 있었다. 우연이 아니었다. 잘 알려진 대로 스티브 잡스가 1979년 겨울 PARC를 방문했고 그곳에서 벌어지는 혁신에 매료되었기 때문이다.

　　하지만 브랜드의 글이 그토록 큰 영향력을 갖게 된 것은 그가 엔지니어의 충동을 함축적인 문구로 풀어냈기 때문이다. 브랜드는 컴퓨팅을 영광스런 이미지로 그렸다. 공동체가 하지 못한 일을 컴퓨터가 완성할 것이라고. "모든 사람들이 컴퓨터를 가질 수 있는 세상이 되면 해커가 주도권을 잡는다. 우리는 모두 컴퓨터광이고, 개인으로서 그리고 공동 운영자로서 더 많은 권한을 부여 받는다. 그렇게 되면 많은 것들을 향상시킬 수 있게 된다. 즉흥적인 창작과 사람들과의 상호작용, 그리고 지각의 상호작용은 더욱 풍부하고 철저해질 것이다."[22] 브랜드는 그로부터 2년 후, 이 기사를 책으로 내면서 중요한 새 단어를 사전에 추가했다.[23] '퍼스널 컴퓨터.'

테크 기업들의 계보가 (히피들의) 공동체까지 이어진다는 사실은 좋은 징조가 아니다. 그들의 공동체 실험이 실패로 끝났기 때문이다. 공동체는 개인숭배를 하는 컬트나, 서로 경쟁을 하는 작은 마을로 바뀌었다. 민주주의나 집단주의의 아름다운 비전은 하나같이 독재로 이어지거나 큰 실망을 안겨주었다. 발행을 시작한 지 만 3년 만인 1971년, 스튜어트 브랜드는《홀어스 카탈로그》의 발행을 중단하기로 결정하고, 시대정신을 뒤바꾼 이 간행물의 종간을 기념하기 위해 '종간 파티'를 열었다. 카탈로그를 사랑하는 독자들이 1000명 가까이 참여한 이 화려한 행사 역시 브랜드가 기획했다. 그는 히피 친구들을 샌프란시스코 마리나 근처에 있는 웅장한 전통 양식의 팰리스오브파인아트에 불러 모았고, 죽음을 상징하는 복장으로 검정 가톨릭 사제복을 입고 행사장을 돌아다녔다.

브랜드 같은 철저한 낙관주의자도 최악의 순간에 비관적인 생각을 지우기는 쉽지 않았다. 결혼생활은 파탄이 났고, 자살도 생각하게 되었다. 하지만 그런 중에도 테크놀로지에 대한 믿음은 약해지지 않았다. 브랜드는 정치에 대해서 깊이 생각해본 적이 없었고, 자본주의의 본질에 대해서 역시 오래 고민해보지 않았다. 그의 관심은 훨씬 더 영적인 것에 있었다. 그가 여전히 갈망했던 것은 완전한 일체(wholeness)가 주는 기쁨이었다. 인디언 보호구역과 공동체를 생각할 때 느끼는 소속감과 진정성이야말로 그가 생각하는 완전한 일체감이었다. 그런 공동체들은 소외감을 일절 느끼지 못하며, 인류 전체와 하나로 연결되어 있었다. 이 갈망은 그가 지구 전체 사진을 구하지 못했을 때 느꼈던 것과 같은 종류의 갈망이었다. 그런 사고방식은 아인 랜드가 생각했던 자유지상주의에 대한 비전과는 완전히 배치되는 것으로, 협력과 공유에 대한 갈구, 거대한 시스템 내에서 자기 위치를 의식적으로 자각하고자 하는 갈구였다. 브랜드는 이런 정서를 특유의 휘몰아치는 수사법으로만 표현할 수 있었고, 그의 이런 수사법은 엄밀히 분석해보면 표현이 가진 힘 외에는 남는 게 없었다. "(지구상에) 두 개의 유기체가 존재한 후부터 생명체는 공진화(共進化, coevolution)를 필요로 했다. 생명체는 다른 생명체에 의존할 때 더 풍성하게 성장할 수 있었다……. 우리는 의존을 피할 수 없다. 어떤 종류의 의존이 더 나은가의 문제일 뿐."[24]

유창하게 표현하기는 했지만, 그 같은 생각이 완전히 독창적인 것은 아니다. 브랜드는 다른 사람들, 특히 학자였다가 대중적인 아이콘이 된 캐나다의 마셜 매클루언에게서 여러 가지를 차용했다. 매클루언은 고루한 동료 교수들과 달리 1960년대 당시의 문화에 참여했다. 그리고 그 문화는 모더니즘 작가나 액션 페인팅 화가들이 아니라, TV, 라디오, 영화였다. 매클루언은 우아하면서도 수수께끼 같은 표현을 즐겨 사용했고, 특이하게도 TV 토크쇼에서 인기를 끌었다. 물론 잘 알려진 대로 우디 앨런의 영화 「애니홀」에도 등장해서 능청스러운 연기를 했다. 심오하면서도 이해하기 힘든 역설을 사용해서 설명하기를 좋아했기 때문에 매클루언이 정확하게 무슨 생각을 했는지는 알기 어렵다("나도 내가 말하는 것에 전부 동의하지는 않는다."고 말한 적도 있다.). 하지만 매클루언의 예언은 아무리 수수께끼 같더라도 짧고 인용하기 쉬운 문구로 되어 있어서 쉽게 차용할 수 있었다.

매클루언은 자신이 설명한 다가올 미래에 대한 도덕적 판단은 내리지 않았다고 주장했지만, 새로운 기술에 관해 그가 쓴 글을 살펴보면 낙관적인 기대가 드러난다. 그는 자신이 쓴 책에서, 새로운 테크놀로지들을 신중하게만 다룬다면 세상을 하나의 네트워크로 묶을 수 있을 거라고 예상했다. "전기 시대가 열린 후 한 세기가 지난 지금, 우리는 우리의 중앙 신경계를 전지구적으로 확장시켜서 적어도 지구상에서 만큼은 공간과 시간을 없애버렸다."[25]

매클루언은 그 네트워크가 마법의 붕대처럼 세계를 감싸서 흔적도 없이 상처를 치유할 수 있을 거라고 내비쳤다. 세계대전이라는 전면전의 그늘에서 태어나 핵전쟁의 끊임없는 위협 속에서 사는 세대가 인류의 파편화를 걱정하는 점은 충분히 이해할 수 있다. 세계대전 후 미국을 괴롭힌, 좀더 개인적인 형태의 파편화가 있었다. 서류 작업이라는 단조로운 사무직이 노동자들을 창조성으로부터 소외시키고, 비참하고 고립된 로봇으로 만들어버린 것이다. 하지만 매클루언은 소외는 치유 불가능한 질병이 아니라고 했다.

네트워크가 가진 치유력은 매클루언이 사용한 유명한 문구, "미디어는 메시지다."에서 찾을 수 있다. 중요한 것은 테크놀로지다. 그는 구텐베르그가 발명한 인쇄물이야말로 세상을 분열시키고, '읽기'라는 반사회적인 행동을 통해 우리를 다른 사람들로부터 소외시킨 미디어였다고 비난을 쏟아부었다. 매클루언은 "알파벳은 시각적인 파편화와 전문화의 기술"이라고 개탄했다. 알파벳은 "비공개 데이터의 사막"을 만들어냈다는 것이다.[26] 매클루언의 비평은 사실상 한탄이었다. 그는 인쇄기술이 등장하기 이전의 세상, 사람들이 직접 대면해서 상호작용하던 구전 문화를 꿈꿨다. 그는 완벽한 테크놀로지라면 지나간 문화의 정신을 전지구적인 규모로 되살려 전세계를 거대하고 행복한 하나의 부족으로 만들 수 있을 거라고 생각했다. 지금은 진부해졌을 만큼 유명해진 그의 표현을 빌자면 '지구촌(Global Village)'이 될 수 있을 것이고, 그 마을(지구촌)의 따뜻한 온기는 파괴적인 개인주의와 세상의 파편화된 권력을 상쇄할 수 있을 것이었다.

새로운 테크놀로지 중에서 가장 큰 기대를 모은 것이 컴퓨터다. 물론 매클루언은 컴퓨터 테크놀로지와 지구촌이 가진 잠재적인 위험을 알고 있었다. 거짓 소문은 빠르게 확산되고, 감시의 기회가 늘어나면서 사생활은 더 이상 존재하지 않을 것이다. 하지만 그가 컴퓨터를 이야기할 때면 스튜어트 브랜드를 연상시켰다. 매클루언 역시 온전함(wholeness)을 열정적으로 갈망했고, 더 나아가 아래와 같은 거창한 포부를 밝혔다.

오늘날의 컴퓨터는 어떤 코드나 언어도 다른 코드나 언어로 즉각 번역할 수 있다고들 한다. 단순하게 말하면 테크놀로지는 보편적인 이해와 통합이라는 오순절°의 상황을 만들어낼 수 있다는 것이다. 논

° 기독교에서 성령이 사람들에게 임해서 서로 다른 언어를 사용하는 사람들이 서로의 말을 알아

리적으로 볼 때 다음 단계는 번역을 하는 것이 아니라, 아예 언어
를 거치지 않고 보편적이고 우주적인 의식(意識)에 도달하는 것이
며, 그 우주적인 의식은 20세기 프랑스 철학자 앙리 베르그송(Henri
Bergson)이 꿈꿨던 집단 무의식과 아주 흡사할 것이다. 생물학자들이
신체적인 영원성을 약속한다고 하는 '무중력(weightlessness)' 상태는
집단의 영원한 화합과 평화를 허락하는 무언(speechlessness) 상태와
유사할 것이다.[27]

영원한 삶, 영원한 평화……. 독실한 가톨릭 신자였던 매클루언
의 말은 정치적인 예언을 넘어 종교적인 분위기를 풍겼다.

그 이후 테크놀로지의 주요 발전은 기계가 협력의 새로운 시대
를 불러오리라는 매클루언의 열망으로 포장되어 등장했다. J. C. R.
리클라이더(J. C. R. Licklider)는 자신이 발명한 인터넷이 어떻게 사
회적 고립을 없앨지 설명했다. "온라인에서 사람들의 삶이 더 행복
해질 것"[28]이라고 말한 것도 그런 의미였다. 또한 팀 버너스리(Tim
Berners-Lee)가 자신이 만들어낸 '월드와이드웹'을 이야기하면서 "세
상의 모든 사람들이 연결되면서 삶에 희망이 생겨난다."[29]고 말한 것
도 마찬가지다. 세계를 지구촌으로 묶으려는 꿈은 현대의 테크놀로
지에 붙은 이름들에 잘 드러난다. (인터)넷은 서로 연결되어 있고, 웹
은 세상을 감싸며(worldwide), 미디어는 사회적(social)이다. 이 꿈은 줄

들 수 있었다고 하는 날—옮긴이

줄이 등장한 대규모 협업 프로젝트들의 원동력이 되었고, 1990년대 가상 커뮤니티부터 리눅스, 위키피디아, 크리에이티브 커먼즈까지, 지식의 전당들이 이윤을 내려는 의도 없이 만들어졌다. 이 꿈은 오픈 소스라는 아이디어에서도 발견된다. 한때는 이상주의적인 제스처였고 수염 덥수룩한 발명가들의 몽상이었던 공유 개념은 상식처럼 일 반화되면서 자본주의에도 받아들여졌다. 구글이나 페이스북처럼 역 사적으로 가장 성공한 기업들의 사업 계획은 세상을 하나의 거대한 네트워크로 연결하겠다는 이야기로 가득하다. 그 네트워크 속에서 각 개인이 이타주의적인 태도로 정보를 공유한다는 것이다.

공유를 찬양하는 태도에 내재되어 있는, 지식에 대한 생각은 이 렇다. 개인이 혼자 책상 앞에 앉아 책을 읽거나 생각을 해서 세상을 이해하는 데에는 한계가 있다. 새로운 테크놀로지의 등장 전까지 정 보는 마치 고립된 학자처럼 원자화되어 있었다. 하지만 이제 정보 는 훨씬 더 큰 커뮤니티에 의해 분류, 처리될 수 있게 되었다. 게다가 그 커뮤니티는 오류를 바로잡고, 통찰을 더하고, 결론을 수정할 수 있다. H. G. 웰스(H. G. Wells)가 말하는 '세계 두뇌(World Brain),' 혹은 《와이어드》의 편집장 케빈 켈리(Kevin Kelly)가 말하는 벌집형 사고 (Hive Mind)가 테크놀로지 덕분에 가능해진 것이다.

테크놀로지에 대한 이런 사고방식에 깔린 가정은 인간은 단순 히 자신의 이익을 위해 행동하는 경제적인 동물이 아니라는 것이다. 리눅스 운영체제를 만든 엔지니어 리누스 토발즈(Linus Torvalds)는 "돈은 가장 강력한 동기 부여 요인이 아니다. 사람들이 열정에 사로 잡힐 때 최선을 다한다는 것은 이미 잘 알려진 사실이다."[30]라고 했다. 인간 본성에 관한 그 같은 집단주의적 견해를 구분하는 것이 때로는 쉽지 않았다. 컴퓨팅 초기를 대표하는 인물은 해커였다. 해커는 대규모 기관을 즐겨 조롱하는 급진적인 개인주의자로, 모니터에서 눈을 떼지 않고 의자에서 일어나지 않는 외톨이, 독학으로 습득한 기술에만 의존하는 천재로 묘사되곤 했다(인터넷 초기, 사이버 공간에 있던 사람들은 다른 사람의 도움 없이 전자 프론티어를 찾은 용감한 개척자에 비유되기도 했다.). 하지만 그것은 해커를 제대로 이해하지 못한 것이다. 해커들은 소속감을 원하는 사람들이다. 자신의 뛰어난 재능을 더욱 뛰어난 재능을 가진 집단에 바치고, 공동체의 아름다움 속에 녹아들기만을 바랐던 사람들이다.

그러나 이 꿈에는 갈등이 존재했다. 좀처럼 사라지지 않을 모순이 있었던 것이다. 기술주의자들은 한편으로는 대규모 기관들의 통제에서 벗어난 세상을 창조하고 싶어했다. IBM 같은 대기업에 대한 오랜 증오는 사라지지 않았다. 다른 한편으로 이들은 세상을 가로지르고 경쟁자가 없도록 디자인된 네트워크를 만들었다. 지구촌은 오직 하나밖에 존재할 수 없다. 그런 구조들은 이제껏 상상했던 중에서 가장 큰 사업 기회였다. 이들이 대기업들의 손아귀에 떨어지지 않을 거라 생각한다면 너무나 순진한 믿음일 것이다. 결국 기술주의자들의 권위에 대한 증오는 감정적인 만족감을 가져다주는 입장일 뿐, 비전의 핵심이 될 수는 없었다. 더 중요한 것은 온전한 전체(wholeness)를 이루는 것이었다.

컴퓨팅의 역사가 그토록 뻔한 패턴을 따르는 이유가 여기에 있다. 새로운 길을 개척하는 혁신이 등장할 때마다, 테크놀로지를 독점 기업의 손아귀로부터 해방시켜 민주적인 새로운 네트워크를 만들어 내겠다고, 이 네트워크는 인간의 본성을 바꿀 거라고 약속한다. 하지만 매번 혁신을 겪고서도 인간성은 바뀌지 않고 여전히 그대로다. 새롭게 등장한 네트워크들은 권력을 송두리째 재분배하는 대신 새로운 독점 기업들에게 장악되며, 나중에 등장하는 독점 기업은 이전의 독점 기업보다 더 강해지고 더 정교해진다. 개인용 컴퓨터(PC)는 혁신을 막는 하나의 기업(마이크로소프트)이 지배했고, 인터넷에 대한 접근은 매달 엄청난 통행세를 받으면서도 지역별로 분할된 시장 내에서는 경쟁을 할 필요가 거의 없는 주요 통신 기업들(컴캐스트, 버라이즌, 타임워너)의 손에 있다. 그러는 동안 한 웹사이트(구글)가 지식에 접근하는 포털로 등장했고, 또 다른 웹사이트(아마존)가 모든 상거래의 출발점이 되었다. 우리가 이야기할 수 있는 소셜 네트워크 기업들은 여럿 있지만, 단 하나의 서비스(페이스북)만이 20억에 가까운 사람들을 한곳에 모았다.°

　테크놀로지가 가져올 미래를 꿈꾸는 사람들의 사고방식과 황금광시대(Gilded Age)°°의 탐욕스런 독점 기업가들이 가졌던 사고방식 사이에는, 사람들이 잘 알아차리지 못하는 특이한 공통점이 존재한다. 두 집단 모두 자본주의에 존재하는 힘겨운 경쟁을 벗어나려 하고, '협력'의 가치를 역설하며, 협력이야말로 경제적으로 필수불가결

° 2019년 초에 이르면 페이스북 총 사용자 수는 23억에 가깝다.—옮긴이
°° 미국 남북전쟁 후에 찾아온 호황 시기로, 대규모 독과점 기업과 부호들이 등장했다.—옮긴이

하다고 주장한다. 세상에는 경쟁 시장에서는 성공하기 힘든 시스템
이 분명히 존재한다. 전통적으로 전화나 전신 사업이 그런 예에 해당
한다. 광대한 네트워크 설치 비용은 어마어마하다. 전지구상에 그런
네트워크를 촘촘하게 깔기 위해 필요한 비용을 상상해보라. 복수의
네트워크가 경쟁할 때 발생하는 비효율성은 너무 엄청나다. 따라서
우리는 그런 필수 서비스를 제공하는 기업들의 규모가 커지는 것을
용인해주어야 하고, 정부나 다른 대기업들과 협력하여 낭비를 없애
고, 사심 없이 전략적으로 선택을 내릴 수 있는 여지를 허락해야 한
다. 20세기 초에 AT&T를 키웠던 선각자 시어도어 베일(Theodore Vail)
은 "경쟁은 갈등과 산업 전쟁, 다툼을 부르며, 경쟁자들의 양심이 허
락하는 한 모든 수단을 동원하는 결과를 낳는다."[31]고 주장했다. 자본
주의 역사에서 상대를 음해하는 일에 가장 앞장섰던 철도왕들도 이
타적인 협력의 가치를 찬양했다. J. P. 모건(J. P. Morgan) 본인도 그렇
게 믿었다. 모건의 전기를 쓴 론 처르노(Ron Chernow)에 따르면, "미
국에서 가장 유명한 금융업자도 자유시장과 철천지 원수였다."[32]

　　그런 주장은 이제 실리콘밸리에서 점점 더 흔해졌다. 전략에 관
한 책들이 하나같이 내놓는 전제가 그것이다.(이를테면『현대의 독점
(Modern Monopolies)』같은 책들이 그렇다.) 신 독점 시대의 가장 중요한 선
지자는 피터 틸(Peter Thiel)이라는 이름의 투자자이다. 그는 단순한
투자자가 아니다. 그가 투자한 기업들 중에는 페이팔, 페이스북, 팰
런티어, 스페이스X 등이 있는데, 성공할 기업을 일찍 알아본다는 점
에서 독보적인 감각을 지닌 사람이다. 이는 틸이 테크놀로지와 그 발
전 방향에 대해 깊이 이해하고 있다는 뜻이기도 하다. 생각이 워낙

유별나서 근래에는 비판도 많이 받았다. 2016년 미국 대선 때는 도
널드 트럼프를 지지했고, 전직 레슬러인 헐크 호건이 가십 사이트와
소송을 벌이는 데에 몰래 자금을 지원하기도 했다. 그렇게 본업과 무
관한 일을 벌이면서 자신의 핵심 역량에 집중하지 못했지만, 사실 틸
은 자기 분야에서 그 누구보다 뛰어난 사상가이다. 함께 어울려 다니
는 사람들처럼 자유지상주의의 진부한 문구를 사용하기는 해도, 틸
은 그 밑에 깔려있는 전제를 설명하는 뛰어난 재능을 가지고 있다.
그는 다원주의적인 의미에서의 경쟁의 가치를 혐오하고, 경쟁을 "역
사 속의 유물"로 취급한다. 그는 자신의 책 『제로 투 원(Zero to One)』
에서 이렇게 말한다. "경쟁은 우리 사회에 스며들어 우리의 사고를
왜곡하는 이데올로기다. 우리는 경쟁을 좋은 것으로 가르치고, 경쟁
의 필요성을 내재화하고, 그 계명을 법제화한다. 그 결과, 우리는 스
스로를 경쟁 속에 가두어놓는다. 경쟁을 하면 할수록 우리가 얻는 것
은 줄어드는데도 말이다."[33] 우리는 경쟁을 우상화함으로써 독점의
가치를 놓치게 된다. 경쟁자를 걱정할 필요가 없다면 독점 기업들은
(경쟁보다) 더 중요한 것에 집중할 수 있다. 노동자들에게 더 나은 대
우를 해줄 수 있고, 중요한 문제의 해결에 집중할 수 있고, 세상을 바
꾸는 혁신을 이루어낼 수 있다. 독점기업들은 "생존을 위해 매일매
일 벌어지는 끔찍한 싸움을 초월"[34]할 수 있게 된다.

실리콘밸리의 동료 기업인들도 틸과 마찬가지로 독점을 자연스
러운 자연의 질서라고 생각하는 것이 분명하다. 스타트업들이 구글
이나 페이스북을 꺾을 생각을 하지 않고, 오히려 그런 대기업들에게
인수되는 것을 목표로 창업을 하는 것은 그 때문이다(구글이 그동안 인

수한 기업들은 200개가 넘는다.). 테크 업계에서는 기업 간의 치열한 경쟁은 불가능하며 네트워크의 본질에 반하는 것으로 받아들여진다. 테크 대기업들은 대체로 다른 기업들과의 '평화 협정'을 존중한다. 애플은 경쟁 기업들이 직원을 빼앗아가지 않는다고 말하곤 했다. 그런 평화적인 관계는 기업의 대차대조표에서도 확인할 수 있다. 구글은 자신의 검색엔진이 애플 제품에서 사용되는 대가로 매년 10억 달러(한화 약 1조 1300억 원)를 애플에 지불하며, 에릭 슈미트(Eric Schmidt)는 구글의 CEO로 재임하는 동안 애플의 이사회에도 참여했다. 마치 19세기 유럽의 강대국들처럼 각 기업들은 다른 기업의 핵심 분야를 건드리지 않도록 조심하기 때문에, 경쟁은 오로지 제국의 주변부에서만 일어난다. 실리콘밸리에서 가장 존경받는 인물 중 하나인 마크 앤드리슨(Marc Andreessen)은 독점을 선호하는 경향에 대해 거리낌없이 이렇게 말한다. "사실 대형 테크놀로지 시장은 승자독식의 시장이다. 일반적인 시장에서는 펩시와 코카콜라가 공존할 수 있지만, 테크 업계에서는 장기적으로 하나의 기업, 즉 1등 기업만이 살아남는다고 생각하는 것이 일반적이다."[35] 그게 핵심이다. 실리콘밸리에서는 모든 것이 하나이고, 언제나 그래왔다.

2장 구글이 바라보는 역사
THE GOOGLE THEORY OF HISTORY

네트워크는 세상의 모든 것, 모든 사람을 자신의 덩굴손으로 감싸고 싶어한다. 구글은 2015년에 기업 이름을 '알파벳'으로 바꿨는데, 이 새로운 이름은 구글이 역사 속에서 차지하고 있는 위치를 잘 말해주는 명칭이었다. 구글이라는 검색엔진은 그대로 존재했지만, 구글은 검색을 훨씬 넘어선 기업이 되었기 때문이다. 물건을 파는 장터인가 하면 인터넷 인프라의 중추이고, 소프트웨어 기업인 동시에 하드웨어 기업이고, 전화 회사, 광고 회사, 가전제품 회사, 생명과학 기업, 머신러닝 기업, 자동차 회사이면서 소셜미디어이고, TV네트워크이기도 하다. 자회사들 중에는 정치적인 극단주의에 대응하는 곳도, 지구상의 오지에 인터넷을 쏘아주는 풍선을 띄우는 곳도 있다. (문자로서의) 알파벳은 인류가 만들어낸 위대한 혁신 중 하나였고, 알파벳이라는 기업이 끊임없이 이루려고 하는 것과 같이, 영원히 지속되는 업적이기도 했다.

테크 엘리트들은 위대한 일을 이루겠다고 큰소리를 치지만, 많은 사람들이 테크 엘리트의 엄청난 프로젝트가 결국 자기만족을 위한 것이라고 생각한다. 제프 베이조스(Jeff Bezos)가 우주에 로켓을 쏘겠다고 하면, 일론 머스크(Elon Musk)는 한술 더 떠서 화성에 식민지를 세우겠다고 한다. 실리콘밸리 경영인들이 헤게모니를 장악하려는 자만심은 금융이나 미디어계의 경영인들과 거의 차이가 없다. 테크 대기업들에 다른 점이 있다면 그런 프로젝트들을 종교적인 확신을 가지고 추구한다는 사실이다. 경이로우면서도 동시에 위험한 태도다.

구글이 진행하고 있는 프로젝트의 숫자는 점점 늘어나고 있지만, 그 중심에는 구글이 인간의 두뇌를 재현하고 나아가 인간의 두뇌를 뛰어넘는 기계를 만들려 하는 하나의 마스터 프로젝트가 존재한다. 이 프로젝트는 지구상에 존재하는 지식을 고스란히 옮겨놓는 카탈로그를 제작하려는 구글의 시도와, 패턴을 발견하는 알고리듬이 이미지를 구분하고 인간의 언어를 이해하도록 가르치기 위해 구글이 기울이는 노력의 핵심에 해당한다. 이 원대한 임무를 수행함으로써, 구글은 지구상의 생명체를 자신들이 장담했던 방향대로 완전히 바꿔놓으려 한다. 인간의 법은 그런 작업을 늦추는 거추장스런 장애물에 불과하며, 기관이나 전통은 폐기해야 할 낡은 고철 덩어리일 뿐이다. 새로운 예루살렘을 향해 서둘러 달려나가는 구글은, 무엇을 밟고 지나가는지에 대해서는 개의치 않는다.

래리 페이지가 이 작업에 대해 가진 신념은 아버지에게서 물려받은 것이다. 그의 아버지 칼 페이지는 여느 아버지와는 다른 사람이었다. 일단 겉모습부터 확실히 달랐다. 어린 시절 테네시 주로 여행을 갔다가 소아마비에 걸려 한쪽 다리의 성장이 멈추었다. 걸음걸이

가 부자연스러웠고 때로는 숨쉬는 것조차 힘들어했다.[1] 하지만 몸 상
태가 좋은 날에는 열정이 넘치는 사람이었다. 컴퓨터학과가 있는 건
물 복도를 오가며 동료들을 자기 연구실로 불러모아서 자신이 생각
해낸 기발한 아이디어를 신나서 들려주곤 했다. 그럴 때면 그는 마
치 마법에 걸린 예언자 같았다. 팀 버너스리가 웹을 만들어내기 여러
해 전인 1980년대에 이미 하이퍼링크의 가능성에 대해서 이야기하
곤 했으니, 그가 가르치던 미시건 주립대학교의 학생들은 그의 열정
에 놀라워하면서도 조금 벅차게 여겼다. 제자들의 능력에 대해 칼 페
이지가 가진 신뢰는 너무 커서 비현실적일 때도 있었다. 로봇이 스스
로 전기 콘센트에 연결할 수 있는 프로그램을 코딩하라는 과제를 학
생들에게 내준 적도 있을 정도였다.

　칼 페이지는 래리와 래리의 형 칼 주니어의 교육에 집중했다.
그는 본인이 살고 싶어하는 미래에서 아이들이 성장하기를 원했다.
미시건 주 이스트랜싱의 파인크레스트에 있던 주택은 칼 페이지의
지휘 하에—8트랙°을 사용하던 당시 기준으로는—전자 제품이 가득
한 환상의 세계로 변신했다.

　래리가 여섯 살 때, 아버지는 엑시디소서러(Exidy Sorcerer) 컴퓨
터를 집에 가져왔다.[2] 엑시디소서러는 당시 유럽의 프로그래머들 사
이에서 컬트에 가까운 인기를 끌고 있었는데, 워낙 이국적인 컴퓨터
여서 래리의 형 칼 주니어가 운영체제(OS)부터 작성해야 했다. 래리
는 훗날 "아마 내가 우리 초등학교에서 숙제를 워드프로세서로 작

°　8-track: 1960~1980년대에 서구에서 주로 사용된 카세트 테이프 형태—옮긴이

성해서 제출한 첫 번째 학생이었을 것"³이라고 회상했다. 그의 집에
는 영화 포스터처럼 화려한 색의 커버와 로봇 팔이 달린 잠수함, 스
텔스 제트기 같은 그림들이 가득한 《포퓰러 사이언스》 잡지가 여기
저기 널브러져 있었다. 손으로 직접 만들어보는 것을 강조하던 《포
퓰러 사이언스》는 래리가 자라난 집안 분위기를 완벽하게 보여주었
고, 이런 발명 정신은 가장 어린 래리에게까지 흘러들어갔다. 래리는
집안 곳곳의 전동 공구를 모아다가 속을 들여다보고 싶은 마음에 전
부 분해해놓고는 다시 조립하지 못한 적도 있었다. 부모의 허락 없이
한 일이었지만 혼나지 않고 넘어갔다. 테크놀로지를 이해하려다 저
지른 일은 잘못이 아니었기 때문이다. 대학에 입학하던 1991년 즈음,
래리는 레고 블록으로 잉크젯 프린터를 만들⁴ 수 있을 정도의 실력
을 갖추었다.

　1970년대 미국 중서부에서는 컴퓨터를 찾아보기 쉽지 않았기
때문에 컴퓨터 과학자는 외계인이나 다름없었다. 페이지의 부모는
그들의 정신적 고향인 미시건 주 앤아버에서 서쪽으로 이주했다. 앤
아버는 칼 페이지가 박사학위를 받은 미시건 대학교가 있는 곳이다.
그렇다고 아주 멀리 간 것은 아니고, 미시건 주립대에서 가르치게 되
었다. 물론 미시건 주립대는 스탠포드 대학교가 아니었고, 칼은 디지
털 세상의 변두리인 그곳에서 컴퓨팅의 전초 기지를 만드는⁵ 데 힘
을 보탰다. 미시건 주립대가 스탠포드가 아니듯, 이스트랜싱 역시 실
리콘밸리는 아니었다. 와드와 준(Ward and June)° 같은 사람들이 모여

° 20세기 중반에 미국에서 인기 있던 TV 시트콤 「비버에게 맡겨(Leave It to Beaver)」의 주인공

사는 동네에서 칼은 낯선 존재였다. 그는 정치적으로는 진보 쪽으로 많이 기울어 있었다. 칼의 정치 성향은 아버지에게서 물려받은 것이다. 래리의 할아버지는 미시건 주 플린트에 위치한 셰보레 공장의 생산 라인에서 일하던 노동자였는데, 1936년부터 1937년까지 이어진 장기 파업 기간 동안 사측에서 동원한 노조 파괴 깡패들을 물리치는 데 사용하기 위해 직접 주물로 제작한 손망치를 들고 다녔던 사람이다. 칼은 심지어 새롭게 정착한 중서부에서 캘리포니아 식의 삶을 살기도 했다. 그는 '그레이트풀 데드' 콘서트[6]에 래리를 데리고 가기도 했다.

    전통적인 사고방식에 얽매이지 않는 건 칼의 개성이었을 뿐 아니라, 직업적으로도 필요한 일이었다. 그는 대담하고 새로운 전문 분야를 추구하기로 결정했다. 컴퓨터 과학의 한 분야로, 인간의 사고를 흉내낼 수 있는 기계를 만드는 일이었다. 한때 공상과학의 하위 장르였다가 학문의 한 분야로 자리잡은 인공지능(AI)이 그것이다.

    인공지능 분야가 칼처럼 지적인 모험심을 가진 사람에게 매력적으로 다가온 이유는 어렵지 않게 짐작이 간다. 인공지능을 만들기 위해서는 컴퓨팅에 대한 뛰어난 감각과 알고리듬적인 사고를 할 줄 아는 재능이 필요했다. 하지만 인간의 두뇌 작동을 복제하려면 모델을 깊이 이해해야 했다. 다시 말해 AI는 심리학을 요구했다. 엔지니어들은 문학비평가들처럼 프로이트의 책을 읽고 필요에 맞게 재해석했고, 정신의 본성에 관한 촘스키의 글을 읽었다.

부부로, 미국 중서부 중산층 백인 커플의 대명사처럼 여겨졌다.—옮긴이

AI 분야의 선구자들은 인간의 정신에 관한 제법 설득력 있는 이론을 직접 만들어냈다. 그들은 두뇌가 그 자체로 하나의 컴퓨터라고 믿었다. 즉 프로그램으로 제어되는 하나의 기기라는 것이다. 이런 비유를 사용해서 그들이 해야 하는 작업을 제법 깔끔하게 정의할 수 있었다. 유기체로 된 기기(두뇌) 대신 기계로 된 버전을 만드는 것이다. 하지만 인간의 정신은 신비로운 것이라서, 이해할 수 없는 생체 조직 덩어리가 작동하는 방식을 복제하는 알고리듬을 만들어내는 일은 어려울 뿐 아니라, 논란을 부르는 작업이었다. 칼 페이지는 이 일을 어떻게 해내야 할지에 대한 자신만의 아이디어가 있었다. 그는 효과적인 회의 진행을 위한 「로버트의 회의법」이라는 19세기 말에 쓰인 매뉴얼이 AI를 만드는 기초가 될 수 있다고 생각했다.

당시만 해도 AI를 연구하는 과학자들은 많지 않았지만, 이 과학자들은 작지만 멋진 하위문화를 형성했다. 사회학자 셰리 터클(Sherry Turkle)의 유명한 책 『제2의 자아(The Second Self)』에 이들의 이야기가 잘 담겨 있는데 터클 본인도 MIT에서 근무했기 때문에 이들의 문화를 직접 관찰할 수 있었던 것이다. 터클은 과학자 본인들도 모르는 모습을 무서울 정도로 정확하게 꿰뚫어보았다. 터클은 AI가 엔지니어링의 거창한 목표가 아니라, 하나의 이데올로기라고 결론 지었다. 생각을 프로그래밍할 수 있다는 이론을 가진 AI는 "세상의 거의 모든 것을 이해할 수 있는 새로운 방법"이라는 면에서 정신분석학이나 마르크시즘에 비견된다는 것이다.

개별 이데올로기는 핵심 개념이 세상을 이해하는 방법을 재구성한다. 프로이트주의자들(정신분석학)에게는 이 개념이 '무의식'이고, 마르크스주의자들에게는 '생산수단과의 관계'이다……. AI 연구자들에게 있어서 프로그래밍이라는 아이디어는 초월적인 가치를 갖고 있다. 그들은 AI를 지금껏 찾지 못했던 열쇠, 즉 지능이라는 미스테리의 실마리가 되는 열쇠로 보았다.[7]

칼 페이지는 이성적인 사람이었다. 하지만 래리의 어린 시절 이야기를 들어보면 그의 아버지는 종교적인 열정으로 아들을 가르쳤다.[8] 저녁식사 자리에서 칼은 미국 동부와 서부의 잘나가는 실험실에서 발전시키고 있는 AI 소식을 들려주었다. 그것은 단순히 식탁에서 침묵을 피하려는 대화가 아니라, 일종의 지시사항이었다. 칼이 자식들을 위해 마련한 커리큘럼에는 전문가들이 모이는 회의 참석도 있었다. '세계 인공지능 연합회'에서 당시 16세였던 래리가 너무 어려 입장이 불가하다고 했을 때, 칼은 평소의 쾌활한 성격을 벗어던지고[9] 언성을 높였다.

그의 아들이 역사상 가장 성공적이고, 가장 야심찬 AI 기업을 설립했다는 사실은 칼 페이지의 가르침이 얼마나 뛰어났는지를 입증한다. 사람들이 구글을 생각할 때 AI를 제일 먼저 떠올리지는 않지만, 구글이 지닌 위대함의 원천은 AI에 있다. 구글이 사용하는 알고리즘은 사용자인 사람과 똑같이 생각하도록 훈련을 받았다. 이 어려운 일을 해내려면 구글은 사람이 하는 질문 뒤에 숨겨진 의도까지 알아내야 한다. 가령 누군가 검색창에 'rock'이라고 썼을 때 염두에 두는 것이 지형지물(바위)인가, 음악 장르(록)인가, 아니면 프로레슬러 출신 영화배우°인가? 구글의 AI는 너무나 뛰어나서 사용자가 검색어를 다 쓰기도 전에 결과를 보여줄 수 있다.

하지만 위대한 AI 전통의 계승자인 래리 페이지는 이 같은 업적을 훨씬 더 근원적인 사명을 향하는 작은 한걸음 정도로 생각한다. 이때 말하는 '사명(mission)'은 과학적인 의미와 종교적인 의미를 모두 갖고 있다. 페이지가 구글을 설립한 이유는 "완전한 AI"라고 하는, 인간의 지능과 동등하며 궁극적으로는 인간의 지능을 뛰어넘는 기계를 만들어내기 위해서다. 페이지는 구글 설립 몇 년 후에 세르게이 브린(Sergey Brin)과 함께 검색엔진을 만들었던 스탠포드 대학교로 돌아가서 강연을 한 적이 있다. 그는 그 자리에 모인 학생들에게 이렇게 말했다. "제가 이야기한 미션을 완성하는 데에는 시간이 좀 걸릴 겁니다. 미션이 '완전한 AI'이기 때문입니다. 인공지능이라는 거죠……. 검색을 해결할 수 있다면 어떤 질문에도 답할 수 있다는 뜻이고, 다시 말해 무엇이든 다 할 수 있다는 뜻입니다." 페이지의 엄청난 주장에 듣고 있던 학생들 사이에 다소 어색한 웃음이 퍼졌다. 하지만 페이지는 학생들이 자신의 주장을 불편하게 받아들이자 더욱 강하게 주장했다. "이 문제를 해결한다면, 불가능한 일이 없게 됩니다."[10]

페이지와 브린이 자신들의 생각을 솔직하게 말하는 것을 들어보면, 이들은 단순히 인공두뇌를 만드는 일뿐 아니라, 인공두뇌를 인간과 연결시키는 상상까지 하고 있다. 브린은 스티븐 레비(Steven

---

° 배우 드웨인 존슨의 프로레슬러 시절 링네임이 'The Rock'이다.—옮긴이

Levy) 기자에게 이렇게 말하기도 했다. "세상의 모든 정보를 인간의 뇌에 직접 부착하거나, 아니면 인간의 뇌보다 더 뛰어난 인공두뇌를 뇌에 연결할 수 있다면 좋죠."[11] 이렇게 말한 적도 있다. "미래에는 구글의 작은 버전을 뇌에 끼워 넣을 수 있을지도 모릅니다."[12]

구글이 이런 원대한 목표를 달성할 수 있을지는 알 수 없지만, 이 기업은 그것을 제 역할로 생각한다. 구글이 인류의 미래를 재편할 거라는 페이지의 말은 단순히 구글이 제공할 편리함을 설명하는 게 아니라 다윈이 말한 진화의 방향을 바꾸겠다는 의미다. 구글이 타고 난 존재로서의 인간을 초월하는, 더 우월한 종을 창조하려 한다고 해도 과언이 아니다.

페이지와 브린이 만들려는 것은, 인간의 육체에서 비롯된 비이성적 욕구나 불명확한 감각이 내리는 지시에 영향을 받지 않기 때문에 인간이 가진 편견에도 구애받지 않는 인공두뇌다. 이들이 추구하는 목표는 컴퓨터가 발명되기 훨씬 오래전에 시작된 사명의 완수이다. 구글은 여러 세기 전 영향력을 지키려는 교회와 새롭게 등장한 과학 사이에 벌어진 치열한 싸움 중에 처음 등장했던 문제를 해결하려고 하는 것이다. 이는 현대 철학과 르네 데카르트로부터 시작된 프로젝트다.

래리 페이지가 가진 비전의 기원은 17세기 초 북해를 지나던 어느 작은 배로 거슬러 올라간다. 배의 갑판 아래에는 데카르트가 잠들어 있었다. 데카르트는 평생을 한곳에 정착하지 않았고, 그렇게 여러 곳을 자주 돌아다녔다. 자신감 넘치고 논쟁을 좋아했던 데카르트는 사생활을 철저하게 감추고, 의도적으로 수수께끼 같은 표현을 사용했다. 후세에 많은 연구가 이루어졌지만, 데카르트가 왜 그렇게 도망자처럼 이곳저곳을 떠돌며 정착을 거부했는지는 아무도 밝혀내지 못했다.

데카르트가 다녔던 지역 중에서 그나마 그가 고향처럼 느꼈던 곳은 개신교가 우세하던 홀란트 지역이다. 데카르트가 가톨릭 예수회 교육을 받았던 것을 생각하면 다소 뜻밖이지만, 그가 가장 오래 머물렀고 훗날 펼치게 될 철학의 기틀을 다진 곳이 바로 홀란트였다. 역사학자들에 따르면, 데카르트는 암스테르담에서 가정부로 일하던 여성을 만나 첫 성관계를 가졌다. 데카르트는 가지고 있던 책의 빈 종이에 여성과의 성관계에 대해 마치 실험결과를 기록하듯 과학적이고 객관적으로 적어두었다. 그때의 만남으로 둘 사이에 태어난 딸이 프란신이다. 데카르트는 프란신이 프랑스에서 교육받을 수 있도록 계획을 세워두기도 했지만, 아이는 여섯 살이 채 못되어 성홍열로 세상을 떠났다.

데카르트는 잠을 즐겼고, 꿈에서 심오한 깨달음을 얻곤 했다. 오전 내내 침대에서 보내는 일도 잦았다. 하지만 북해를 건너던 그날의 항해 중에는 그러지 못했다. 그 배의 선장은 데카르트를 수상쩍게 여겼다. 특히 그가 침대 곁에 둔 큰 트렁크 안에 든 물건의 정체를 알고 싶어했다. 선장은 한밤중에 선실로 들어가서 트렁크를 열어젖혔다. 트렁크 안에는 깜짝 놀랄 만큼 사람을 닮은 기계가 있었다. 스프링 장치가 있는 자동인형(automata), 즉 로봇이었던 것이다. 일설에 따르면 그 로봇은 데카르트의 죽은 딸 프란신을 빼닮았다고 한다. 데카르트가 자동인형의 이름을 프란신이라고 붙였던 것만큼은 사실이다. 기겁한 선장은 데카르트가 만든 자동인형을 갑판으로 끌고 올라가[13] 바다에 던져버렸다.

　이 이야기는 특히 데카르트를 싫어하는 사람들 사이에 두고두 고 회자되었지만 사실이 아닌 것이 분명하며, 그저 데카르트를 비방 하기 위해 누군가 지어낸 이야기로 보인다. 이 이야기는 어느 전기 작가가 지적한 대로 성적인 암시를 은근히 포함하고 있지만, 데카르 트의 적들이 그런 이야기를 지어내게 된 데에는 명백한 이유가 있 었다. 정말로 침대 곁에 두고 살지는 않았겠지만, 데카르트가 실제 로 자동인형에 집착했기 때문이다. 그가 살아 있는 동안 유럽에서는 과학혁명의 한 지류인 기계의 시대가 도래했다. 당시 발명가들은 놀 랄 만큼 정교하게 만들어진 자동인형을 발표했다. 유압장치로 움직 이는 조각상, 음악을 연주하는 인형, 태엽장치로 빙빙 돌며 사람처럼 움직이는 인형들을 유럽 전역의 왕궁 정원에서 선보였다. 데카르트 는 스프링과 자석으로 움직이는 기계장치를 직접 만들고 싶어했다. 무엇보다 당시 유럽을 분열시키던—지역 간, 과학과 종교 간—전쟁 들을 해결하려 데카르트가 기울인 노력의 중심에 자동인형이 있었다.

　전쟁으로 얼룩진 17세기의 혼란은 데카르트에게 직접적인 영향 을 미쳤다. 독일 기독교의 미래를 두고 벌인 30년전쟁에는 유럽 강 대국들이 개입되었는데, 전쟁에서 데카르트는 가톨릭 진영과 개신 교 진영 모두에서 싸웠다. 당시는 유럽의 모든 것이 거칠고 불안정했 다. 종교는 과학과 전쟁을 하는 동시에 내부적으로도 전쟁을 치르고 있었다. 홀란트는 그나마 상대적으로 관용적인 분위기였지만, 그럼

에도 불구하고 데카르트는 언제 종교재판을 받아 죽을지 모른다는
불안 속에서 살았다. 갈릴레오가 당한 일을 피하기 위해 데카르트는
원고를 출간하지 않고 몇 년씩 묵혀두었다.

　　데카르트가 독실한 가톨릭 신자였는지, 혹은 과연 신의 존재를
믿기는 했는지에 대해서는 논란이 있다(데카르트가 신이 존재한다는 근거
로 제시한 내용들이 너무나 억지스러워서, 신의 존재를 증명하는 게 얼마나 우스
꽝스러운 일인지를 보여주려는 의도로 그리한 것 같기도 하다.). 데카르트가 얼
마나 독실한 신자였는지와 상관없이, 그는 교육과 여행을 통해 종교
가 과학을 상대로 벌인 전쟁을 중단할 협상을 이끌어갈 완벽한 준비
를 갖추었다.

　　데카르트 이론의 중심에 자동인형이 있었다. 그가 생각하기에,
인간을 포함해서 살아 있는 생물의 몸은 기계와 다를 바 없었다. "확
장된, 생각 없는 물체"[14]인 인간의 육체는 마치 스프링과 레버로 이
루어진 자동인형처럼 자극에 반응해서 생각 없이 움직인다. 따라서
인간의 몸은 행성의 움직임과 마찬가지로 과학법칙에 따라 설명할
수 있다는 것이다. 데카르트가 거기까지 말하고 그만두었다면, 그의
이론은 교회의 분노를 샀을 것이다. 가톨릭 교리에 따르면 인간은 모
든 생물 중에 가장 고귀한 형태로, 모든 동물들 위에 존재한다. 하지
만 데카르트는 거기에서 멈추지 않고, 인간의 몸이 인류를 동물의 왕
국보다 상위에 있게 하는 성스러운 장치를 가지고 있다고 했다. 데
카르트가 "몸이라는 감옥"[15]으로 불렀던, 언젠가는 죽을 수밖에 없는
하드웨어 안에는 정신이라는 소프트웨어가 존재한다. 그의 이론에
따르면 정신은 지능과 불멸의 영혼이 거주하는 장소였다. 인간이 이

성적인 판단을 내리거나 신을 닮은 특성을 갖게 된 것은 그래서 가능했다.

그렇게 해서 데카르트는 불가능해 보이는 일을 해냈다. 회의론(skepticism)을 사용해서 종교적인 주장을 뒷받침한 것이다. 그는—이를테면, 불멸의 영혼처럼—교회가 가진 교리의 핵심적인 내용들을 버리지 않으면서 자연과학이 지식을 향해 나아갈 수 있는 지적인 공간을 확보해냈다.

그렇지만 데카르트는 하나의 어려움을 극복하는 과정에서 훗날 수많은 철학자와 신학자를 괴롭히게 되는 문제들을 만들어냈다. 데카르트는 "나는 육체가 없어도 존재할 수 있는, 생각하는 존재"[16]라고 했다. 만일 그게 사실이라면, 왜 데카르트는 육체라는 감옥에서 정신을 해방시키지 않았을까? 그는 그렇게 하려고 최선을 다했다. 그는 지금 들으면 자기계발서에서나 나올 법한 철학적인 방법론을 만들어냈다. 데카르트는 스스로 "순수 이해" 혹은 "순수 지성"이라고 이름 붙인 상태에 도달하기 위한 방법을 찾아 보여주려 했다. 그는 정신에서 육체의 요구를 몰아내어 신이 의도한 생각이 깃들 수 있는 공간을 확보하려 했다. 데카르트는 이렇게 적었다. "눈을 감으라. 귀를 멈추고, 몸의 감각을 차단하라. 모든 육체적인 것의 이미지를 생각에서 몰아내라."[17] 이는 단순히 데카르트 자신의 정신을 해방시키려는 게 아니라, 인류를 한 차원 높은 단계로 끌어올리려는 시도였다. 지성사를 연구하는 데이비드 노블(David Noble)은 데카르트의 이런 시도를 두고 이렇게 말했다. "그는 자신이 고안한 철학적인 방법이 타락한 인류를 도와서, 인간이 지닌 인식론적 한계를 극복하고 내재한 신적인 힘의 일부를 다시금 제어하게 해줄 것으로 믿었다."[18]

데카르트의 강박관념은 철학의 강박관념이 되었다. 수 세기 동안, 고트프리트 라이프니츠, 조지 불(George Boole), 앨프리드 노스 화이트헤드(Alfred North Whitehead) 같은 수학자, 논리학자들은 생각을 가장 순수한 (따라서 가장 신적인) 형태로 표현할 수 있는 새로운 시스템을 만들어내고자 했다. 하지만 새로운 시스템이 아무리 천재적이어도 육체의 감옥을 없애지는 못했다. 철학은 비록 정신을 해방시킬 수 없었지만, 테크놀로지는 가능할지도 몰랐다. 구글은 데카르트가 실패한 프로젝트를 성공시키는 일에 착수했지만, 데카르트의 머릿속을 떠나지 않았던 철학적 질문들을 모두 내다 버렸다. 데카르트는 회의와 의심을 강조했지만, 구글은 귀찮게 두 번 생각하지 않았다. 인간의 두뇌를 해방시키는 일을 엔지니어링이 해결할 과제로 취급하고, 이 프로젝트가 인간에게 미칠 영향에 대해서는 가장 기본적인 물음에도 답하지 못한다. 이 같은 도덕적 실패는 태동기부터 컴퓨터 과학을 따라다니며 구글을 괴롭히고 있다.

앨런 튜링(Alan Turing)은 무신론자였다. 그는 혼자 있기를 좋아했고, 기꺼이 아웃사이더가 되었다. 튜링이 열세 살 때 어머니가 그를 기숙학교에 보냈는데, 당시 영국의 기숙학교는 더운 물이 나오지 않는 샤워 시설에, 딱딱한 침대에서 자야 하는 엄격한 곳이었다. 튜링은 100킬로미터쯤 떨어진 학교에 이틀 동안 혼자 자전거를 타고 찾아갔다. 그는 수줍음을 탔고, 행동도 다른 아이들과 달랐다. 해마다 6월에 찾아오는 고초열(꽃가루 알레르기)을 피하기 위해 가스 마스크를 쓰는 아이였다. 그의 어머니는 튜링이 "중세 수도원에 들어갔으면 아주 행복해했을 아이"[19]라고 했다. 가뜩이나 사람들과 떨어져 지내려는 성격이 강했던 튜링은 게이이기도 했다. 당시 사회는 동성애자를 범죄자 취급하면서 괴롭혔다.

튜링에게 운명과도 같았던 고립은 오래전 데카르트가 찬양한 바 있던 것이다. 그리고 실제로 직관적인 깨달음은 그런 조용한 순간에 찾아왔다. 영국의 철학자 스튜어트 햄프셔(Stuart Hampshire)에 따르면, 튜링에게는 "고독한 사색의 재능"[20]이 있었다. 그는 강력한 집중력으로 다른 사람들이 믿는 지혜, 동시대 사람들이 받아들이는 정설이 자신의 사고에 끼어드는 것을 막아낼 수 있었다. 1935년 여름, 튜링은 사과나무들 사이에 누워서 '논리 계산기(Logical Computing Machine)'라는 물건을 고안해냈다. 그때 그가 적어둔 비전은 훗날 디지털 혁명의 설계도가 되었다.

엔지니어링은 합리성의 전형으로 받아들여진다. 시스템과 계획이 전부인 엔지니어링이라는 직종의 적은 즉흥성과 본능이다. 튜링은 비과학적인 사고를 지적하는 일을 즐겼고, 컴퓨터라는 새로운 발명품이 불러올 미래를 두려워하고 걱정하는 사람들을 놀리기를 좋아했다. "미래에는 여성들이 공원에 컴퓨터를 데리고 나가 산책시키면서 '오늘 아침에 우리 컴퓨터가 정말 웃긴 소리를 하지 뭐예요!' 하면서 서로 인사를 나누게 될 것"이라고 농담하기도 했다.[21]

튜링의 이런 태도는 다소 흥미롭다. 후세에 영향을 미친 튜링의 에세이들을 살펴보면, 그는 단순히 증거를 기록하거나 조심스럽게 귀납적인 추론을 펼치는 데서 그치지 않기 때문이다. 튜링의 재담이나 화려한 논리를 걷어내고 살펴보면, 그가 영적인(spiritual) 사고를 하고 있었음을 알 수 있다. 수학자나 엔지니어들은 신의 존재를 부정했을지 모르지만, 정작 자신들은 무기물 더미에 생명을 부여하는 신성한 일을 하고 있기 때문이다. 그러는 과정에서 그들 자신이 바뀌었다.

튜링은 컴퓨터가 단순한 기계에 불과하다고 생각지 않았다. 그에게 컴퓨터는 어린아이였고, 학습이 가능한 존재였다. 그는 종종 컴퓨터를 영국의 공립학교에 다니는 학생처럼 묘사했다. 자주 야단치고 가끔씩 칭찬을 해줘야 발전이 가능하다는 것이었다. 하지만 그는 컴퓨터의 잠재력을 단 한 번도 의심하지 않았다. "궁극적으로 기계는 순수하게 지적인 영역에서 인간과 경쟁하게 될 것입니다."[22] 튜링이 그런 주장을 한 1950년 당시의 컴퓨터는, 약간의 계산을 할 수 있지만 부피가 엄청나게 크고 할 수 있는 일이 별로 없었다. 그때만 해도 컴퓨터가 인간의 두뇌가 지닌 능력을 갖게 될 것이라는 믿음을 뒷받침할 만한 근거는 거의 없었다. 하지만 튜링에게는 믿음이 있었다. 튜링은 컴퓨터의 지능을 확인할 수 있는 테스트를 고안해냈다. 질문자가 자신의 질문을 종이에 적어 다른 방에 있는 사람과 컴퓨터에게 보낸 후 답을 받는다. 질문자는 받은 답을 보고 어떤 답이 인간의 것인지를 맞춰야 한다. 튜링은 50년 이내에 질문자가 정답을 맞추지 못하는 일이 자주 발생할 것으로 내다봤다.

튜링의 예측은 컴퓨터 시대를 규정하게 되었다. 그 이후 엔지니어들은 '튜링 테스트'를 통과할 수 있는 컴퓨터를 만들기 위해 꾸준히 노력했으나 실패를 거듭했다. AI를 만들고자 하는 많은 사람들에게 이 작업은 수학 문제일 뿐이고, 스릴 넘치는 지적인 도전이다. 하지만 개중에는 이를 종교적으로 추구하는 사람들도 상당수 존재하는데, 이들이야말로 새로운 시대의 서막을 알리는, 세상을 변화시킬 감격스런 프로젝트의 중심에 있는 사람들이다. 그리고 이들의 대제사장은, 뛰어난 설명력을 갖추고 영리하게 아이디어를 대중화하는 레이 커즈와일(Ray Kurzweil)이다.

미래에 대한 커즈와일의 황홀한 비전은 과거 인류가 겪은 끔찍한 재앙에서 배태되었다. 홀로코스트(유대인 대학살)의 그림자는 그의 머릿속을 떠나지 않는다. 그의 유대인 부모는 독일이 오스트리아를 합병하기 직전에 비엔나를 탈출했다.[23] 지휘자이자 지식인이었던 아버지는 인생 역경으로 몸이 상했고, 58세의 나이에 심장마비로 세상을 떠났다. 아버지의 죽음이 커즈와일의 뇌리를 떠나지 않았다. 힘든 시절을 겪은 부모에게서 태어난 아이들이 흔히 그렇듯, 커즈와일은 역사의 비극을 상쇄하는 강한 낙관주의를 의도적으로 유지했다. 아주 어린 시절부터 발명가 정신이 강했던 커즈와일은 열일곱 살 때 스티브 앨런(Steve Allen)이 진행하는 「내게는 비밀이 있어요」라는 게임쇼에 출연했다.[24] 커즈와일은 피아노 곡을 프로급으로 연주한 후, 패널들에게 자신이 숨기고 있는 비밀이 무엇인지 맞춰보라고 했다. 패널들이 여러 가지 질문을 던진 후에 마침내 커즈와일이 비밀을 밝혔다. 자신이 방금 연주한 곡을 컴퓨터가 작곡했다는 것이다. 청중은 깜짝 놀랐다. 컴퓨터가 작곡을 했다는 사실도 놀랍지만, 그 컴퓨터를 (뉴욕의 변두리) 퀸즈에 사는 비쩍 마른 십대 소년이 직접 만들었다는 사실에 더 놀랐다. 커즈와일은 스티브 앨런을 데리고 웅웅거리는 소음을 내는 컴퓨터 주위를 돌면서 구경시켜주었다. 전선과 배전반, 깜빡이는 불빛으로 가득한 그 기계는 천재의 작품이었다.

커즈와일은 자기 앞에 놓인 어떤 문제도 해결할 수 있다고 자신하는 완벽한 엔지니어였다. MIT 졸업 직후 커즈와일은 한 친구에게 "시각장애인이 볼 수 있게, 청각장애인이 들을 수 있게, 그리고 다리가 불편한 사람이 걸을 수 있게 해주는 장치들을 만들고 싶다"[25]고 말했다고 한다. 그리고 스물일곱 살이 되던 해, 커즈와일은 시각장애인에게 책을 읽어주는 기계를 만들어냈다. 이렇게만 말하면 그게 얼마나 엄청난 일이었는지 와닿지 않는다. 시각장애인이 책을 스캐너에 올려놓으면 컴퓨터가 글자를 인식해서 소리내어 읽어주는 장치로, 평판스캐너가 아직 존재하지 않던 시절에 만들어낸 것이다.

이 발명품은 시각장애인들의 삶을 바꿔놓았고, 커즈와일은 시각장애인들에게 영웅이 되었다. 한 예로 스티비 원더는 커즈와일을 향해 감사와 찬사를 보냈고, 두 사람은 친구가 되었다. 커즈와일은 새로 친구가 된 스티비 원더를 위해 새로운 전자 키보드를 만들었는데, 그렇게 탄생한 키보드는 세계적인 수준의 콘서트홀에 있는 피아노 음향에 뒤지지 않는 소리를 낼 수 있다고 한다.

이런 낙관적인 태도에도 불구하고 커즈와일은 스스로 만들어낸 공포에서 벗어나지 못했다. 그건 인류가 품고 있는 가장 큰 공포이기도 했다. 이런저런 생각 끝에 죽음을 떠올리게 되면 "견딜 수 없이 깊은 슬픔과 외로움"에 빠져들었다.[26] 하지만 커즈와일은 이 문제 역시 엔지니어링으로 해결할 수 있다고 장담했다. 그는 자신의 수명을 늘이기 위해 비타민과 영양보충제, 효소 같은 알약을 미친 듯이 복용하기 시작했다. 매일 그가 삼키는 알약은 150여 개나 된다(그는 죽음을 피하는 데 도움이 된다고 믿는 주사도 정기적으로 맞는다.). 커즈와일에 대한 다큐멘터리를 보면 그가 칵테일 파티에서 와인 잔을 들고 사람들 사이를 걸어다니는 장면이 나온다. 그는 파티에서 처음 만난 사람들과 가볍게 이야기를 나누면서 마치 과자 안주를 먹듯 알약을 몇 개씩 입에 넣고 삼킨다. 나중에 밝혀진 바로는, 이 알약 복용 장면은 일종의 PPL로, 다양한 장수 특효약을 제조하는 '레이와 테리의 장수 식품'이라는 기업을 홍보하는 수단이다. 그는 이 기업을 직접 창업했다.

　하지만 의약품 판매는 커즈와일의 부업일 뿐, 그의 본업은 예언이다. MIT에서 초창기 AI 연구자들과 함께 연구했던 커즈와일은 AI를 철저하게 신봉하며, AI가 지상천국을 만들어낼 거라 기대한다. 이렇게 탄생할 천국을 그는 '특이점(singularity)'이라고 이름 붙였다. 그는 이 명칭을 한때 수학자였다가 공상과학 소설 작가가 된 버너 빈지(Vernor Vinge)에게서 가져왔는데, 빈지는 이 개념을 천체물리학에서 차용했다. 특이점은 시공간 연속체라는 기존 물리학적 법칙이 적용되지 않는 지점으로, 유한한 존재가 무한한 존재로 변화하는 순간을 의미한다. 커즈와일이 말하는 특이점은 인공지능이 전능한 힘을 갖게 되는 순간으로, 컴퓨터가 다른 컴퓨터를 디자인하고 만들 수 있게 되는 시점이다. 그런 초지능(super-intelligence)은 자기보다 더 뛰어난 초지능을 만들고, 그렇게 만들어진 컴퓨터는 더 뛰어난 초지능의 컴퓨터를 만들면서 인간을 뛰어넘는 세상을 창조할 것이다. 그 지점에 이르면 모든 제약이 사라지기 때문에 "강력한 AI와 나노 기술은 우리가 상상할 수 있는 어떤 제품이나, 어떤 상황, 어떤 환경도 원하는 대로 만들어낼 것이다."[27]

커즈와일은 과학자이므로 정확성을 신뢰한다. 그가 미래에 대해 예측할 때는 대충 추정하는 것이 아니라 데이터에 기반해 추론한다. 실제로 그는 인류의 테크놀로지 역사에서 얻을 수 있는 모든 데이터를 컴퓨터에 입력해서 계산을 했고, 그 결과 기술 진보는 일직선으로 성장하지 않고 기하급수적인 폭발을 무한반복한다는 결론에 도달했다. 그는 "진화의 각 단계는 이전 단계에서 이룩해낸 업적을 바탕으로 하기 때문에 더욱 급속히 진전한다."[28]고 썼다. 커즈와일은 이를 '수확 가속의 법칙(Law of Accelerating Returns)'이라 이름 붙였다. 그에 따르면 현재 인류는 테크놀로지의 가속 페달을 있는 힘껏 밟으려 하고 있다. 즉 유전학과 나노 기술, 그리고 로보틱스에서 전례 없는 도약의 문턱에 들어서고 있다. 이러한 발전은 인류로 하여금 "연약하고" "제한적인" 인간의 두뇌와 신체—커즈와일의 표현을 빌리자면 "생물학적 신체 1.0"—를 마침내 떨쳐버릴 수 있게 해줄 것이다.[29] 우리는 기계와 온전히 하나가 되고, 우리의 존재는 가상화될 것이며, 우리의 두뇌는 컴퓨터에 업로드될 것이다. 커즈와일은 인류가 2045년에 특이점에 도달할 거라고 계산했다.

인류는 드디어 육체의 감옥에서 정신을 해방시키고자 했던 데카르트의 꿈을 실현하게 될 것이다. 커즈와일의 말처럼 "우리는 소프트웨어이지, 하드웨어가 아닐 것이기"[30] 때문에, 어떤 형태든 최적의 하드웨어에 들어갈 수 있다. 인간과 로봇 사이에는 아무런 차이도 없게 된다. "새로운 나노 테크놀로지와 컴퓨터 테크놀로지를 사용해 신체와 두뇌를 업그레이드한 인간과, 로봇을 만들어낸 인간의 지능과 감각을 뛰어넘는 로봇 사이에 어떤 차이가 있겠는가?"[31]

그렇게 되면 세상은 빠르게 변화할 것이다. 컴퓨터는 인간의 모든 기본 업무를 수행하게 되고, 그 결과 사람들은 여가를 즐길 것이다. 고통은 사라지고, 죽음 또한 사라질 것이다. 테크놀로지는 지구상의 인류를 끊임없이 괴롭혀온 결핍이라는 기본 굴레를 없애줄 것이다. 심지어 이불 속 생활도 더 좋아진다. "가상 섹스는 전통적인 섹스보다 훨씬 더 강렬하고 만족스러운 자극을 제공할 것이다."[32] 이런 방향으로의 진행을 막을 수 있다고 생각한다면 착각이다. 실리콘밸리의 저명한 사상가인 피터 다이애먼디스(Peter Diamandis)는 이렇게 잘라 말한다. "이런 진행에 저항하는 사람은 진화에 저항하는 셈이다. 진화에 저항하는 개체는 결국 사멸하게 되어 있다."[33]

커즈와일은 본인의 이론이 내포한 형이상학적 함의를 알고 있다. 그의 논문 중에는 「정신 기계의 시대(The Age of Spiritual Machines)」라는 것이 있다. 특이점 이후의 삶은 거의 황홀경에 도달한다고 그는 설명한다. "인류 문명은 외부로 확대될 것이다. 우리 주위에 존재하는 지능이 없는 물질과 에너지는 아주 똑똑한─초월적인─물질과 에너지로 바뀌게 된다. 달리 말하면 특이점은 우주에 정신을 부여할 것이다."[34] 커즈와일은 심지어 자기 아버지가 남긴 서류를 회계장부마저 버리지 않고 창고에 모아 보관하고 있다. 언젠가 아버지를 다시 살리겠다는 기대를 갖고 있기 때문이다. 종교인류학자인 로베르트 제라치(Robert Geraci)는 커즈와일을 비롯한 특이점 신봉자들을 연구하는 과정에서 그들의 믿음이 기독교인들이 믿는 종말론적 텍스트와 매우 유사하다는 사실을 발견했다. 그는 "종말론적 AI는 종교적인 예언을 이어받은 적자(嫡子)이지, 서자(庶子)가 아니다."라고 결론 지었다. "종말론적 AI에서, 테크놀로지 연구와 종교적인 카테고리는 놀라울 정도로 정교하게 일치한다."[35]

실리콘밸리가 모두 특이점을 신봉하는 건 아니다. 테크 전문가들이 모여 있는 그곳에서도 커즈와일의 주장을 무시하는 사람들이 존재한다. AI의 대부 존 매카시(John McCarthy)는 102세가 될 때까지 살고 싶다고 했다.[36] 커즈와일이 예견한 시점에 특이점이 도래하지 않는 걸 확인한 후 커즈와일을 놀려주겠다는 것이다. 가상현실(VR, virtual reality)을 만들어내는 데 일조했던 저론 래니어(Jaron Lanier)는 특이점은 컴퓨터에 몰두하는 사람들이 기대하는 휴거에 불과하다고 단정짓는다. 하지만 커즈와일을 믿는 사람들 중에는 테크 업계의 거물들도 많다. 가령 빌 게이츠는 커즈와일을 "인공지능의 미래를 가장 잘 예언할 수 있는 사람"[37]이라고 말한다. 테크 전문가들을 취재해온 《뉴욕타임스》의 존 마코프(John Markoff)는, 커즈와일이 구글의 최고 지성을 포함하는 "실리콘밸리에서 가장 똑똑한, 최고의 전문가 집단을 대표한다"[38]고 말한다.

래리 페이지는 자신이 아직 학계에 있다고 생각하고 싶어한다. 사실 구글은 박사 논문 주제로 시작되었고, 검색엔진 아이디어는 좋은 논문을 알아보려는 시도에서 출발했다. 교수의 아들인 페이지는 학자들이 자기 논문의 질을 어떻게 평가하는지 알고 있었다. 다른 논문에 인용된 횟수를 확인하는 것이다. 그는 웹이 그런 학자들과 비슷하게 작동한다는 사실에서 큰 힌트를 얻었다. 웹사이트의 링크는 (논문의) 인용과 같았다. 둘 다 일종의 추천이었다. 특정 웹페이지가 얼마나 유용한지는 다른 웹페이지가 그 페이지를 링크하느냐를 계수화해서 판단할 수 있었다. 래리 페이지는 그런 깨달음을 알고리듬으로 구현했고, 알고리듬에 자신의 이름을 넣어 '페이지랭크(PageRank)'라고 불렀다.

페이지는 연구를 중시한다. 구글은 지난 한 해에만 거의 1250만 달러(약 140억 원)를 당장 돈벌이가 되지 않을 R&D에 투자[39]했을 만큼 연구에 투자를 아끼지 않는다. 스타급 교수들이 대학을 떠나 구글에 머물면서 야심찬 연구를 진행하게 하고 있다. 만약 과학적 순수성의 추구가 기업의 이윤과 상충하면 페이지는 전자를 선택할 거라고 큰소리친다. 물론 그런 선택이 있었기에 구글은 승승장구할 수 있었다. 다른 검색엔진들이 검색 결과의 상단을 돈 받고 파는 동안, 구글은 그렇게 대놓고 장사하기를 거부했다. 구글의 검색 결과는 과학을 추구하는 데서 나왔다고 해도 과언이 아니다.

이런 이상주의는 어느 정도는 홍보성이기도 하지만, 대부분은 구글이라는 기업의 정수에서 비롯된 것이다. 페이지와 브린은 2004년 뉴욕 증시에 구글을 상장하면서 증권거래위원회(SEC)에 보낸 편지에서, "구글은 일반적인 기업이 아니며,[40] 그런 기업이 되려고 하지도 않는다."고 선언했다. 공허한 미사여구처럼 들릴 수도 있지만, 이 편지를 읽은 뉴욕의 증권업계는 속앓이를 했다. 구글을 잘 아는 사람들에 따르면, 이 회사는 MBA형 인재를 싫어하고 회사 내에 마케팅 부서를 두는 것을 고집스레 거부했다. 페이지는 비즈니스 감각을 요하는 자리에 다른 회사들처럼 재무를 아는 사람 대신 엔지니어

를 앉힌다는 사실을 스스로 자랑스러워했다. 훗날 구글의 직원이 수
만 명에 달하게 되었을 때도 래리 페이지는 채용 후보자의 개인 파
일을 일일이 살펴보며 구글이 엔지니어링이라는 뿌리에서 너무 멀
리 벗어나지 않도록 챙겼다.

구글의 이상주의를 가장 잘 드러내는 것은 "사악해지지 말자
(Don't be evil)"라는, 종종 놀림감이 되곤 하는 구글의 모토다. 이 슬로
건이 원래는 구글 내부에서만 사용되었고 외부에 공개하려 만든 것
이 아니라는 걸 알게 되면 그 의미가 쉽게 파악된다. 이것은 생각보
다 훨씬 더 강한 기업 가치의 표현이다. 구글은 직원들이 선하고도
야심찬 목표에 집중하도록 하려고 그 모토를 만들었고, 당시 구글이
꺾으려 했던 테크 업계의 1위 마이크로소프트처럼 편협하고 이기적
으로 행동하지 말자는 내부적인 결의를 표현했다. 그랬던 것이 당시
CEO였던 에릭 슈미트가 《와이어드》와의 인터뷰에서 실수로 언급하
는 바람에 널리 알려지게 되었다.[41] 얼마나 많은 사람들이 농담을 지
어낼지 알았다면 저지르지 말았어야 할 실수였다(엄청난 조롱을 받은
끝에 구글은 결국 그 모토를 버렸다.). 래리 페이지의 공식 발표문은 상당
히 진지하다. 그리고 반복해서 강조하는 내용을 살펴보면 그가 얼마
나 진지하고 야심찬 의도를 가지고 있는지 알 수 있다. 페이지는 겸
손하면서도 동시에 믿어지지 않을 정도로 거창한 문장을 만들어내
는 재주가 있다. "우리는 실현 가능한 것의 1퍼센트 수준에 와 있습
니다. 변화가 빨라지기는 했지만, 우리가 가진 기회에 비하면 우리는
여전히 느리게 움직이고 있습니다."[42]

래리 페이지의 의도를 이해하려면, 인공지능의 다양성을 살펴

볼 필요가 있다. 인공지능 분야는 크게 두 진영으로 나뉜다. 먼저 점 진주의자들이 있다. 이 사람들은 페이지랭크 알고리듬이나, 개인 수 표에 손으로 쓴 숫자를 읽을 수 있는 현금인출기 소프트웨어 같은 지금까지의 성과를 중시한다. 이 진영은 컴퓨터가 인간의 의식 수준 에 도달할 거라는 희망을 걸지 않는다. 다른 진영은 커즈와일이나 특 이점에 대한 전망에 끌리는 혁명주의자들이다. 이들은 "일반 인공지 능(Artificial General Intelligence)"이나 "강한 AI"를 가진 컴퓨터를 만드 는 것을 목표로 삼는다.

구글은 기업 역사 대부분을 점진적인 개선에 주력해왔다. 초기 구글은 에릭 슈미트가 이끌었다. 투자자들은 페이지와 브린에게 연 륜과 경험을 갖춘 '어른' 감독관으로서 슈미트에게 회사를 맡기도록 했다. 그렇다고 슈미트가 소심하게 회사를 운영했다는 뜻은 아니다. 그가 CEO로 재임하는 동안 구글은 세상에 존재하는 모든 서적을 스 캔, 업로드하는 계획을 세웠고, 현재 흔히 사용되는 지메일이나, 구 글 독스, 구글 지도 같은 제품들을 만들어냈다.

하지만 이런 야심찬 프로젝트들도 래리 페이지를 만족시킬 정 도는 아니었다. 구글의 초대 CEO였던 페이지는 2001년에 CEO로 복귀하면서 특이점을 지향하는 것으로 구글의 목표를 재설정했다. 여러 해 동안 커즈와일과 친하게 지내며 다양한 프로젝트에서 함께 일했던 페이지는, 커즈와일에게 구글의 엔지니어링을 총괄하게 했 다. 그리고 커즈와일에게 컴퓨터가 읽을 수 있도록 학습시키는 일을 맡겼다. 성공한다면 커즈와일이 그토록 주장했던 초지능의 탄생을 앞당길 수 있는 폭발적 기술 성장을 이룰 것이었다. 커즈와일은 그

직책을 맡으면서 이렇게 말했다. "이 프로젝트는 제가 지난 50년간
집중해온 인공지능 개발의 정점이 될 것입니다."[43]

페이지는 구글 직원들에게 이야기할 때 문샷° 비유를 거듭 사
용한다. 구글은 일반 인공지능에 도달하기 위해 NASA의 달 탐사 계
획과 유사한 프로젝트를 수행 중이다. 이 프로젝트에는 '구글 브레
인(Google Brain)'이라는, 다소 오싹한 이름이 붙어 있다(에릭 슈미트는
"구글의 여러 정책들은 대개 소름끼치는 수준 근처까지만 가고 선을 넘지는 않
는다."[44]며 웃기도 했다.). 구글은 1960년대에 등장했던 '신경망(neural
networks)' 개념을 되살리는 노력에 앞장섰지만, 최근까지는 성공하지
못했다. 신경망은 인간의 두뇌 작용을 본뜬 컴퓨팅으로, 알고리듬이
두뇌의 정보처리와 학습 방법을 복제하는 것이다. 구글은 이 분야에
서 큰 진전을 이룩한 제프 힌턴(Geoff Hinton)이라는 영국 태생의 교
수를 채용했고, 영국에 본사를 둔 '딥마인드'라는 기업을 인수했다.
딥마인드는 인간의 가르침 없이 스스로 비디오 게임을 배우는 신경
망을 만들어냈다. 딥마인드는 그처럼 강력한 알고리듬을 단일 기업
이 갖게 될 때 생겨날 위험을 우려했고, 구글이 절대 그 기술을 군사
용으로 사용하거나 정보기관에 팔지 못하도록 고집했다.

구글은 특이점을 얼마나 믿을까? 구글 직원들 모두가 커즈와일
의 비전을 믿는 것은 아니다. 구글에서 가장 뛰어난 엔지니어 중 하
나인 피터 노빅(Peter Norvig)은 '수확 가속의 법칙'은 틀렸다고 주장
한다. 래리 페이지는 커즈와일에 대해서 한 번도 공식적으로 언급한

° Moonshot. 달 착륙을 목표로 한 NASA의 아폴로11 프로젝트―옮긴이

적이 없다. 하지만 아무도 부정할 수 없는 패턴이 존재한다. 2008년 구글은 실리콘밸리에 있는 NASA 캠퍼스에 싱귤래리티 대학 설립을 재정 지원했다. 싱귤래리티 대학[45]은 10주 동안 진행되는 일종의 대학원 과정으로, 커즈와일이 자신의 아이디어를 홍보할 겸 공동설립자로 나섰다. 구글은 이 대학에 수백만 달러를 기부해서 학생들이 학비 없이 다닐 수 있게 해주었다.[46] 페이지는 "내가 학생이라면 진학하고 싶은 곳"[47]이라고 했다. 구글은 특이점을 추구하는 많은 프로젝트에 빠져들어 있다. 예를 들어 암 치료 같은 상대적으로 작은 목표 대신, 죽음이라는 문제를 해결하려는 칼리코 같은 스타트업에 대규모 투자를 한다. 래리 페이지는 《타임》과의 인터뷰에서 "놀랍게도, 암을 정복해봤자 평균 수명이 고작 3년 늘어난다. 암 정복은 엄청난 일이고, 세상을 바꿀 거라고 생각한다. 암 때문에 수많은 비극이 발생하고, 암에 걸리는 건 몹시 슬프고 안타까운 일이지만, 한 걸음 물러나서 보면 암 정복은 생각하는 만큼 큰 진보가 되지 못한다."[48]고 말했다. 구글이 세운 목표 중 실제 달성할 수 있는 것은 거의 없을 듯하다. 문샷 프로젝트 중 많은 부분이 실패로 끝날 것이다. 하지만 구글의 프로젝트들은 놀라울 정도로 일관된 가치 체계와 믿음, 세계관을 보여준다.

특이점은 단순히 미래에 대한 비전이 아니라 현재를 바라보는 시각이기도 하다. 래리 페이지가 가지고 있는 한없이 낙관적인 견해에 따르면, 지구상에 사는 우리 모두는 결핍이 없고 경이로움으로 가득한 세상에 아주 가까이 다가가고 있는 중이다. 그런 새로운 세상을 앞당기려 하지 않는다면 어리석을 뿐 아니라 무감각한 일일 것이다.

러다이트 운동이나 빈곤한 상상력 때문에 가능성을 보지 못하는 사람들도 존재할 것이다. 하지만 그것이 과학혁명의 본질이다. 과학혁명은 이단아와 규칙 위반자들이 주도한다. 사람들은 이런 엄청난 일을 오만하고 충격적일 만큼 무심한 태도로 수행한다. 구글은 미래를 추구하는 과정에서 인류의 오랜 관행을 크게 바꿀 기술을 찾아내어 개발할 때가 있다. 그럴 때면 스스로 선하다는 확신을 가지고 민첩하게 앞으로 질주하는 것이 구글이 작동하는 방식이다.

구글은 지구상에 존재하는 모든 책을 디지털화하기로 결정하는 과정에서 저작권법의 존재를 사소한 골칫거리 정도로 생각했고, 그것 때문에 주저할 필요가 없다고 생각했다. 물론 구글은 사람들이 프로젝트를 어떻게 생각할지 눈치채고 있었다. 프로젝트를 조용히 추진했던 건 사람들이 문제를 자세히 따져보는 상황을 피하기 위해서였다. 스티븐 레비에 따르면, "작업은 첩보영화처럼 추진되었다. 마치 1950년대에 마리화나를 피우러 몰래 나이트클럽을 슬쩍 빠져나가듯 비밀리에 진행하느라 오점을 남겼다."[49] 구글은 도서관으로 트럭을 보내서 책을 박스에 담아 운반하고 재빨리 스캔을 마친 후에 반납하곤 했다. 그런 일을 하고 있다고 왜 공개적으로 발표하지 않느냐는 질문에, 래리 페이지는 "굳이 이야기할 필요가 없는데 왜 이야기해야 하나?"[50]라고 되물었다. 구글의 선임 변호사는 구글 사람들의 무신경한 태도에 대해 "구글 경영진은 법이나 선례 따위에 크게 신경쓰지 않는다."[51]고 직설적으로 말했다. 물론 이 경우에 선례란 수세기 동안 지켜져온 지적재산권이었고, 이를 무시할 경우 출판 산업과 출판 산업에 의존하는 저자들의 삶이 송두리째 무너져내릴 상황

이었다. 달리 말해 구글은 여러 중립적인 변호사들조차 사상 최대의
지적재산권 침해라고 하는 일을 도모했던 것이다.

구글은 왜 그런 일을 하려 했을까? 어떤 의미에서는 분명한 이
유가 있다. 구글이 시장 지배를 유지하려면 검색엔진이 모든 정보를
커버해야 하기 때문이다. 방대한 인류의 지식이 저장되고 검색되기
를 기다리고 있었다. 하지만 쉽게 드러나지 않는 다른 이유도 있다.
기술사학자인 조지 다이슨(George Dyson)이 구글 본사 캠퍼스인 구글
플렉스를 방문했을 때 한 엔지니어는 대수롭지 않게 이렇게 털어놨
다. "사람들이 읽게 하려고 책을 스캔하는 게 아니에요. AI가 읽게
하려고 스캔하는 겁니다."[52] 그게 사실이라면, 구글이 프로젝트를 비
밀리에 진행하려던 이유를 쉽게 이해할 수 있다. 인류 지식의 보고조
차도 구글에게는 기계를 훈련시키기 위한 재료에 불과했으며, 특이
점을 위한 제물이었던 것이다.

구글은 사업 영역의 경계가 불분명한 기업이다. 아니, 경계선이
끊임없이 확장되고 있다. 래리 페이지가 경쟁은 낭비라고 배격하거
나, 협력이야말로 진보라고 칭송하는 것을 들으면 소름이 끼치는 이
유가 거기에 있다. 그는 "부정적인 태도로는 진보하지 못한다. 세상
에서 가장 중요한 것들은 제로섬 관계에 있지 않다"[53]고 말한다. "직
장에서 당신이 최선을 다해 하는 일이, 비슷한 일을 하는 경쟁자를
짓밟는 것이라면 출근이 즐거울 수 있겠는가?"[54] 더 소름끼치는 말
은 구글이 언젠가 100만 명 이상의 직원을 고용하겠다는 계획[55]이다.
계획이 실현되면 구글은 현재 규모의 20배가 된다. 단순히 경쟁자가
없는 산업을 지배하겠다는 정도가 아니라, 훨씬 더 거대한 것을 지배

하겠다는 야심이다. 구글이 가진 가치와 종교적 신념을 전 세계에 강
요하겠다는 의도를 드러내는 말이다.

3장 | 페이스북이 벌이는 자유의지와의 전쟁
MARK ZUCKERBERG'S WAR
ON FREE WILL

실리콘밸리는 '반문화'를 졸업했지만, 완전히 졸업하지는 못했다. 실리콘밸리의 기업들이 표방하는 가치는 전부 1960년대에서 비롯되었다. 대형 테크 기업들은 기업의 정체성을 개인의 자유를 위한 플랫폼이라고 내세웠는데, 이는 스튜어트 브랜드가 했던 말과 다르지 않다. 모든 사람은 자기 생각을 소셜미디어에서 말하고, 지적, 민주적 가능성을 발휘하고, 자기만의 개성을 표현할 권리가 있다는 것이다. 텔레비전이 사람들을 소극적으로 만드는 수동적인 매체인 반면에, 페이스북은 참여하는 매체고 사용자가 권한을 갖는다. 다양한 글을 읽고, 스스로 생각하고, 자기만의 의견을 형성하는 일이 허용된다.

이런 주장이 전적으로 공허한 미사여구는 아니다. 세상에는 페이스북이 시민들에게 용기를 주고 권력에 대항해서 조직을 구성하도록 도와주는 곳도 존재한다. 심지어 미국에서도 그런 일이 일어난다. 하지만 그렇다고 해서 페이스북의 자기 주장을 있는 그대로 받아들여서는 안 된다. 페이스북은 누구에게나 열려 있는 건강한 광장이 아니라, 철저히 관리되는 상명하달식 시스템이다. 페이스북은 대화

의 패턴을 흉내내지만 표피적인 특성에 지나지 않으며, 사실은 정보
를 분류하는 복잡한 규칙과 절차다. 그리고 이 규칙은 페이스북이라
는 기업이 궁극적으로 기업의 이익을 얻기 위해 고안한 것이다. 페이
스북은 사용자를 끊임없이 감시하고, 평가하며, 행동 실험에 쓰는 실
험용 쥐처럼 사용한다. 사용자들에게 선택권을 제시하는 듯한 인상
을 주면서, 실은 사용자들을 일정 방향으로 몰아가고 있다. 사용자를
위해 좋은 방향을 제시한다고 하지만, 결국 사용자가 (페이스북에) 중
독되는 방향이기도 하다. 페이스북의 위선은 마크 저커버그의 짧지
만 역사적인 경력에서 잘 드러난다.

저커버그는 '착한 아이'지만, 나쁜 아이 혹은 장난꾸러기가 되
고 싶어했다. 청소년기의 저커버그에게 초기 해커들은 영웅이었다.
해커가 어떤 사람들인지 먼저 정의할 필요가 있겠다. 저커버그의 영
웅은 사악한 데이터 도둑이나 사이버 테러리스트가 아니었다. 해커
문화에서 그런 삐뚤어진 범법자는 해커가 아니라, 크래커(cracker)라
고 불린다. 저커버그는 크래커를 숭상한 적이 없다. 물론 그가 숭배
한 진정한 해커들도 권위를 무시했다. 그들은 테크놀로지의 달인이
고 재주가 무한하면서 무모한 괴짜인 동시에, 전통적인 사고방식에
구애 받지 않았다. 1960~1970년대 MIT의 컴퓨터 실험실에서 연구하
던 그들은 최초의 비디오 게임이나 워드프로세서처럼 경이로운 작
품을 만들어내면서, 방해가 되는 그 어떤 규칙도 무시했다. 시간 날
때마다 그들은 엄청난 장난을 쳤다. 대학교 기숙사 지붕 위에 살아
있는 소를 올려놓기도 했고, 하버드 대학교와 예일 대학교 간 미식축

구 시합 도중 경기장 한가운데 잔디 아래에서 'MIT'라고 적힌 커다
란 풍선이 갑자기 부풀어오르게 하기도 했다. 그런 장난들 때문에 이
들의 영리함은 더욱 사람들의 시선을 끌었다.

   해커들에게 최대의 적은 대학과 기업, 정부를 운영하는 관료들
이었다. 물론 관료들도 해커들과 마찬가지로 세상을 더욱 효율적으
로 만들고자 하는 사람들이었다. 하지만 현실에서 관료는 공유되어
야 할 정보도 절대 내놓지 않고 붙들고 있는, 속 좁은 사무직 종사자
들이었을 뿐이다.[1] 해커가 엔지니어링을 통해 분명히 더 좋은 방법—
공짜로 장거리 전화를 할 수 있는 장치[2]나, 컴퓨터 운영체제를 개선
할 수 있는 방법 등—을 만들어내도 관료들은 앞을 가로막고 허가를
내주지 않았다. 그러면 해커들은 양복 입은 관료들을 익살맞은 방법
으로 멋지게 골려주었다.

   2002년 가을 저커버그가 하버드에 입학했을 때는 이미 해커들
의 전성시대가 지나버린 지 오래였다. 그들은 이미 나이가 들었고,
전설 속에나 등장하는 인물들이었다. 그중 일부는 나이가 들어서도
여전히 기득권과의 싸움에 갇혀 있었다. 그래도 저커버그는 규범을
우습게 보던 과거의 해커들처럼 해킹을 하고 싶었다. 고등학교 시
절 '저크페이더(Zuck Fader)'라는 별명으로 해킹을 하던[3] 저커버그는
AOL의 암호를 뚫고 들어가서 AOL의 메신저 시스템을 개선하는 코
드를 심어두었다. 대학교 2학년 때는 캠퍼스 내에서 가장 예쁘고 잘
생긴 사람이 누구인지 결정하는 '페이스매쉬(Facemash)'라는 사이트
를 만들어냈다. 사용자들에게 두 명의 얼굴을 보여주고 둘 중 누가
더 예쁜지 결정하게 해서, 두 명 중 승자가 다음 라운드로 올라가게

하는 식이었다. 하지만 그 사이트가 굴러가게 하려면 학생들 사진이
필요했다. 저커버그는 학생 사진을 쌓아두고 있는 하버드 내 다양한
기숙사의 서버 컴퓨터를 털어서 사진을 훔쳐 왔다. 저커버그는 사이
트를 완성하면서 자기 블로그에 이렇게 적었다. "한 가지만큼은 확
실하다.[4] 이런 사이트를 만들고 있는 나도 어지간히 나쁜 놈이다. 그
런데 뭐 어쩌겠어."

결국 그의 반항아 흉내는 하버드 징계위원회와 캠퍼스 내 여성
단체들에 사과하는 것으로 끝이 났고, 저커버그는 나빠진 평판을 어
떻게 만회할 수 있을지 고민했다. 그 후로 저커버그는 자신의 타고난
성향은 반항과 거리가 멀다는 사실을 보여주었다. 그는 권위를 불신
하는 편도 아니었다. 저커버그는 워싱턴포스트 그룹의 회장 돈 그레
이엄(Don Graham)을 찾아가 멘토가 되어달라고 부탁했고, 페이스북
을 시작한 후에도 미국의 여러 기업인들을 따라다니면서 가까이에
서 그들의 경영 스타일을 연구했다. 그렇게 해서도 본인의 어색한 태
도를 완전히 없애지는 못했지만, 적어도 화려한 저녁식사 파티에 참
석하거나, 찰리 로즈(Charlie Rose)°와 인터뷰를 하거나,《배너티페어》
의 표지 사진을 찍을 수 있을 정도까지는 내성적인 성격을 극복할
수 있었다.

그러나 해커들에 대해 가졌던 청소년 시절의 동경은 완전히 사
라지지 않았고, 오히려 새롭고 좀 더 성숙한 형태로 바뀐 채 계속 유
지되었다. 마침내 자기 캠퍼스를 갖게 되자 저커버그는 원하는 도로

° 미국 공영TV 방송 PBS에서 시사 인터뷰 토크쇼를 진행했다.—옮긴이

명을 캠퍼스의 주소로 정할 수 있도록 시에 요청했다. 그렇게 해서 얻은 주소가 'One Hacker Way(해커로 1번지)'였고, 캠퍼스 내 광장 바닥에는 'HACK(해킹하라)'라는 단어를 크게 새겨 넣었다. 그리고 자신이 일하는 사무실 복합단지 한가운데에는 'Hacker Square(해커 광장)'이라는 개방된 미팅 공간을 만들었다. 페이스북의 직원들이 모여서 밤새도록 해커톤(Hackathon)을 하는 장소다. 저커버그는 장차 기업가가 되고 싶어하는 사람들과 이야기하던 도중에 "우리는 해커 문화를 만들고 싶었다."[5]고 털어놓기도 했다.

수많은 기업들이 해커 문화를 도입했다. 해커는 최초의 파괴적 혁신가였기 때문이다. 하지만 해커 문화를 페이스북만큼 철저하게 도입한 기업도 없었다. 물론 그렇게 하는 데에는 위험이 따랐다. 해킹이라는 단어에는 복합적인 이미지가 있었고, 부정적인 뜻도 있었기 때문에 상식적이고 법을 지키는 경영자를 원하는 투자자들은 싫어할 수도 있었다. 하지만 저커버그가 해킹의 좋은 점을 극찬하기 시작했을 때 즈음, 그는 해킹이 가지고 있던 원래 의미를 제거하고, 어떤 반항심도 담겨 있지 않은 경영철학 정도로 탈색시켜버렸다. 그 결과, 해킹은 반항과는 오히려 정반대의 의미가 되었다. 한 인터뷰에서 저커버그는 "해커는 빠르게 프로토타입을 만들어보고 어떤 것이 작동하는지 확인하는 컴퓨터 과학자들"[6]이라며, "우리 엔지니어들에게도 권장하는 바"라고 했다.

해킹을 한다는 것은 훌륭한 직원이자 책임감 있는 페이스북 시민이라는 뜻이다. 급진적인 개인주의 용어를 기업이 가져다가 순응주의에 사용하는 대표적인 사례이다.

저커버그는 해커 정신을 기업의 모토로 뽑아냈다. "빠르게 움직이고 낡은 것을 파괴하라(Move Fast and Break Things)."[7] 말할 것도 없이 페이스북은 그렇게 하는 데 아주 능했다. 페이스북은 저커버그도 상상 못했을 정도로 빠르게 움직였다. 그는 지금의 페이스북을 생각해서 만든 것이 아니다. 페이스북은 저커버그가 기숙사 방에서 장난 삼아 시작했다가 탄생한 것이고, 레드불을 마시고 잠이 안 오는 상태에서 만들어낸 작품이다. 하지만 기업이 성장하면서, 전 세계의 투자자들과 사용자들에게 페이스북이 그렇게 커지는 이유를 정당화해야 했다. 그리고 빠르게 성장해야 했다. 저커버그와 함께 하버드에서 페이스북을 설립했던 더스틴 모스코비츠(Dustin Moskovitz)에 따르면, "페이스북은 처음에 가졌던 경박한 이미지에서 벗어나는 게 아주 중요한 과제였다. 실리콘밸리로 간 후에는 더욱 그랬다."[8] 길지 않은 기업 역사에서, 페이스북은 기업의 정체성을 끊임없이 새롭게 설명했다. 도구(tool)라고 했다가, 공공재(utility)라고 했다가, 플랫폼(platform)이라고도 했다. 또한 개방성(openness)과 연결성(connectedness)을 이야기했다. 그리고 매번 새로운 자기규정을 시도할 때마다 의도를 설명했다.

페이스북은 때로 정부와 기업의 투명성에 대해서도 이야기하지만, 정말 원하는 것은 개인의 투명성이다. 페이스북은 이를 "급진적 투명성" 또는 "궁극의 투명성"[9]이라고 부르기도 했다. 사생활의 모든 것들을 공유하게 된다면 우리의 생활에서 도덕적으로 지저분한 것들이 사라지리라는 주장이다. 누구나 비밀이 세상에 알려지는 것을 원하지 않더라도, 알려지게 된다면 사회가 개선된다는 것이다. 창피하게 생각하는 정보가 만천하에 드러날 수 있다는 것을 알게 되면, 사람들은 올바르게 행동할 것이다. 또 잘못을 드러내는 사진이나 이런저런 폭로가 흔해지면, 타인의 잘못에 대해서도 더 관대해질 것이다. 게다가 삶을 정직하게 사는 건 좋은 일이다. 저커버그는 "한 사람이 직장에서나 그 밖의 다른 관계 속에서 전혀 다른 사람처럼 살 수 있었던 시절[10]은 이제 빠르게 끝나가고 있다."면서, "두 개의 서로 다른 정체성을 갖고 사는 것은 정직하지 못한 일"이라고 했다.

　　여기에서 중요한 점은 페이스북이 사람들에게 이로운 것이 무엇인지 가르치려 들고, 사람들을 그렇게 바꾸려고 하는 태도가 강하다는 사실이다. 저커버그는 "사람들을 더욱 개방적이 되도록 이끄는 일[11]은 쉽지 않지만, 우리가 해낼 수 있을 것"이라고 했다. 그가 목표를 이룰 거라 확신하는 데에는 그럴 만한 이유가 있다. 규모가 커지면서 페이스북이 엄청난 힘을 가지게 되었기 때문이다. 너무나 큰 힘이라서 저커버그도 그 사실을 부인하지 않는다. "여러 가지 의미에서 페이스북은 전통적인 기업이라기보다는 하나의 정부에 가깝다. 페이스북은 사람들이 모인 거대한 커뮤니티이고, 우리는 그 커뮤니티의 정책을 정한다. 어떤 테크 기업들도 그 정도로 하지는 못한다."[12]

　　자신은 모르고 있겠지만, 저커버그는 오랜 정치적 전통의 후계자다. 지난 200년 동안 서구는 어떤 환상에 사로잡혀 있었다. 일 안하는 정치인을 없애고 그 자리에 엔지니어를 앉히고 싶다는 꿈이었다. 계산기를 사용하는 정치인 셈이다. 혁명을 겪으며 많은 희생을 치르고 난 프랑스가 가장 먼저 그런 생각을 가졌다. 앙리 드 생시몽,

오귀스트 콩트 같은 일련의 영향력 있는 철학자들은 진심으로 프랑스를 걱정했고, 프랑스 사회에 기생충처럼 붙어 있는 오랜 권력 기관들—봉건 영주, 가톨릭 사제, 군인—을 증오했다. 하지만 군중이 일으킬 혼란도 두려워했다. 그 절충안으로 찾아낸 것이 테크노크라시(technocracy), 즉 엔지니어나 다른 기술자들이 사심 없는 정치를 하는 기술관료 체제다. 엔지니어들은 구체제의 권력을 무너뜨리고 과학정신으로 정치를 하게 될 것이고, 이성과 질서를 이룩할 것이었다.

프랑스 사상가들 이후로 많은 지성인들이 그런 꿈에 매료되었는데, 특히 미국에서 인기가 있었다. 위대한 사회학자 소스타인 베블런(Thorstein Veblen)은 엔지니어들이 정치를 해야 한다고 굳게 믿었고, 1921년에 이런 주장을 담은 책을 썼다. 그의 비전은 잠시나마 실현되었다. 1차 세계대전이 끝난 후 미국의 엘리트들은 외국인 혐오, 인종주의, 집단 폭력과 폭동 등, 세계대전이 드러낸 인류의 비이성적인 충동에 충격을 받았다. 더 큰 문제는 경제 현실이 정치인들이 다룰 수 없을 만큼 복잡해졌다는 사실이었다. 다양한 신념을 가진 미국인들은 당시 가장 유명했던 엔지니어가 권력을 잡고 사회를 구원해주기를 갈망했다. 그 엔지니어가 바로 허버트 후버(Herbert Hoover)였다. 1차 대전 중 후버는 굶주린 유럽에 식량을 공급하는 시스템을 만들어냈다. 도저히 불가능해 보였던 문제를 해결한 것이다. (훗날 후버를 대통령 자리에서 끌어내린) 프랭클린 루스벨트는 1920년, 후버를 대통령으로 선출하자는 운동을 조직하기도 했다.

후버의 실험은 결국 '엔지니어 왕'에 대해 가졌던 환상을 실현시키지 못했다. 하지만 꿈은 전혀 다른 버전으로 실현되었다. 바로 테크 대기업의 CEO가 그들이었다. 물론 아직 엔지니어가 통치를 하고 있지는 않지만, 그들은 미국의 엘리트 중에서도 가장 높은 자리에서 강력한 힘과 영향력을 가지게 되었다. 마크 앤드리슨은 "소프트웨어가 세상을 집어삼키고 있다."[13]는 유명한 말을 했다. 그의 말은 좀 더 정확하게 바로잡을 필요가 있다. 정말로 세상을 집어삼키는 것은 소프트웨어가 아니라 소프트웨어를 만드는 사람들이다.

　이런 역사적인 진행을 다르게 설명하기도 한다. 자동화는 단계적으로 진행되어 왔다. 산업혁명 때는 기계가 인간의 육체 노동을 대체했다. 처음에는 인간이 기계를 작동시켜야 했지만, 시간이 지나면서 기계는 인간의 개입이 거의 없이도 동작하게 되었다. 수 세기 동안 엔지니어들은 일을 자동화했고, 새롭게 등장한 엔지니어링 엘리트들은 생각을 자동화했다. 그들은 지적인 프로세스를 대신 수행해주면서 인간의 두뇌를 불필요하게 만드는 테크놀로지를 발전시켜왔다. (야후 CEO였던) 마리사 마이어(Marissa Mayer)는 "우리가 쓰는 **말**에서 인간성을 덜어내고, 더 **기계적인** 말로 바꿔야 한다."[14]고 주장했다. 실제로 우리는, 무엇을 배우고, 어떤 주제에 대해 생각하고, 어떤 상품을 사야할지 제안해주는 기업들에게 지적인 작업을 아웃소싱하기 시작했다. 그런 기업들은 사람들의 삶에 침투하는 이유를 생시몽과 콩트가 했던 주장으로 정당화할 수 있다. 즉 기업들은 효율성을 제공하고, 인간의 삶에 질서를 부여한다.

　엔지니어링이 사회를 탈바꿈시킬 힘을 갖고 있다는 현대인의 신뢰를 가장 잘 보여주는 사람이 저커버그다. 그는 소프트웨어 개발자들에게 이런 말을 했다. "저는 엔지니어입니다. 저는 엔지니어다운 사고방식의 핵심은 세상에 존재하는 어떤 시스템도 현 상태보다 더 나아지게 발전시킬 수 있다는 믿음과 희망이라고 생각합니다. 그게 하드웨어든, 소프트웨어든, 기업이든, 개발자 생태계든 상관없습니다. 그 어떤 것도 지금보다 훨씬 나아지게 만들 수 있습니다."[15] 저커버그의 생각이 승리한다면 세상은 개선될 것이다. 그리고 아마도 그의 생각은 승리할 것이다.

분명히 페이스북이 가진 힘의 원천은 알고리듬이다. 거대 테크 기업들에 대해 반복해서 등장하는 이야기지만, 서비스 사용자들에게는 정확히 와닿지 않는 개념이기도 하다. 알고리듬은 탄생 순간부터 혁명적인 잠재력을 가지고 있었다. 알고리듬은 사고를 자동화하기 위해, 어려운 결정을 인간의 손에서 내려놓기 위해, 논쟁을 해결하기 위해 개발되었다. 알고리듬의 핵심을—그리고 알고리듬이 주장하는 유토피아에 대한 환상을—이해하기 위해서는 알고리듬의 발상지로 되돌아가봐야 한다. 인류 역사상 최고의 천재라고 하는 고트프리트 라이프니츠의 두뇌가 바로 그곳이다.

라이프니츠는 데카르트보다 50년 늦게 태어났지만 마찬가지로 종교 갈등이 가득한 세상에서 자랐다. 라이프니츠는 종교개혁가 마르틴 루터의 고향이기도 한 독일에서 태어났다. 당시 독일은 '30년 전쟁'의 한복판에 있었고, 역사상 가장 많은 인명이 희생된 곳이었다. 전쟁 자체도 많은 희생자를 낳았지만, 전쟁이 끝난 후에도 많은 사람들이 목숨을 잃었다. 이질과 티푸스, 페스트가 독일 전역을 휩쓸었다. 전쟁이 끝난 후에는 기근과 인구 급감이 뒤를 이었다. 총 400

만 명가량이 목숨을 잃었다. 지역에 따라서는 인구의 절반이 사라진 곳도 있었다.

라이프니츠는 유럽이 참혹한 전쟁을 끝내기 위한 '베스트팔렌 조약'을 협상하던 시점에 태어났다. 그는 개신교와 가톨릭 세력을 중재해서 인류를 다시 하나로 모으는 작업을 지켜보며 비범한 지적 능력을 연습했다. 하지만 '비범하다'는 말도 라이프니츠의 정신력을 설명하는 데 충분하지 않다. 그는 숨쉬는 속도보다 더 빠르게 책략을 만들어냈다. 그가 남긴 저술 중에는 미출간작들이 있었는데, 약 20만 페이지에 달하며 엄청난 내용으로 가득하다. 라이프니츠는 미적분학을 만들어냈다. 그는 뉴튼이 이미 미적분학을 발견했다는 사실을 알지 못했는데, 현재에도 우리가 사용하는 미적분은 라이프니츠가 만들어낸 방법이다. 라이프니츠가 쓴 형이상학과 신학 논문은 오래도록 읽혔다. 그는 또한 시계와 풍차를 디자인했으며, 보편적 건강보험과 잠수함 개발을 주장했다. 또 그는 파리에서 외교관으로 활동하면서 루이 14세에게 이집트를 침공하도록 압박했다. 프랑스의 강력한 군대가 해외에서 전쟁을 하느라 독일을 넘볼 여유가 없도록 하는 교묘한 술책이었다. 역시 뛰어난 사상가였던 드니 디드로는 라이프니츠의 재능을 이야기하며 이렇게 말했다. "누구라도 자기가 가진 작은 재능을 라이프니츠의 재능과 비교해본다면 자기가 쓴 책을 다 던져버리고 어느 어두운 구석에 처박혀서 조용히 삶을 끝내고 싶어진다."[16]

라이프니츠의 발명 중에서 가장 인상적인 것은 '보편 기호법 (universal characteristics)'이라고 그가 직접 이름 붙인 어휘 목록인데,

이것 역시 평화에 대한 바람에서 출발했다. 역사적으로 기발한 철학자들은, 세계 각지의 사람들이 어려움 없이 소통하게 하여 궁극적으로는 세계가 하나되는 전제조건을 마련하고자 하는 희망으로, 완전히 새로운 언어를 만들어내곤 했다. 라이프니츠도 같은 이유로 새로운 언어를 만들어냈지만, 그에게는 더 큰 희망이 있었다. 그는 자신이 만들어낸 기호와 표현법이 과학과 철학을 새로운 진리와 이성의 새로운 시대에 도달하게 해줄 것이며, 이를 통해 우주의 조화와 아름다움, 그리고 신에 대해 더 잘 이해할 수 있을 것이라 주장했다.

라이프니츠가 상상한 것은 인간 사고의 기초가 되는 알파벳이었다. 그가 젊은 시절 처음 그 아이디어를 생각한 것은, 알트도르프 대학교에서 박사 논문을 준비할 때였다. 그 후로 그는 상상을 실현할 수 있는 세부 계획을 만들어나갔다. 학자들을 모아서 물리학, 철학, 기하학 등 세상의 모든 기초 개념들 중 논쟁의 여지가 없이 참된 내용들만을 담은 백과사전을 만들고자 했다. 그는 그 핵심 개념을 '원시 요소(primitives)'라고 불렀고, 지구, 붉은 색, 신 등과 같은 개념이 거기에 포함될 것이었다. 각 원시 요소에는 숫자 값이 배정되어 서로 더해져서 새로운 개념을 만들어내기도 하고, 현존하는 복잡한 개념을 표현할 수도 있게 된다. 그리고 그런 숫자 값은 새로운 생각의 미적분학에 있어 기초를 형성하게 될 텐데, 라이프니츠는 그 '생각의 연산(calculus of thought)'을 '논리 연산(calculus ratiocinator)'이라고 불렀다.

라이프니츠는 예를 들어 이렇게 설명한다. 인간이란 무엇인가? 인간은 당연히 이성적인 동물이다. 그런 통찰을 우리는 다음과 같이 표현할 수 있다.

　이성적 × 동물 = 인간

　하지만 라이프니츠는 이 표현을 좀 더 수학적인 문장으로 옮겼다. 그는 '동물'은 숫자 2로 대표될 수 있고, '논리적'이라는 표현은 숫자 3으로 대표된다고 했다.

　$2 \times 3 = 6$

　따라서 사고는 수학으로 변환되었고, 그 결과 진실을 판단할 수 있는 새롭고도 실패할 염려 없는 방법이 탄생했다. 가령 라이프니츠는 이런 질문을 해보았다. "모든 인간은 원숭이인가?" 자, 그는 원숭이에게 배정된 숫자 값이 10이라는 사실을 안다. 만약 10이 6으로 나눠지지 않는다면, 그리고 6이 10으로 나눠지지 않는다면,[17] 우리는 이런 결론을 얻을 수 있다. 인간에게는 원숭이의 요소가 없고, 원숭이에게도 인간의 요소가 없다.

　그것이 라이프니츠가 만들어낸 언어의 핵심이었다. 모든 지식은 궁극적으로 계산을 통해 얻어질 수 있다. 그렇게 하면 사고 과정이 쉬워질 것이다. 이성이 개입하지 않는 사고(cogitatio caeca)이기 때문이다. 새로운 개념을 구상하는 데에 더 이상 인간이 필요하지 않을 것이며, 다양한 개념들을 묶고 나누면서, 기계가 그 일을 해낼 수 있는 것이다. 라이프니츠는 그런 기계의 시제품을 직접 만들기도 했다.

기어와 다이얼이 있고 반짝반짝 윤이 나는 놋쇠와 강철로 만들어진 아름다운 기계였다. 사재를 털어 제작한 그 기계를, 그는 '단계식 사고 기계(Stepped Reckoner)'라고 불렀다. 기계에 붙은 크랭크를 한쪽으로 돌리면 곱셈을, 반대쪽으로 돌리면 나눗셈을 할 수 있었다. 라이프니츠가 사용자 인터페이스(UI)를 얼마나 꼼꼼하게 고려해서 쓰기 쉽게 만들었는지, 스티브 잡스가 그 기계를 봤다면 큰절을 했을 것이다. 슬프게도 그가 사람들 앞에서 시연할 때마다 기계가 제대로 작동하지 않았다.[18] 1673년 런던의 왕립학회에 선보였을 때도 그렇게 실패했지만, 그는 굴욕에 개의치 않았다. 보편 기호법의 중요성을 믿었던 라이프니츠는 굴하지 않고 연구를 계속했다. "이 기계만 완성되면, 앞으로는 논쟁이 생겨도 쉽게 해결할 수 있을 것이다. 두 개의 계산기 사이에 논쟁이 생길 이유가 없다면, 두 철학자 사이에 논쟁이 생길 이유도 없을 것이다."[19] 두 개의 진영 사이에 지적·도덕적 논쟁이 생기면 그들은 "계산해봅시다!"라고 하게 될 것이다. 진리는 수학이라는 굳건한 토양 위에 놓여질 것이므로, 신학적 논쟁은 물론이고 전쟁도 필요 없는 세상이 될 것이었다.

비록 그의 의미심장한 아이디어들은 수백 년 동안이나 실현되지 못한 채 남아 있었지만, 라이프니츠는 디지털 시대의 예언자였다. 그는 0과 1만을 사용하는 이진법 숫자 체계를 제안했다. 오늘날 컴퓨터 기술이 사용하는 바로 그 체계다. 그는 또한 화이트칼라 업무를 자동화하면 생산성이 얼마나 높아질 수 있을지 설명했다.[20] 하지만 그의 중요한 통찰은 기계적인 사고, 사유의 자동화였다. 인터넷이 그렇게 기적적인 동시에 테크 기업들의 힘이 잠재적 위협이 되는 이유는 바로 거기에서 비롯되었다.

기계적인 사고를 가능하게 하는 절차를 부르는 이름도 생겨났다. 바로 알고리듬이다. 알고리듬의 핵심은 전혀 복잡하지 않다.[21] 교과서에서는 알고리듬을 (음식) 레시피에 비유한다. 아무 생각 없이 정확하게 단계를 따라하기만 하면 실패 없이 매번 같은 결과물을 얻을 수 있다. 하지만 하나의 정답만 얻을 수 있는 방정식과는 다르다. 알고리듬은 문제를 해결하는 절차만 나타낼 뿐, 각 단계를 거쳐 궁극적으로 어떤 결과에 도달할지에 대해서는 말해주지 않는다.

이 레시피들이야말로 소프트웨어를 구성하는 중요한 기본 요소다. 프로그래머는 컴퓨터에게 단순히 '인터넷을 검색하라'고 명령할 수 없다. 작업을 수행하게 하기 위해서는 먼저 일련의 구체적인 지침을 주어야 한다. 이 지침들은 인간이 어설프고 복잡하게 정보를 찾는 행동을 코드로 표현 가능한 질서정연한 과정으로 바꿔야 한다. 먼저 이것을 하고…… 그 다음에는 저것을 하고…… 하는 식이다. 개념에서 시작해서 코딩까지 이어지는 번역 과정은 본질적으로 환원적(reductive)이다. 복잡한 절차는 반드시 여러 개의 양자택일로 세분화되어야 한다. 무엇을 입어야 할지 알려 주는 방정식은 존재하지 않지만, 그것을 결정하는 알고리듬을 만드는 것은 어렵지 않다. A인지 B인지를 묻는 일련의 질문들(아침인지 밤인지, 겨울인지 여름인지, 날씨가 좋은지 비가 오는지 등)을 거치면서 작동하며, 하나의 선택을 하고 나면 다음 선택지로 이어진다.

앨런 튜링은 1935년 캠브리지 대학교 캠퍼스 풀밭을 달리다가 쓰러졌을 때 새롭고 환상적인 계산 기계를 처음 떠올렸다. 그때 튜링은 '기계적인 사고'에 대해 생각하고 있었다. 컴퓨터가 등장한 후 수십 년 동안은 알고리듬이라는 말이 자주 등장하지 않았다. 하지만 1960년대 여러 대학교에 컴퓨터학과가 설치되면서 '알고리듬'은 새로운 권위를 얻게 되었다. 이 단어가 유행하게 된 배경에는 사회적 지위를 얻고자 하는 프로그래머들의 열망이 있었다. 프로그래머들, 특히 대학에서 일하는 프로그래머들은 자신들이 단순 기능직이 아니란 사실을 보여주고 싶었다. 그래서 그들은 자신들이 하는 작업을 알고리듬이라고 부르기 시작했다. 인류 역사상 가장 위대한 수학자로 알려진 페르시아의 천재 무함마드 이븐 무사 알 콰리즈미(MOsO al-KhwOrizmi)의 이름과 연관된다는 점도 한몫을 했다. 알 콰리즈미를 라틴어로는 '알고리트미(Algoritmi)'라고 부른다. 12세기에 알 콰리즈미의 저작이 번역되면서 아라비아 숫자가 서구에 도입되었으며, 그의 저술은 대수학과 삼각법의 기원이 되었다. 컴퓨터 과학자들은 알고리듬이 프로그래밍의 기본 요소라고 설명함으로써 자신들을 위대한 수학의 역사와 연결시킬 수 있었다. 그저 유명인의 이름을 들먹이는 것이 아니라, 수학자들과 마찬가지로 추상적이고 이론적인 작업을 하고 있노라고 주장한 것이다.

하지만 이들의 주장에는 약간의 속임수가 섞여 있다. 알고리듬이 컴퓨터 과학의 핵심일 수는 있지만, 엄밀히 말하면 과학적인 개념은 아니기 때문이다. 알고리듬은 배관이나 혹은 군대의 지휘체계처럼 하나의 시스템이다. 시스템이 제대로 작동하기 위해서는 노하우도 있어야 하고 계산도 필요하며 창의력도 요구된다. 하지만 각 나라의 군대 중에서도 더 나은 군대가 있는 것처럼, 시스템 사이에는 우열이 존재한다. 시스템은 인간이 만든 것이지 수학적 법칙이 아니다. 알고리듬의 기원에 인간이 있음은 부인할 수 없는 사실인데도, 사람들은 알고리듬을 생각할 때 인간적인 오류 가능성을 가정하지 않는다. 알고리듬이 대출 신청을 거부하거나 비행기표 가격을 결정할 때면, 비인격적이고 협상의 여지가 없어 보인다. 알고리듬에는 편견이나 직관, 감정, 용서 따위가 들어가지 않아야 한다. 사람들이 검색'엔진'이라고 부르는 데에는 그만한 이유가 있다. 피스톤, 기어, 20세기 공업을 연상시키는 엔진이라는 단어에는 인간의 손때가 묻어 있지 않기 때문이다.

실리콘밸리에서 일하는 열렬한 알고리듬 지지자들은 자신들이 사랑하는 알고리듬이 가진 혁명적 가능성에 대해 뿌듯함을 숨기지 않는다. 알고리듬은 처음부터 흥미롭고 가치 있었지만, 컴퓨팅의 발전으로 그 힘이 무한하게 커졌다. 큰 변화는 컴퓨팅 비용에서 일어났다. 컴퓨팅에 들어가는 비용은 크게 떨어졌고, 컴퓨터는 빨라졌고, 글로벌 네트워크에 연결되었다. 컴퓨터는 엄청난 양의 분류되지 않은 데이터를 저장할 수 있었고, 알고리듬은 저장한 데이터에서 인간의 눈에는 보이지 않는 패턴과 연결점들을 찾아낼 수 있었다. 특히 구글과 페이스북의 손에 들어간 알고리듬은 훨씬 더 강력해졌다. 그리고 이 기업들은 검색을 하는 과정에서 더 많은 데이터를 모았다. 그들이 가진 컴퓨터는 과거의 검색에서 얻어진 교훈을 흡수하고, 그렇게 학습한 내용을 더 정확한 결과를 찾아주는 데 사용했다.

인류 역사를 통틀어 지식의 창출은 힘겨운 시행착오의 결과였다. 사람들은 세상이 어떻게 돌아가는지에 대한 이론을 생각해낸 후에 그 생각이 맞는지, 틀린지를 확인하기 위해 가설을 현실에 적용해보았다. 알고리듬은 이런 과학적인 방법을 거꾸로 뒤집었다. 가설의 도움 없이도 데이터와 상관관계에서 패턴이 드러났다. 알고리듬이 탐구 과정 전체에서 인간을 제거해버린 것이다. 《와이어드》의 기사에서 크리스 앤더슨(Chris Anderson)은 이렇게 썼다. "이제 우리는 모델을 찾는 일을 그만두어도 된다. 우리는 결과를 가정하는 가설 없이도 데이터를 분석할 수 있게 되었다. 세상에서 가장 큰 컴퓨팅 클러스터에 숫자를 집어넣고, 통계적 알고리듬이 과학도 찾아내지 못한 패턴을 찾아내게 하면 된다."[22]

어느 수준에서는 부인할 수 없는 사실이다. 알고리듬은 말을 이해하지 못한 상태에서도 특정 언어의 문장구조 밑에 존재하는 패턴을 찾아내어 번역을 해낼 수 있다. 알고리듬은 사람들이 찾을 생각도 해보지 못한 우연을 발견할 수 있다. 월마트의 알고리듬은 대형 태풍에 대비할 때 딸기맛 팝타르트를 열심히 구매한다는 사실을 발견해냈다.[23] 하지만 알고리듬이 아무리 생각 없이 절차를 수행하고 데이터에서 새로운 패턴을 찾아낸다고 해도, 결국 알고리듬은 그것을 만들어내고 훈련시킨 사람들의 생각을 반영한다. 아마존과 넷플릭스는 모두 책과 영화를 추천하기 위해 알고리듬을 사용한다(아마존에서 발생하는 구매의 3분의 1이 추천에 의한 것이다.). 그들이 사용하는 알고리듬은 우리의 취향, 그리고 우리와 비슷한 생각을 가진 문화 소비자들의 취향을 이해하려고 한다. 하지만 이 두 알고리듬은 근본적으로 다른 추천을 한다. 아마존은 당신이 전에 본 적이 있을 법한 책을 추천하고, 넷플릭스는 본 적 없는 영화를 추천한다. 그런 차이가 나는 데는 사업상의 이유가 있다. 넷플릭스는 블록버스터 영화를 스트리밍할 때 더 많은 비용을 지불해야 한다. 가입자가 덜 알려진 영화를 보기로 할 때 넷플릭스에 이윤이 더 크게 남는다. 알고리듬이 얼마나 쉬지 않고 패턴을 찾는지를 설명할 때 컴퓨터 과학자들이 하는 유명한 말이 있다. 데이터를 고문해서 알고 있는 걸 털어놓게 한다는 것이다. 하지만 이 비유에는 확인되지 않은 암시가 숨어 있다. 실제 고문 피해자와 마찬가지로, 데이터 역시 취조하는 사람이 듣고 싶어하는 말을 하게 된다는 것이다.

알고리듬은 때로 만든 사람의 무의식을 반영한다. 극단적인 예를 들어보자. 하버드 대학교의 교수인 라타냐 스위니(Latanya Sweeney)는 연구를 통해 구글의 광고가 미국 흑인들 사이에 흔한 이름을 가진 사용자에게 전과기록을 말소해주는 서비스 광고를 한다는 사실을 밝혀냈다.[24] ("라티샤 스미스, 구속되신 적이 있나요?") 구글은 왜 그런 결과가 나오는지 밝히지 않고 있다. 구글의 알고리듬은 그들이 철저하게 지키는 비밀이다. 하지만 우리는 구글이 자신들이 중요하게 생각하는 가치를 반영하도록 검색엔진을 만들었다는 사실을 알고 있다. 구글은 웹사이트의 인기도가 유용성을 잘 나타낸다고 생각한다. 구글은 검색 결과에서 포르노 사이트는 배제하지만 반유대주의 음모론자들의 사이트는 배제하지 않으며, 오래되고 좋은 콘텐츠보다는 최신 기사가 사용자들에게 더 유용하다고 생각한다. 이런 선택은 타당한 선택이자 사업적으로 현명한 결정인 것은 분명하지만, 어디까지나 선택이지 과학이 아니다.

경제학과 마찬가지로 컴퓨터 과학도 선호하는 모델이 존재하고, 세상에 대한 암묵적인 가정을 가지고 있다. 프로그래머들이 알고리듬적인 사고를 배울 때는 효율성을 가장 중요하게 생각하라고 배운다. 그렇게 가르치는 이유는 충분히 이해할 만하다. 단계가 지나치게 많은 알고리듬은 컴퓨터를 느리게 만들고 서버를 무용하게 만들 수 있기 때문이다. 하지만 효율성 역시 하나의 가치다. 속도를 높인다는 것은 필요에 따라 절차를 생략하고 일반화를 한다는 뜻이다.

알고리듬은 논리적 사고의 아름다운 표현이며, 편리함과 놀라움의 원천이기도 하다. 잘 알려지지 않은 19세기 책을 어디에서 구할 수 있는지 눈 깜짝할 사이에 찾아내고, 오랫동안 만나지 못한 초등학교 친구와 연락이 닿게 해주고, 원하는 상품이 매장에서 집까지 광속으로 배달되도록 도와주기도 한다. 오래지 않아 알고리듬은 자율주행차량을 안내할 것이고, 몸 안에서 자라는 암세포를 정확하게 찾아낼 것이다. 하지만 이런 일들을 하기 위해서 알고리듬은 끊임없이 우리를 측정하고 우리를 대신해서 결정을 내린다. 문제는 우리가 사고를 기계에 아웃소싱하면, 사실은 그 기계를 운영하는 기업에게 아웃소싱하는 거라는 점이다.

마크 저커버그는 마치 알고리듬을 우호적인 입장에서 비판하는 듯한 입장을 취한다. 같은 실리콘밸리에 있는 맞수 구글로부터 페이스북을 은근히 차별화하려는 태도다. 래리 페이지의 구글에서는 알고리듬이 왕이다. 차갑고 맥박도 느껴지지 않는 알고리듬이 지배하는 구글의 추천에서는 생명의 온기도, 검색엔진에 질문을 하는 사용

자에 대한 이해도 찾아보기 힘들다. 페이스북은 스스로를, 그렇게 갈
수록 자동화되고 원자단위로 치환되는 세상으로부터의 휴식이라고
자부한다. 저커버그는 "어떤 제품이든 친구와 함께 사용할 때 더 좋
다"고 말한다.[25]

　여기에서 그가 말하는 '제품'이란, 페이스북의 뉴스피드를 말한
다. 페이스북을 사용하지 않는, 지구상에 얼마 남지 않은 분들을 위
해 설명을 덧붙이자면, 페이스북의 뉴스피드는 친구들이 페이스북
에 포스팅한 모든 상태 업데이트와 기사와 사진들을 최근 것부터 시
간대 기준 역순으로 보여준다. 뉴스피드는 재미를 위해 만들어졌지
만, 동시에 현대 생활의 가장 중요한 문제 중 하나를 해결하려는 시
도이기도 하다. 즉 끊임없이 쌓여가는 정보 중에서 필요한 것을 골라
낼 능력이 없는 우리를 도우려는 것이다. 뭘 읽고 봐야 할지 친구들
보다 더 잘 추천해줄 수 있는 존재는 없다는 것이 페이스북의 논리
다. 저커버그는 뉴스피드가 페이스북을 "개인형 맞춤 신문"[26]으로 탈
바꿈시켰다고 말하기도 했다.

　불행히도 페이스북에서 친구들이 정보를 솎아내는 데에는 한계
가 있다. 게다가 친구들은 공유하기를 좋아해서 많은 정보를 쏟아낸
다. 따라서 그들이 적은 내용을 읽고 링크를 건 기사를 따라가기만
하더라도 취사선택해야 하는 정보의 양은 거의 줄어들지 않거나, 어
쩌면 오히려 훨씬 더 많아지게 된다. 따라서 페이스북은 우리가 무엇
을 읽어야 할지 대신 선택한다. 페이스북의 알고리듬은 페이스북 사
용자 한 명이 볼 수 있는 수천 개의 포스트를 추려서 훨씬 적은 숫자
의 아이템으로 정리한 후, 그중에서도 가장 먼저 보고 싶을 포스트가

무엇일지 결정한다.

알고리듬은 그야말로 '보이지 않는 존재'지만, 우리는 그 존재를 감지할 수 있다. 우리는 멀리 떨어진 곳에 있는 기계와 상호작용을 느낀다. 페이스북의 알고리듬이 강력한 이유가 거기에 있다. 많은 페이스북 사용자들이(믿을 만한 연구에 따르면 60퍼센트의 사용자들이)[27] 페이스북에 알고리듬이 존재한다는 사실을 알지 못한다고 한다. 하지만 알고 있다고 해도 달라질 일은 별로 없다. 페이스북의 알고리듬은 베일에 싸인 존재다. 페이스북은 알고리듬의 존재를 기자들에게 시인하는 경우에도 이해하기 힘든 설명으로 모호하게 만든다. 이를테면 우리는 페이스북의 알고리듬 이름이 '엣지랭크(EdgeRank)'였다는 사실을 알고 있다. 하지만 페이스북은 더 이상 그 이름을 쓰지 않는다. 페이스북의 알고리듬에 이름이 없다는 사실이 타당해 보이는 이유는, 그것이 너무나 크고 복잡해져서 이해 불가한 존재가 되어버렸기 때문이다. 페이스북의 알고리듬은 10만 개가 넘는 '시그널'을 사용해서 사용자가 무엇을 볼지를 결정한다. 어떤 시그널들은 페이스북 사용자 모두에게 적용되지만, 어떤 것들은 사용자의 특정 습관이나 그 친구들의 습관을 반영한다. 어쩌면 페이스북조차도 그 복잡한 알고리듬을 더 이상 이해하지 못하고 있을 수 있다. 6000만 줄이 넘는 페이스북의 코드는, 엔지니어들이 계속해서 코드를 더해온 결과 이제는 해독이 불가능한 고대 문서처럼 되어버렸다(이것은 페이스북만의 문제가 아니다. 코넬 대학교의 컴퓨터 과학자 존 클라인버그(Jon Kleinberg)는 공저한 글에서, "우리는 어쩌면 인류 역사상 최초로 우리가 이해할 수 없는 기계를 만들었을 수 있다······. 깊이 들어가보면 우리는 컴퓨터가 왜 그렇게 행동하는

지 정확하게 이해하지 못한다. 그것이 그 기계가 가진 불가해성의 본질이다."라고 썼다.[28] 충격적인 점은 이 글에서 말하는 "우리"가 그 코드를 만든 사람들이라는 사실이다.).

알고리듬이 그렇게 추상화되는 것과 초기 컴퓨터의 모습을 비교해보자. 초기 컴퓨터에는 불빛이 정신없이 반짝이며 다이얼이 길게 늘어서 있었고, 알고리듬을 바꾸기 위해서는 엔지니어가 손잡이를 짤깍하고 돌려야 했다. 그들은 기계가 기능을 만족스럽게 수행할 수 있을 때까지 여기저기를 조금씩 바꾸고 조정했다. 페이스북은 비유적으로 말하자면 다이얼을 최대한 조심스럽게 돌려가면서 사용자들이 무엇을 읽고 보게 될지를 바꾼다. 친구들의 사진이 더 많이 혹은 더 적게 올라오게 바꿀 수도 있고, 자기 자랑이 가득한 포스트의 도달률을 떨어뜨릴 수도, 거짓 장난으로 보이는 포스트를 보이지 않게 할 수도 있으며, 글보다 동영상을 더 많이 퍼뜨릴 수도 있고, 원하면 《뉴욕타임스》나 《버즈피드》 같은 매체의 기사를 더 우대할 수도 있다. 좀 더 극적으로 표현하자면, 페이스북은 사용자들이 세상을 보는 방법을 끊임없이 뜯어고치고 있다고도 할 수 있다. 쏟아지는 온갖 정보 중에서 양질의 뉴스와 견해를 더 잘 드러나게 해서 정치적, 문화적 담론의 질을 조율하고, 그 결과 사용자들의 관심을 몇 초라도 더 끌 수 있다.

하지만 엔지니어들은 어떤 다이얼을 얼마나 많이 돌려야 하는지 어떻게 알까? 알고리듬을 만들고 수정하는 법을 알려주는 학문이 존재한다. 바로 데이터 과학이다. 페이스북은 학계에서 데려온 사람들로 팀을 구성해서 사용자들을 대상으로 실험을 한다. 이는 통계학자들에게는 꿈 같은 일이다. 역사상 가장 거대한 데이터 세트를 통해 수학적으로 유의미한 코호트들을 대상으로 실험을 할 수 있게 된 것이다. 페이스북의 데이터과학팀을 이끌었던 캐머론 말로(Cameron Marlow)는 그때 자기들에게 주어졌던 기회를 이야기하면서 흥분을 감추지 못했다. 그는 "사람들의 사회적 행동을 이제까지 한 번도 해보지 못한 수준으로 정교하게 들여다볼 수 있는 현미경[29]이 주어졌을 뿐 아니라, 수백만 명을 대상으로 실험을 할 수 있게 된 셈"이라고 했다.

　페이스북은 실제 실험의 자세한 내용은 밝히지 않으면서도 실험 사실을 자랑하길 좋아한다. 하지만 그중에는 페이스북의 실험실 밖으로 유출된 사례도 있다. 예를 들어 페이스북이 감정도 전염 가능한지를 실험으로 확인하려 했다는 사실[30]이 알려졌다. 이 실험을 위해 페이스북은 사용자들의 정신 상태를 조종해보기로 했다. 한 집단의 사용자들에게는 뉴스피드에 등장하는 포스트에서 긍정적인 단어들을 빼버렸고, 다른 집단에게는 부정적인 단어들을 빼버렸다. 페이스북은 각 집단이, 편집된 포스트에 드러난 감정을 반영하는 포스트를 썼다는 사실을 발견했다. 이 실험으로 페이스북은 사생활을 침해했다는 비판을 들어야 했지만, 페이스북 입장에서는 특이한 실험이 아니었다. 데이터과학팀의 멤버 하나는 "팀원 중 아무라도 테스트를 할 수 있다.[31] 그들은 사람들의 행동을 바꾸려는 시도를 늘 하고 있다."고 털어놓았다.

　페이스북이 갖고 있는 감정적·심리적 파워는 의심의 여지가 없다. 적어도 페이스북은 이를 의심하지 않는다. 페이스북은 선한 행동을 이끌어내는 사회적 압력을 살짝 높여서 투표율(과 장기기증율)을 높였다고 자랑하고, 그 결과를 학술지에 발표하기까지 했다. "2006년 대비 2010년에 상승한 투표율 중 0.6퍼센트 이상이 페이스북에 등장한 단 하나의 메시지로 인한 것이라고 볼 수 있다."[32]는 것이다. 이 세상 어떤 기업도 민주주의를 바꿀 수 있다는 사실을 그렇게 정확한 숫자까지 동원해서 자랑하지 않는다. 다른 기업들이 그렇게 하지 않는 데에는 이유가 있다. 하나의 기업이 감당하기에는 지나치게 큰 권력이기 때문이다.

페이스북의 실험들은 헛되지 않았다. 페이스북은 자신들이 사회심리학이 가진 잠재력의 뚜껑을 열었고, 사용자들이 자기자신에 대해 아는 것보다 더 많은 부분을 이해한다고 믿는다. 페이스북은 사용자의 인종, 성적 취향, 연인/배우자의 유무, 더 나아가 마약을 사용하고 있는지까지를 단지 그들이 누른 '좋아요'만으로 짐작해낼 수 있다.[33] 저커버그는 이들 데이터가 이제까지 밝혀진 그 어떤 것보다도 더 놀라운 비밀을 풀어줄 것이라는 환상을 가지고 있다. "우리가 누구를, 무엇을 좋아하는지의 균형을 지배하며 사회적 인간 관계의 근간이 되는 근본적인 수학 법칙"[34]이 그것이다. 물론 그것은 아직 먼 미래의 목표이고, 그 목표에 도달할 때까지 페이스북은 탐색을 이어나갈 것이다. 우리가 무엇을 탐하고, 무엇을 무시하는지 알기 위해 끊임없이 실험할 것이다. 이는 페이스북이 우리가 원하면서도 스스로 원하는 줄 모르고 있는 것을 줄 수 있는 능력을 향상시키기 위해 중단 없이 기울이는 노력이다. 정보가 진짜든 가짜든, 권위 있는 취재이든 음모론자들의 생각이든, 페이스북에게는 그다지 중요하지

않은 듯하다. 대중은 자신들이 원하는 것, 마땅히 얻을 만한 것들을
얻는다.

　　사고의 자동화. 물론 우리는 이 혁명의 아주 초기 단계에 있다.
하지만 이 혁명이 어디로 향하고 있는지는 볼 수 있다. 알고리듬은
한때 사람이 담당했던 많은 관료적인 단순 사무직을 없애버렸고, 머
지않아 창조적인 작업도 대체할 것이다. 넷플릭스에서는 알고리듬
이 어떤 영화를 주문할지를 제안한다. 어떤 언론사에서는 알고리듬
이 가장 단순한 기자의 업무를 대신해서 범죄 기사, 야구 기사, 지진
소식을 작성한다.[35] 완벽하지 않을 수 있지만, 알고리듬이 미술품을
생산하고, 교향곡을 작곡하고 있다.

　　이는 두려운 추세이다. 사라질 위기에 처한 직업군의 사람들에
게는 더욱 그렇다. 만약 알고리듬이 창작 과정을 대체할 수 있다
면, 인간의 창의성을 키워야 할 이유가 사라진다. 컴퓨터가 충분히
좋은 작품을 눈 깜짝할 사이에 힘들이지 않고 만들어낸다면 왜 고통
스럽고 비효율적인 글쓰기, 그림 그리기 과정을 겪겠는가? 예술작품
이 싸고 풍부해진다면 왜 이미 인플레를 겪고 있는 고급 문화를 키
우겠는가? 인간의 어떤 작업도 자동화를 막아내지 못했는데, 왜 창
의적인 작업만 예외가 되어야 하는가?

　　엔지니어적인 사고는 글과 이미지에 집착하는 것을 견디지 못
한다. 예술의 신비로움이나 도덕적 복잡성, 감정적인 표현에 대해서
도 마찬가지다. 엔지니어적으로 보자면 인간은 데이터이고, 시스템
의 일부이며, 추상적인 개념이다. 페이스북이 사용자들을 상대로 크

게 거리낌없이 실험하는 이유가 그것이다. 이 모든 노력은 궁극적으로 인간을 예측 가능한 존재로 만들기 위해서이다. 사람들의 행동을 짐작할 수 있으면 더 쉽게 사람들을 조종할 수 있다. 이처럼 사람들의 삶이 지닌 예측 불가능성이나 신비로움은 전혀 고려하지 않은 냉정한 사고방식으로 보면, 오랜 기간 인류가 지켜온 가치 따위는 귀찮게 여겨질 것이다. 사생활 보호 같은 개념이 엔지니어의 연산에서 중요하게 취급되지 않고, 출판계와 언론계에 존재하는 비효율성이 지금 당장 혁신해야 할 대상으로 보이는 건 그런 이유에서이다.

페이스북이 이렇게 표현하지는 않겠지만, 알고리듬은 자유의지를 무너뜨리고, 인간에게서 선택의 부담을 없애주고, 그들을 올바른 방향으로 밀고 가는 것을 목표로 삼고 있다. 알고리듬은 그렇게 무엇이든 가능하다는 생각을 부채질하고 있다. 우리가 인식하지도 못하는 사이에 우리의 행동을 더 나은 방향으로 바꿀 수 있다는 우월감에 젖은 믿음이다. 생명이 없는 물건을 만들던 엔지니어링이 그 근원에서 벗어나 보다 완벽한 사회를 설계하기 시작한 후로, 그 같은 엔지니어적 사고는 늘 위험한 존재였다. 그들이 설계하는 세상 속에서 우리는 그저 나사못 같은 부품에 불과하다.

4장 | 지식의 파괴자, 아마존
JEFF BEZOS DISRUPTS KNOWLEDGE

페이스북, 구글, 아마존이 가진 휘황찬란한 야망—영원한 삶, 드론,
VR처럼 공상과학 영화에 나올 만한 계획들—에 대해서 이야기를 듣
다 보면 그들이 시장을 지배하는 핵심 기반이 무엇인지 잊어버리기
쉽다. 이 기업들은 우리가 지식과 정보에 접근하는 주요 관문이다.
이들 독점적인 테크 기업들은 인터넷 상에서 탈중심화되어 흩어져
있는 글과 이미지를 접근 가능하고 유용한 것으로 만들어서, 돈을 쓸
어담는다.

지식을 정리하는 일은 인류가 오래도록 해온 일이다. 이 분야에
서 수백 년 동안 힘들여 일해온 사람들, 즉 도서관 사서, 서점 주인,
학자와 기록 보관 담당자 같은 사람들은 자기가 하는 일을 사랑하고,
거의 숭배하도록 교육 받았다. 지식을 이전 세대에서 다음 세대로 전
달하는 작업에 인류 사회의 명운이 달려 있다는 자세로 일에 임하는
것이 그들의 직업 윤리였다. 테크 기업들은 그런 것에는 아무런 관심
이 없다. 그들은 지식의 경제적 가치가 무너진 것에 대해 책임이 있
다. 지식의 가치가 무너지면서, 신문과 잡지, 출판업계는 심각할 정

도로 약화되었고 지식의 질도 저하되었다.

　많은 사람들이 지식 산업의 붕괴는 테크 기업들의 잘못이 아니며, 인터넷이 등장하면서 지식의 가격이 땅에 떨어지는 일은 불가피했다고 생각한다. 그런 주장에 따르면 테크 기업들은 붕괴 과정을 옆에서 지켜보았을 뿐 책임이 있지는 않다. 하지만 사실은 그렇지 않다. 테크 기업들은 그 과정에 적극적이고 잔인하게 개입한 공범자들이다. 그들은 지식을 떠받치고 있는 기둥에서 가장 취약한 지점을 발견하고 무너뜨림으로써 제국을 건설했다. 이 방법을 가장 먼저 발견한 사람이 아마존의 제프 베이조스였다. 그는 인터넷이 아직 그 형태를 완전히 갖추기도 전에 아무도 생각하지 못했던 영역을 선택했다.

　서점은 우리가 속한 자본주의 시스템에서 없어서는 안 될 역할을 담당하고 있다. 실패한 대학원생들에게 일자리를 제공하고, 이윤이 거의 나지 않아도 기업가 정신을 잃지 않을 수 있음을 보여준다. 서점에서 문학 이론 서가를 훑어보거나 러시아 소설 분석을 연구한 그 누구라도, 책을 팔아서 재계의 최고봉에 오를 수 있는 길을 발견할 수는 있었으리라. 다만 아무도 깨닫지 못했던 책의 이윤 잠재력을 발견하려면 진정한 선견지명이 필요했다. 제프 베이조스가 아닌 그 누구도 죽은 식물로 만든 종이에 잉크로 글자를 찍어내는 오래된 기술이, 인터넷을 장악하고 소매업의 황제인 월마트를 넘어설 수 있는 교두보가 될 수 있다는 사실을 알아차리지 못했다.

　책을 팔아서 큰 돈을 벌겠다는 망상은 지식인들이나 할 것 같지만, 베이조스는 책을 사랑하는 지식인이 아니다. 간혹 큰 감동을 받앉다며 읽은 책을 자랑하기도 하지만, 베이조스는 책이 가진 문학적·정치적 파워에 사로잡힌 적이 없었다. 그는 큰돈을 벌게 해준 책이라는 물건을 그다지 좋아하지도 않는다. "책을 손에 들고 읽어야 할 때면 언짢아진다.[1] 책은 별로 편리한 물건이 아니다. 페이지를 넘기다 보면…… 아차, 하는 순간에 책이 덮여서 어디를 읽고 있었는지 다시 찾아야 한다."

베이조스가 처음 아마존을 구상했던 1994년에, 그는 소규모 헤지펀드 기업의 잘 나가는 펀드매니저였다. 그는 엔지니어로 교육 받아 논리적 마인드로 중무장하고, 데이터를 처리하는 스프레드시트에 대해 근본주의에 가까운 신뢰를 갖고 있었다. 이미 그 시기에 그는 인터넷이 세상을 재편할 것임을 알았다. 월스트리트에서 오래 일한 투자자들은 그런 일이 일어날 거라고 생각지 않았지만, 베이조스가 일했던 헤지펀드에서는 웹사이트에 열심히 투자하고 있었다. 그 헤지펀드의 사장인 데이비드 쇼(David Shaw)는 괴짜 컴퓨터 과학자였다. 그 둘은 '세상 모든 것을 파는 상점(everything store)'을 만드는 구상을 논의하기도 했다.[2] 세상의 모든 제조업자들과 소비자들을 중개하는 거대한 상점이었다.

베이조스는 급성장 일로에 있는 인터넷에서 상거래 가능성을 면밀히 연구했고, 그런 거대한 아이디어를 남들보다 몇 단계 앞서 생각했다. 베이조스는 사람들이 '세상 모든 것을 파는 상점'에서 물건을 구매하려면 먼저 온라인 쇼핑 자체에 익숙해져야 한다고 생각했고, 소비자들을 온라인 쇼핑으로 이끄는 관문 역할을 할 상품이 무엇일지 고민했다. 우선 작게 시작해서 큰 돈을 들이지 않고 쉽게 비즈니스를 익힐 수 있는 업종을 고르는 것이 관건이었다. 빠르게 소비자들의 신뢰를 획득할 수 있어야 하고, 제품을 구하기 위해 전 세계를 돌아다닐 필요가 없어야 하며, 저비용으로 실험이 가능해야 했다. 꼼꼼하게 분석한 결과, 사무용품도 음악도 양말도 아닌, 책이 최적의 상품이라는 결론에 도달했다. 베이조스는 헤지펀드 일을 그만두고, 맨해튼의 비싼 아파트를 팔고 시애틀로 떠났다. 그리고 그곳에서 훗날 아마존이 될 회사를 시작했다.

　　인터넷이 가진 매력과 파워는 무한하다. 어떤 물리적인 공간도 따라올 수 없는 포용력과 수용력을 갖춘 공간이 인터넷이다. 이 사실을 베이조스는 직관적으로 깨달았고, 그래서 자신의 회사를 "지구상에서 가장 큰 서점"이라고 불렀다. 이 표현 속에는 '세상 모든 것을 파는 상점'의 핵심이 담겨 있다. 이는 사업 초기에 아주 효과적인 전략이었다. 아마존은 서가도 창고도 없이 오로지 대형 도매상들과의 거래 계약만으로 시작했기 때문이다. 그것이 베이조스가 내리게 될 수천 가지 현명한 결정 중 첫 번째였다. 덕분에 공허한 약속은 훗날 엄청난 규모로 실현되는 자성 예언이 되었다.

　　제프 베이조스는 다음과 같은 핵심적 사실을 발견했다. 세계는 지금 지식의 호황기에 접어들고 있으며, 정보의 핵폭발은 경제를 완전히 뒤바꿀 것이다. 실제로 인터넷(과 베이조스) 덕분에 예측은 현실이 되었다. 지식이 이토록 넘쳐났던 적도, 부의 창출에 핵심적인 역할을 담당했던 적도 없었다. 당시로서는 때이른 예측이었지만, 베이조스에게는 이 혁명이 새로운 종류의 기업을 탄생시킬 것이라는 비전이 있었다. 바로 지식 독점 기업°이다.

구글, 아마존, 페이스북, 애플의 지배적인 역할을 설명하는 단어를 만들려는 다양한 시도가 있었다. 마크 저커버그는 페이스북을 '공공재'라고 부른 적이 있다. 공공재라고 이름 붙는 순간 정부의 규제가 개입한다는 사실을 모르고 한 말이었겠지만, 그의 주장에도 일리가 있다. 산업화 시대에 공공재란 전기, 가스, 상하수도처럼 대중이 일상생활을 영위하는 데 필수적인 것들이었다. 결국 국가는 그런 공공재가 없으면 돌아가지 않을 상황이 되었고, 정부는 공공재를 공급하는 기업들을 힘겨운 시장 경쟁에서 제외시켜 공개적으로 임명한 위원회가 관리하고 가격을 결정하도록 했다.

지식경제에서는, 지적 기반시설이 필수적이다. 인터넷은 무한한 선택을 가능하게 해주었지만, 바로 그 이유 때문에 광대한 공간에서 방향을 제시해줄 새로운 도구가 필요해졌다. 손에 잡히지 않는 지식의 창고를 검색하고 분류하는 메커니즘이 없다면, 세상의 모든 지식을 디지털로 보관하고 있다 해도 별 도움이 되지 않는다. 아마존—과 지식 독점 기업들—이 바로 그 일을 해낸 것이다. 아마존은 단순히 세상에서 가장 큰 서점을 만들어낸 것이 아니라, 그 서점을 미국

° 경제학자나 독점 금지법 변호사들은 사람들이 '독점(monopoly)'이라는 단어를 나처럼 가볍게 사용하는 것을 좋아하지 않는다. 법률 용어이기 때문에 정확한 경우에만 사용해야 한다는 것이다. 내가 설명하는 시장은 '과점(oligopoly)'이라는 표현이 더 정확할 것이다. 그런 비판은 정당하지만, 나는 여기에서 법률적인 주장을 하려는 것이 아니다. 오히려 법률적으로 정확해야 한다는 주장이 논의를 가로막는다는 것이 내 생각이다. 나는 '독점'이라는 단어가 정치적인 수사법으로 사용될 때 갖는 의미, 즉 해로운 수준의 막강한 힘을 가진 지배적인 기업을 가리키는 의미로 다시 통용되기를 바란다. 변호사들 사이에서는 통하지 않겠지만, 그런 용법은 토머스 제퍼슨까지 거슬러 올라가서 자랑스럽고 생산적인 논의를 가져온 역사가 있다.—원주

최대의 오프라인 서점 체인인 반즈앤노블의 서가를 뒤지거나 도서
관에서 종이책 목록을 뒤지는 것보다 훨씬 더 편리하고 효율적으로
구축했다. 그 밖에도 쌓아둔 데이터를 활용해서 사람들이 원하는 바
를 예측해서 다음 구매할 책을 추천하고, 지식의 세상을 헤쳐나갈 방
향을 제시한다.

　이상하게 들릴지 모르지만, 새롭게 등장한 지식 독점기업들의
핵심은 지식을 생산하는 것이 아니라, 지식을 거르고 정리해주는 데
있다. 우리는 소수의 지식 독점기업들에게 의존해서 (지식의) 위계를
파악하고, 무엇을 읽고 무엇을 건너뛰어야 할지 결정하며, 정보의 승
자와 패자가 무엇인지 골라낸다. 자기들이 거래하는 상품의 낯선 경
제학에 갑자기 일어난 변화 때문에 이 독점기업들은 어마어마한 경
제적·문화적 파워를 갖게 된 것이다. 이 기업들은 또한 그런 변화를
앞당긴 주역이기도 하다.

　애덤 스미스는 제프 베이조스 같은 인물을 예측하지 못했다고
해도 크게 틀린 말이 아니다.[3] 스코틀랜드 출신의 스미스가 자본주의
의 작동방식을 이야기했을 때만 해도 토지와 노동, 자본에 대해서만
말하면 충분했다. 이들이 시장의 가장 기본적인 요소였고, 주류 경제
학을 형성하는 기본 개념이 되었다. 스미스가 산업을 이야기할 때에
지식은 안중에도 없었다. 그 후로 200년 가까이 지나도록 경제학계
는 지식이 성장의 필수 요소가 될 가능성을 생각하지 않았다.

　하지만 제프 베이조스가 태어난 시대는 강박적으로 지식을 추
구했다. 2차 세계대전 후 미국의 엘리트들은 부모에게서 물려받은

재산이 아닌 자기 두뇌로 스스로를 규정했다. 아이비리그 대학들이 표준화된 시험 점수를 입학 조건으로 요구하게 된 것은 그 때문이었다. 한때 부유층을 위한 최고급 과정이었던 대학은 스스로를 '지식공장(knowledge factory)'으로 재규정했다. 지식공장은 1900년대 중반 캘리포니아 주립대학의 총장이었던 클라크 커(Clarke Kerr)가 처음 한 말이다. 미국 정부는 연구, 즉 지식의 생산이 엄청난 돈을 들일 가치가 충분하다고 생각했고, 자연과학, 사회과학, 실용공학, 그리고 전혀 실용성이 없는 이론 연구에도 투자를 아끼지 않았다.

경제학은 지식에 대해 할 말이 별로 없었다 해도, 지식은 20세기 후반 경제의 진행 방향을 결정하고 있었다. 성장의 원천은 갈수록 물리적인 실체를 필요로 하지 않았다. 상징의 조작, 데이터의 수집과 이용, 공식과 이론의 발견이 그랬다. 달리 말해 부는 컴퓨팅 코드와 텔레비전 시리즈, 특허, 그리고 금융 상품에서 발생했다. 지식은 심지어 땅에서 자라는 과일도 결정했다. 몬산토의 예를 들면, 미국에서 자라는 모든 옥수수 종자의 80퍼센트, 미국에서 자라는 모든 콩 종자의 90퍼센트를 생산한다. 몬산토가 소유하고 열심히 저장하고 있는 것은 이 종자들의 유전적 특질이다. 몬산토 기업의 경쟁력은 공장이 아닌 연구실에 있다.

물론 경제학자들도 벌어지고 있는 현상을 분명히 목격했지만, 적어도 초기에는 변화를 어떻게 해석해야 할지 몰랐다. 우울한 과학자들(dismal scientists)°에게 지식은 난해한 문제였다. 지식은 다른 상

° 영국의 역사가 토머스 칼라일(Thomas Carlyle)이 경제학자들에게 붙인 별명—옮긴이

품들과는 달랐다. 사람들이 자동차나 건물을 사는 데 돈을 내는 이유
는 그것들이 희소하기 때문이거나, 아니면 (지식에 대해 가장 열심히 생
각해본) 경제학자 폴 로머(Paul Romer)가 '경쟁 관계'라고 부른 성질을
지니고 있기 때문이다. 내가 삽을 가지고 있으면 다른 사람은 그 삽
을 동시에 가질 수 없다.[4] 하지만 지식의 경우에는 그렇지 않다. 물
론 새로운 종자를 조작하거나 오랜 시간이 걸리는 탐사보도를 지원
하기 위해서는 많은 돈이 필요한 것은 사실이다. 하지만 일단 공식이
만들어지고 논문이 발간되면 복사하는 데에는 돈이 거의 또는 전혀
들지 않는다.

지식을 시장에만 맡겨 둔다면 손쉬운 복제로 인해 가격이 빠르
게 폭락할 것이다. 하지만 정부가 가만히 지켜보고만 있지 않고 개
입한다. 정부의 주요한 경제적 책임은 지식의 가치를 보호하는 일이
다. 지식의 창조자들을 경쟁 시장으로부터 보호하고, 국가가 보장하
는 일시적인 독점권을 부여한다. 그것이 특허와 저작권이다. 지적재
산권은 오래된 전통으로, 그 중요성 때문에 미국의 4대 대통령 제임
스 매디슨(James Madison)은 아예 미국 헌법의 1조 8항에 조항을 만들
어 넣었다. 이 법 조항은 두 개의 상충하는 이해 사이에 균형을 잡기
위해 만들어졌다. 지적재산권은 우선 창의성과 혁신을 북돋우는 환
경을 만든다. 예술가의 작품을 쉽게 베껴서 힘들이지 않고 복제품을
만들어 팔아 큰 돈을 벌어가는 환경에서 누가 인생을 바쳐 창조에
힘쓰겠는가? 하지만 궁극적으로는 독점을 단계적으로 해제한다(물론
디즈니사는 미키마우스를 비롯한 지적재산권을 절대 놓치지 않기 위해 저작권법
의 기한을 계속 늘려가고 있다.). 지식은 특정 기업이나 개인에게 영원히

귀속되기에는 너무나 중요하기 때문이다. 알다시피 미래는 과거의 업적 위에서만 만들어질 수 있는데, 독점은 시간이 지나면서 경제에서 창의성을 빼앗아가기 때문이다.

하지만 그런 모든 불편함은 인터넷이 등장하면서 완전히 사라졌다. 빠른 인터넷 서비스를 사용하는 대학생 정도면 누구나 세상에서 녹음된 곡을 거의 모두 다운로드 받을 수 있는 세상이 되었다. 하지만 새로운 테크놀로지가 가져올 파장은 그 정도에 그치지 않는다. 사이버 문화에서 선구적인 역할을 했던 코리 닥터로(Cory Doctorow)는 이렇게 설명한다. "인터넷에서는 복제를 막을 수 없다. 왜냐하면 인터넷 자체가 문자 그대로 복사기이기 때문이다. 인터넷에서 복사본을 보내지 않고 통신을 하는 방법은 없다. 사람들은 웹사이트를 열면 페이지가 '로딩'된다고 생각하지만, 사실은 복사본이 사용자의 컴퓨터에 도착해서 브라우저에 보여지는 것이다."[5]

이것이 무엇을 의미하는지 엔터테인먼트 업계가 깨닫고 충격을 받기까지는 그리 오랜 시간이 걸리지 않았다. 냅스터, 그록스터 같은 새로 생긴 사이트들이 음악 산업을 무너뜨리면서 거대 음반사들은 패닉 상태에 빠졌다. 당황한 음반사들은 앞뒤 가리지 않고 닥치는 대로 소송을 걸었다(P펑크(Parliament-Funkadelic)를 창시한 조지 클린턴(George Clinton)이 자기가 만든 다른 곡의 일부를 가져다 썼다고 해서 소송에 걸리는 황당한 일마저 있었다.). 소송이 쏟아졌던 당시에는 새로운 통제의 시대가 다가오는 듯한 불길함마저 느껴졌지만, 사실은 종말을 맞이한 비즈니스 모델의 절망적인 방어책에 불과했다.

그러면서 문화도 바뀌었다. 과거에는 지적재산의 무단 복제는 아마추어가 지하에서 심심풀이로 하는 일이었지만, 이제는 번듯한 비즈니스 모델로 받아들여지게 되었다. 《허핑턴포스트》 같은 사이트는 다른 매체의 뉴스에서 제일 좋은 문단을 그대로 뽑아오고, 원문 기사로 통하는 링크를 마지못해 달아놓는다. 구글은 구할 수 있는 모든 책을 스캔했고, 애플은 아예 "복사하고, 믹스하고, 구우세요. 여러분의 음악이니까요."라고 광고한다. 이런 새로운 시대의 옹호자로 유명한 법학교수 로런스 레시그(Lawrence Lessig)는 "인터넷의 본질적인 특징은 자원을 자유롭게 풀어놓는 것"[6]이라고 선언했다.

이 변화를 '해적질'이라고 설명할 수도 있다. 실제로 많은 불법 복제가 일어났다. 하지만 중요한 변화는 그게 아니었다. 미디어가 지식의 경제적 가치 폭락을 마치 날씨가 바뀐 것처럼 어쩔 수 없는 현상으로 받아들인 것이다. 신문과 잡지는 변화에 적응하기 위해 비즈니스 전략을 바꿨다. 신문과 잡지는 처음 등장했을 때부터 독자들이 돈을 지불하게 해서 비용을 보전했다. 판매만으로는 취재 보도와 발행 비용을 충당할 수 없었지만 그래도 주요한 소득원이었고, 독자가 돈을 낸다는 사실은 광고주들에게도 중요했다. 미국의 광고업계는 유료 구독자를 광고가 애써 도달할 만한 가치가 있는 진지한 독자로 여겼기 때문이다. 하지만 그런 사고방식은 인터넷에서는 통하지 않았다. 스튜어트 브랜드는 "정보는 자유롭게 풀려나고 싶어한다(Information wants to be free.)."°고 주장했다. 정보에 값을 매기는 것은

° 여기에서 'free'는 자유를 의미하지만, 그 단어에는 '무료/공짜'라는 뜻도 있어서 다양한 해석을 낳았다—옮긴이

역사적인 사업 기회를 포기하겠다는 거나 다름없었다. 인터넷이 전에 볼 수 없었던 규모를 미디어에 부여했기 때문이다. 신문 구독은커녕, 신문 가판대에서 동전 한 푼 낸 적 없었던 세계의 수많은 독자들에게 도달할 수 있는 정보의 고속망이 생긴 것이다. 어떤 광고 우편이나 TV광고도 인터넷의 잠재력에 비할 바가 아니었다. 《와이어드》의 편집장 케빈 켈리는 "가치는 규모에서 나온다."[7]고 했고, 이 조언은 미디어 업계에 널리 받아들여졌다.

　　이런 변화를 의식하면서도, 신문사는 자신들이 오래된 비즈니스 원칙을 어떻게 포기하고 있는지 정확히 이해하지 못했다. 미디어는 제품을 묶어서 팔 때 이윤이 발생한다는 오래된 전략을 고수하고 있었다. 이는 마치 '마이크로소프트 오피스'에 워드와 엑셀을 묶어서 파는 것과 같은 전략이다. 스프레드시트 프로그램을 쓸 일이 없고 워드만 필요한 소비자라도 엑셀을 함께 사야 했다. 신문과 잡지가 사용하던 전략이 바로 그것이었다. 다양한 기사를 한데 묶어 파는 전략은 종이 신문에서는 잘 통했다. 《워싱턴포스트》의 스포츠 섹션만을 읽는 독자라고 해도 스포츠 섹션만 따로 살 수는 없었기 때문에 국제 뉴스, 지역 뉴스 등 다양한 뉴스를 포함한 패키지를 구매해야 했고, 더 많은 돈을 지불해야 했다. 하지만 웹페이지가 등장하면서 묶어 팔기 전략은 사라졌다. 온라인 신문과 잡지는 더 이상 다양한 기사들의 묶음으로 존재하지 않았다. 유료 구독도 없었고, 독자들은 사이트에서 사이트로, 링크에서 링크로 넘나드는 습관에 빠르게 익숙해졌다. 개개의 기사는 매체와 무관하게 독립적으로 존재하기 시작했다. 마리사 마이어는 구글에서 근무할 당시, 개별 기사를 제각기 부침을 겪는 "뉴스 소비의 기초 단위"[8]라고 불렀다. "개별 기사는 각자도생해야 한다."는 것이 마이어의 주장이었다.

얼핏 보기에는 지식에 득이 되는 일이었다. 그토록 귀중한 지식을 그렇게 많이 습득할 수 있었던 적은 없었다. 게다가 무료였다. 접근 가능한 지식의 기하급수적인 성장을 통계적으로 정확하게 측정하기는 힘들지만 어느 정도 짐작할 수 있는 통계는 있다. 인류가 디지털로 저장한 지식의 양이 아날로그로 저장한 양을 넘어선 것은 2002년이다. 당시만 해도 아직 인터넷이 유아기를 벗어나지 못한 시점이었다. 2006년과 2012년 사이, 전 세계의 정보 생산량은 매년 열 배씩 증가했다.[9] 인류가 중세의 암흑기를 벗어나던 시점과 비견할 만하다는 어느 분석은 전혀 과장이 아니었다.

공짜 콘텐츠의 범람은 새로운 형태의 결핍을 낳았다. 읽고 보고 들을 것이 넘쳐나고, 링크를 따라가다 보면 끝도 없이 사이트가 이어지는 상황에서, 오디언스의 주의를 끄는 일은 거의 불가능해졌다. 미국의 현대 소설가 데이비드 포스터 월리스(David Fosgter Wallace)는 이런 상황을 "총체적인 소음(Total Noise)"이라고 불렀다. 총체적인 소음 속에서 우리는 집중력이 떨어진 채로 인터넷의 여기저기를 떠돌면서 글을 읽게 되었다. 노벨상을 수상한 경제학자 허버트 사이먼(Herbert Simon)은 1970년대에 나타나기 시작했던 이 현상을 이렇게 설명했다. "정보가 소비하는 것이 무엇인지는 명백하다.[10] 바로 정보 수용자의 주의력이다. 따라서 정보가 풍부해질수록 주의력은 결핍된다." 독자의 관심을 지속적으로 붙잡아둘 수 없다는 뜻의 주의력 결핍은 중요한 개념이다. 이는 지식의 생산자들에게는 존재론적

인 문제이며, 지식의 소비자들에게는 부담감과 혼란의 원인이다. 광
대한 인터넷을 항해하는 일은 대양 한가운데 고립된 것 같은 느낌을
준다. 헤어날 수 없는 광대한 공간에서 우리는 공포감과 경탄을 동시
에 느낀다.

　　이런 상황에서 전통적인 미디어는 심각한 타격을 입었고, 10년
넘도록 주의력 결핍과 전쟁을 벌이면서 오디언스를 다시 붙들 수 있
는 전략을 찾아 헤맸다. 하지만 미디어 기업들을 쥐어짜는 상황―지
식의 풍요, 주의력 결핍―은 새로운 정보 독점기업을 탄생시켰다. 이
들 정보 독점기업은 끝없이 방대해져만 가는 거대한 지식 덩어리에
질서를 부여한다. 아마존은 인류 역사상 가장 많은 사람들이 찾는 가
장 큰 서점임은 물론이고, 소매업에 질서를 부여해서 일관되고 사용
이 편리한 시장으로 만들었다. 구글은 웹 전체를 솎아내어 사람들이
차근차근 합리적으로 살필 수 있게 해주며, 페이스북은 사회 생활을
관리하는 방법은 물론, 인명록을 제공한다. 이런 도구들이 없다면 인
터넷은 사용 불가능하다. 과학책 저자 제임스 글리크(James Gleick)는
"우리가 사는 세상과 바벨의 도서관° 사이를 연결해주는 것은 검색
과 필터링뿐이다."[11]라고 주장했다.

　　거대 테크 기업들은 지식의 경제적 몰락으로 어부지리를 얻은
게 아니었다. 그들은 지식의 가치를 허물어서 전통 미디어가 속수무
책으로 테크 기업의 플랫폼에 의존할 수밖에 없도록 교묘한 술책을

° 호르헤 루이스 보르헤스(Jorge Luis Borges)의 소설에 등장하는 거대한 가상의 도서관―옮긴이

펼쳤다. 이 전략에는 이미 전례가 있었다. 애플이 만든 아이팟은 수
천 곡의 디지털 뮤직을 저장할 수 있었고, 당시만 해도 자유롭게 돌
아다니던 불법 복제 음악을 저장하기에 안성맞춤이었다. 스티브 잡
스는 마음만 먹으면 아이팟에 불법 복제 음악을 저장하지 못하도록
설계할 수 있었지만, 그렇게 하지 않았다.[12] 잡스는 불법 복제를 허
용하는 기기를 만들면서, 동시에 디지털 불법 복제를 비판했다. 이
는 음악 산업을 벼랑에서 밀어버리는 데 일조한 후, 구원자를 자처하
며 등장해 산업을 지배하려는 교활한 전략이었다. 아이팟을 만들어
낸 지 18개월 만에 잡스는 온라인 뮤직 스토어 아이튠즈를 선보였다.
많은 사람들이 아이튠즈에서 음악을 사기 시작한 것은 물론이다. 불
법 복제로 쇠약해진 음악 제작자들은 납작 엎드려 새롭게 등장한 애
플을 구세주로 맞이했다. 애플은 한때 큰 이윤을 가져다주었던 앨범
을 쪼개어 한 곡당 99센트씩 받고 팔았다. 애플은 시장이 무너지도
록 도와준 후에, 그 잿더미 위에서 새로운 독점을 만들어냈다. 디지
털 다운로드 음악의 60퍼센트가 아이튠즈를 통해 팔렸다. 하지만 이
비즈니스도 10년 후에 스트리밍이 등장하면서 힘을 잃게 되었다.

　테크 대기업들이 너무나 이상주의적인 태도를 취하고 있기 때
문에, 어떤 금전적인 이익을 취하려고 하는지 파악하기 힘들 때가 있
다. 이 기업들이 옳은 일을 하고 있다고 믿는 건 사실이지만, 그들이
동원하는 수단은 여타 기업들과 다르지 않다. 로비를 하고, 싱크탱크
와 대학을 재정 지원해서 지지 세력을 확보하고, 이익에 부합하는 주
장을 내세우는 단체에 조용히 돈을 기부한다. 로버트 러바인(Robert
Levine) 기자는 "기름값이 싸지면 GM에게 유리한 것처럼, 온라인 미

디어가 공짜면 구글에게 유리하다. 그것이 구글이 수백만 달러를 들여서 저작권을 약화시키는 로비를 한 이유"[13]라고 했다. 구글과 페이스북은 지적재산권에 대해 자신들의 견해에 동의하지 않는 기업들을 불리하게 만든다. 유료로 기사를 읽게 하는 신문이나 잡지는 검색 결과나 뉴스피드에 잘 뜨지 않고, 사이트 유료 회원제를 엄격하게 적용하는 기사는 알고리듬이 불이익을 주기 때문에 인기를 끌 가능성이 없다. 구글을 상대로 한 소송 과정에서 드러난 문서에 따르면, 구글은 원하는 모델을 미디어 산업이 따르도록 내놓고 강요했다. 구글의 제품관리 부사장이었던 조너선 로젠버그(Jonathan Rosenberg)는 2006년 고위 간부들에게, 구글은 "프리미엄 콘텐츠 공급자들에게 압력을 넣어 무료 콘텐츠 모델로 전환하도록 해야 한다."[14]고 했다. 이는 합리적인 입장이다. 테크 대기업들은 공짜 지식으로 통하는 관문이 될 때, 포괄적이고 개방적인 콘텐츠의 포털 역할을 수행할 때, 훨씬 더 가치를 높게 되기 때문이다.

아마존은 똑같은 주장을 펼치지는 않지만, 기본적으로는 동일한 접근법을 가지고 있다. 아마존은 판매하는 책의 가격을 떨어뜨려서 책의 가치가 낮다는 느낌을 준다. 베이조스는 일방적으로 전자책 가격을 종이책보다 훨씬 싼 9달러 99센트로 정해놓음으로써, 책의 제작 비용이 지적 자본, 창작, 수년 동안의 노력에 있는 게 아니라 순전히 인쇄비와 배송료라는 그릇된 인식을 슬그머니 심어놓았다. 베이조스는 테크놀로지가 발전하면 가격이 계속 내려갈 거라는 암묵적인 주장을 펼쳐서, 책을 싼 가격에 팔기를 거부하는 출판계의 저항 세력을 탐욕스러운, 독자들의 적으로 보이게 만들었다. 사실은 책으로 벌어들이는 수익은 베이조스에게 그다지 중요하지 않다. 제이디 스미스(Zadie Smith)나 로버트 카로(Robert Caro)의 책을 팔아 얻는 이윤 자체는 사업의 큰 틀에서 보면 아마존에게 전혀 중요하지 않다. 중요한 것은 독자들이 (킨들 같은) 기기와 아마존 웹사이트에 중독되게 하는 것이다. 그렇게 해서 사람들의 삶에서 핵심 위치를 차지하고 여가와 소비의 중심이 되려는 것이다. 이는 구글과 페이스북이 바라는 바와 정확히 일치한다.

이 기업들은 목표에 점점 더 가까워지고 있다. 페이스북, 아마존, 구글은 이제 글과 책, 동영상의 주요 판매자가 되었다. 이들은 이질적인 부분들을 묶어서 편리하게 사용 가능한 일관된 상품을 만들어낸다. 이들의 비즈니스 모델은 과거의 모델과는 비교할 수 없을 만큼 뛰어나다. 구글과 페이스북은 소비자에게 제공하는 글에 아무런 비용도 지불하지 않으며, 제공하는 양은 전통 미디어들이 도저히 넘볼 수 없을 만큼 방대하다. 결국 그들이 하는 일은 인류가 생산하는 모든 콘텐츠를 정리하는 작업이다.

이 기업들은 생산하고 퍼뜨리는 콘텐츠에 대해 아무런 책임이 없다고 주장하지만, 그들에게 아무 잘못도 없다고 할 수는 없다. 이들은 자기들이 플랫폼에 불과하며, 모든 사람들에게 이롭게 사용되는 공공재라고 주장한다. 2016년 미국 대통령 선거운동 중에 쏟아진—우파 세력이 날조한 음모론이 꾸준히 등장해서 도널드 트럼프의 당선을 도왔던—가짜 뉴스를 페이스북이 방조했다는 비판 여론이 일었을 때, 마크 저커버그는 처음에 페이스북에는 잘못이 없다고 했다. 그는 "누구나 자기 생각을 말할 수 있도록 하는 것이 우리의 목표"[15]라는 글을 페이스북에 올리며 책임을 회피했다. 페이스북이 뉴스 산업을 무너뜨리고 미국의 시민문화를 망가뜨리는 데 결정적인 역할을 했는데도, 아무런 책임도 지지 않는 저커버그를 보면 분노가 치민다. 저커버그가 부인할지라도, 대중을 정보로 인도하는 과정은 엄청난 문화적·정치적 권력의 원천이다. 이 권력을 과거에는 '게이트키핑'°이라고 불렀으며, 신성한 의무로 보았다.

° 문을 지키면서 통과할 대상과 통과하지 못할 대상을 가려낸다는 의미로, 언론사의 기자나 편집자가 뉴스를 취사선택하는 일을 가리킨다.―옮긴이

5장 │ 거대한 게이트키퍼
KEEPERS OF THE BIG GATE IN THE SKY

도널드 트럼프와 마찬가지로 실리콘밸리는 미국의 가짜 포퓰리즘 전통을 계승하고 있다. 트럼프 대통령만큼 심하지는 않아도 실리콘밸리 역시 반엘리트주의를 내세워 권력을 획득했다. 실리콘밸리는 스스로를 아셀라 지역권°에 있는 기득권이 가진 문제에 대한 대안이라고 주장했다. 미 북동부의 기득권 세력은 미국의 일반 대중을 우습게 생각하고, 다른 사람들에게 피해를 주면서까지 자신들의 특권을 지킨다는 비판을 받아왔다. 페이스북은 언론에 등장해서 끊임없이 견해나 분석을 늘어놓는 소수의 전문가를 대체할 수 있는 메커니즘으로 환영 받았고, 아마존은 힘을 잃어가는 뉴욕 출판사들의 카르텔을 무너뜨려줄 기업으로 보였다. 이런 평가에 비난의 뜻이 담겨 있지는 않았다. 거기에는 사회를 보는 대안적인 시각, 즉 전문가가 아닌 아마추어가 좋아서 자발적으로 생산해내는 지식, 군중의 지혜

° Acela Corridor. 미국 철도 노선인 아셀라가 연결하는 보스턴, 뉴욕, 필라델피아, 워싱턴 D.C. 등 미국 동북부 지역을 가리키는 말로, 미국의 전통적인 정계, 재계를 가리킬 때 사용하기도 한다.─옮긴이

(wisdom of crowds)에 대한 기대가 맞물려 있었기 때문이다. 실리콘밸리는 미국 엘리트층이 변함없이 반복 재생산해온 진부함을 깨뜨리는 파괴적 혁신가 역할을 자처한다.

얼핏 보기에는, 테크 기업들은 자신들이 비판하는 동시대 권력이 저지른 잘못을 스스로도 반복할 수 있다는 위험을 알고 있는 듯하다. 실리콘밸리의 기업들은 사용자에게 스스로 결정을 내릴 수 있는 도구를 공급만 해주고 자신들은 뒤로 조용히 물러나 있다고 주장한다. 그렇게 겸손한 시늉을 하는 데에는 중요한 의도가 있다. 그들이 가지고 있는 권력의 본질이 드러나지 않게 감춰주기 때문이다. 실리콘밸리는 문화적·경제적 게이트키퍼들을 항상 비판하지만, 사실 그들이야말로 인류 역사상 가장 거대한 게이트키퍼 역할을 하고 있다.

제프 베이조스는 테크 기업 CEO들 중에서도 가장 포퓰리스트 성격이 강하며, 어느 누구보다도 강하게 게이트키퍼들에 대해 비판한다. 하지만 낡은 엘리트를 겨냥하는 베이조스의 비판 뒤에는 그가 가진 일련의 복잡한 감정과 욕망이 숨어 있다. 그는 자신이 비난해 마지않는 대상에 대한 짝사랑을 감추지 않는다.

2013년 여름, 베이조스는 《워싱턴포스트》를 인수했다. 베이조스의 인수는 엘리트 시스템에 충격으로 다가왔다. 80년 간 《워싱턴포스트》를 운영해온 그레이엄 가문은 가장 고결하고 공익을 위한 봉사 정신이 투철한 미국 상류층을 대표하는 집안이었다(적어도 상류층 사이에서는 그런 평판을 가지고 있었다.). 그런 가문이 운영하던 전통의 《워싱턴포스트》를 넘겨받기에는 베이조스가 낯설어 보이는 것도 사실이다. 우선 그가 자랑스럽게 이야기하듯, 그는 "또 다른 워싱턴"에서 온 사람이다.° 그 두 워싱턴 사이의 거리는 단순한 지리적인 거리 이상이다. 《워싱턴포스트》의 전문 분야인 정치와 정책이라는 주제는 베이조스에게 큰 관심의 대상이 아니다. 정치 중진과 전문가들 눈에는 《워싱턴포스트》를 소유하는 것이 여전히 엄청난 트로피처럼 보이지만, 베이조스는 오히려 그와는 반대로 한 역할에 충실한 기관이나 제도를 중시하는 태도는 게으르고 소심하며 자기파괴적이라고 생각한다. 그런 그가 사람들의 존경을 받는 기관, 옛스러운 폰트로 이름을 쓰고 화려한 역사를 자랑하는 기관인 《워싱턴포스트》를 사들인 것이다.

《워싱턴포스트》 인수는 단순한 소유권의 이전이 아닌, 죽어가는 엘리트가 새롭게 떠오른 엘리트에게 권력을 이양하는 것으로 비쳐졌다. 사장인 돈 그레이엄(Don Graham)은 《워싱턴포스트》를 영광스러운 미래의 디지털 세계로 이끌 방법을 도저히 찾을 수 없었다고 시인했다. 신문사를 팔게 되리라고는 상상도 못했었지만, 다른 도리가 없었다. 한 인터뷰에서 그레이엄은 "매출이 7년 동안 내리 감소하면 생각이 바뀔 수밖에 없다."[1]고 털어놓았다. 자신의 가문이 신문사를 살릴 수 있는 혁신적인 방법을 찾아낼 거라는 환상을 유지하면서 허튼 짓을 하느니, 테크 갑부에게 구원을 요청하기로 한 것이다.

그레이엄이 자신이 물려받은 신문사의 매각을 발표했을 때, 베

° 《워싱턴포스트》는 미국 동부의 워싱턴 D.C.에 있고, 아마존 본사는 서부의 워싱턴 주에 있다.—옮긴이

이조스는 신문사 건물에 없었다. 그는 미국 대륙의 반대편에 머물면서 아마존 직원들에게 이메일로 인수 소식을 전했을 뿐이다. 자신이 돈을 대게 된 신문사 뉴스룸에 베이조스가 처음 모습을 드러낸 것은 그로부터 몇 주 지나서였다. 물론 베이조스의 기준으로 보면 《워싱턴포스트》는 대단한 인수 건이 아니었다. 250억 달러(약 28조 원)의 자산을 가진 사람에게 2억 5000달러(약 2800억 원)는 한 끼 식사도 안 되는 간식거리 정도에 불과했다.

그레이엄과 베이조스는 서로 다른 장소에서 서로 다른 기준으로 칭송을 받았고, 그 둘의 차이는 숨길 수 없이 분명하게 드러난다. 하지만 사람들이 잘 모르는 사실이 하나 있는데, 바로 베이조스가 자신이 맡게 될 새로운 역할에 대해 적극적이고 세심하게 연구를 했다는 점이다. 물론 그는 테크와 상거래 전문가이지 언론인은 아니다. 하지만 베이조스는 그레이엄과 마찬가지로 소비자와 그들이 원하는 정보 사이에 존재하는 게이트키퍼였다. 단지 보통 사람들이 그 두 사람이 같은 집단을 대표한다고 생각해본 적이 없었을 뿐이다. 그들이 일을 수행하는 방식이 전혀 다르기도 했다. 그리고 바로 그 차이에서 우리는 베이조스와 그의 세계관이 가지고 있는 위험을 발견할 수 있다.

게이트키핑이라는 단어가 미디어에서 사용되기 시작한 것은 2차 세계대전 후의 일이다. 위대한 문화를 가진 나라들이 파시즘에 열광적으로 빠져든 것을 보면서 미국의 사회과학자들은 자신이 속한 사회가 가진 약점들을 살펴보기 시작했다. 미국 내에서는 여론이 어떻게 움직이는가? 풀뿌리 민주주의에 파고들 만한 파시스트 성향은 무엇인가? 일반인들에게 정보가 유통되는 방식과 선동가들이 악용할 가능성이 있는 약점들을 찾아내기 위한 연구가 활발하게 일어났다. 당시는 (대표적인 뉴스 앵커였던) 에드워드 R. 머로(Edward R. Murrow)와 월터 크롱카이트(Walter Cronkite)가 저널리즘의 권위를 대표하기 전이었고, 신문이 미국인들에게 정보를 실어나르는 통로 역할을 하고 있었다. 따라서 당시 연구는 주로 신문에 초점이 맞춰져 있었다.

중세 도시에서 게이트키퍼는 사람들을 성 안으로 들여보낼지 말지를 결정할 수 있는 권한이 있었다. 신문에서는 편집자가 그런 역할을 한다는 것이 보스턴 대학교의 데이비드 매닝 화이트(David Manning White) 교수가 찾아낸 결론이었다. 1950년 화이트는 편집자의 기능에 대한 연구를 했다. 증명하기 힘든 연구였지만 아주 쉽고 간결했기 때문에 단점들에도 불구하고 미디어 연구라는 새로운 영역에서 기념비적인 연구로 남아 있다.

화이트는 작은 신문사의 편집자 한 명과 연락을 주고 받기 시작했다.[2] '게이츠 씨'라는 가명으로 등장하는 그 편집자는 일주일 동안 통신사로부터 받은 기사를 자세히 살펴보고 게재할지 무시할지를 결정했고, 그 결정 내용을 기록한 장부를 화이트에게 건네주었다. 화이트는 그 장부를 세심하게 살펴보면서 게이츠 씨가 그런 결정을 내린 무의식적 충동의 이유를 찾았다. 연구의 원재료인 그 장부는 하위직 게이트키퍼의 사고방식을 분명하게 보여주었고, 화이트는 거기에서 대부분의 데이터를 추출했다. 화이트는 그 신문이 게이츠 씨가 가지고 있는 (통계보다 내러티브를 선호한다거나 그가 가진 직업적 조심성 같은) 성향을 반영하는 결과물이라는 결론을 내렸다.

의식적·무의식적 편향을 가진 개인이 적절한 자리에 배치되어 정보의 흐름을 통제한다는 것은 낡은 사고방식이다. 하지만 완전히 틀린 것도 아니다. 어떤 정보는 주목을 받고 어떤 정보는 사라지는 데, 게이트키퍼가 그것을 결정하기 때문이다. 게이트키퍼들이 자기가 가진 권한을 의식하지 못하더라도, 오디언스가 원하는 것이 무엇이고 오디언스에게 가장 필요한 것이 무엇인지 안다고 믿고 있음은 분명하다.

신문에서는 절충이 불가피하다. 신문 1면에 들어갈 수 있는 기사는 한정되어 있고, 같은 1면이라고 해도 더 중요한 위치와 덜 중요한 위치가 있다. 더욱이 기사의 발행을 결정하기 훨씬 전부터 편집자들은 더욱 기초적인 선택을 해야 한다. 한정된 취재 자원을 어떻게 배분해야 할 것인지부터 결정해야 한다. 취재 결과가 어떻게 나올지 알지 못하는 상황에서 기사의 잠재적 가치를 판단해야 하는 것이다. 1920년대 초기 미디어 비평에서 중요한 역할을 했던 월터 리프먼(Walter Lippman)은 이 작업이 가지고 있는 위험성을 이렇게 경고했다. "일반 시민들과 팩트 사이에 언론사가 존재하면서, 아무리 훌륭하다고는 해도 전적으로 사적이고 검증되지 않은 기준으로 시민들이 무엇을 알아야 하고 무엇을 믿어야 하는지를 결정하는 한, 실질적인 민주 정부가 완전히 보장된다고 하기는 어렵다."[3]

《워싱턴포스트》를 낭만적인 시각으로 바라보면 리프먼의 경고가 틀렸다고 생각하기 쉽다. 특히 헐리우드가 로버트 레드퍼드(Robert Redford)를 이 신문의 대표적인 기자로 캐스팅해서 보여준 영웅적이고 멋진 내러티브에 따르면 그렇다.° 1933년 파산해서 경매로 나온 신문사를 인수한 그레이엄 가문의 지휘 하에 《워싱턴포스트》는 저널리즘에서 중요한 역할을 담당했다. 돈 그레이엄의 할아버지인 유진 마이어(Eugene Meyer)는 자신의 의무를 다음과 같이 엄숙하게 이야기한다.

> 신문은 사주의 사적인 이익이 아닌, 독자와 일반 대중에 대한 의무를 지고 있다. 신문은 진리를 추구함에 있어 공공의 이익에 필요하다면 물질적 손실을 감내할 준비가 되어 있어야 한다. 신문은 특정 이익에 협력해서는 안되며, 공정하고 자유로우며, 사회 문제와 공인을 바라보는 시각이 건전해야 한다.[4]

마이어와 그의 사위 필립 그레이엄(Philip Graham)은 재산이 충분했기 때문에 자신들의 임무를 그처럼 고상한 말로 표현할 수 있었다. 《워싱턴포스트》는 그 가문이 인수한 이후 20년 동안 해마다 100만 달러씩 손실을 냈다. 하지만 《워싱턴포스트》가 같은 도시의 라이벌 신문이었던 《워싱턴타임즈헤럴드》와 합병한 후에는 미국에서 가장 확고한 미디어 독점기업 중 하나가 되었다. 1964년에 이르면 워싱턴 D.C.에 사는 사람들의 거의 절반이 《워싱턴포스트》를 구독했고, 일요판 발행부수는 120만 부에 달했다. (《뉴욕타임스》를 소유한) 설

° 저자는 레드포드가 밥 우드워드 기자로 연기한 1976년 영화 「모두가 대통령의 사람들」을 이야기하고 있다.—옮긴이

즈버거 가문과 마찬가지로 그레이엄 가문은 '사심 없고 객관적인 태도'를 이상으로 내세웠다. 이는 자신이 속한 계층이 가진 편견을 넘어설 것을 요구하는 것으로, 거의 종교적인 수준의 규범이었다. 정치분석가 존 B. 주디스(John B. Judis)는 그 당시 신문사를 소유한다는 것이 어떤 의미인지에 대해 이렇게 썼다. "뉴스는 편집진의 판단에서 분리되어 있어야 하고, 편집진의 판단은 그것이 비록 특정한 정책적 대안을 선호할 수는 있더라도 어떤 당파로부터도 분리되어 있어야 한다."[5]

《워싱턴포스트》는 권력과 가깝게 지냈다. 그 신문이 언론으로서의 숭고한 임무를 수행하면서 권력을 끌어내리던 순간에도 그랬다. 필립 그레이엄이 세상을 떠난 후 신문사 경영을 이어받은 아내 캐서린이 헨리 키신저°와 비싼 거북이 수프를 먹으며 담소를 나누는 동안, 《워싱턴포스트》는 키신저가 베트남전쟁에 대해 했던 거짓말을 낱낱이 밝히고 있었다. 미국의 대통령들이 국가의 안보가 걸린 문제라며 기사를 빼줄 것을 사정했을 때에도 캐서린은 한 치도 물러서지 않았다. 닉슨의 법무장관 존 미첼(John Mitchell)은 외설스런 욕을 일삼던 인물로, 한 번은 칼 번스틴(Carl Bernstein)°°에게 쓰고 있는 폭로 기사를 "지면에 실으면 캐서린 그레이엄의 젖가슴을 쥐어짜겠다."[6]고 위협했다. 《워싱턴포스트》는 위협에 아랑곳하지 않고 기사를 게재했을 뿐 아니라, 미첼 국무장관의 위협을 외설스런 단어만 빼고 함

° 당시 미국의 국무장관으로 미국 냉전 외교의 틀을 만들었다는 평가를 받는 인물—옮긴이
°° 밥 우드워드와 함께 '워터게이트 사건'을 폭로한 기자—옮긴이

께 보도했다. 닉슨 대통령이 사임한 이후, 그레이엄은 종종 가슴 모양의 금목걸이를 걸고 다녔다.

　권력 앞에서 그런 용기를 낼 때 기자들은 가슴이 뛴다. 하지만 그런 용기를 남용할 가능성도 엄연히 존재한다. 대통령을 끌어내릴 수 있는 기관은 경탄의 대상일 뿐 아니라 두려움의 대상이기도 하다. 언론 재벌 루퍼트 머독(Rupert Murdoch)은 영국의 정치인들과 암묵적인 거래를 한 후 자신이 소유한 런던의 신문들을 동원했다는 의심을 받았다. 도덕적으로 깨끗하지 못한 사주가 소유한 언론사를 이용해 자신의 이익과 영달에 도움이 되는 쪽으로 편집권을 행사하는 일은 충분히 상상 가능하다.

　필립 그레이엄이 《워싱턴포스트》를 그런 쪽으로 남용했다는 주장도 가능하다. 그는 여러 차례 대통령을 만들어내는 킹메이커 역할을 했고, 자신이 원하는 대로 무대 뒤에서 권력자들과 대화하기 위해 자신이 소유한 신문을 이용했다. 데이비드 핼버스탬(David Halbertam)에 따르면, 필립 그레이엄은 "《워싱턴포스트》나 그 기자들이 인사이더가 아니거나 끈이 없는 것처럼 보이는 것을 싫어했다."[7] 그는 1952년 《워싱턴포스트》를 동원해 드와이트 아이젠하워를 대통령으로 만들기 위해 힘썼다. 아이젠하워에 비판적이던 만평가 허블록(Herblock)의 만화를 선거를 앞둔 2주 동안 신문에 싣지 못하게 했을 정도였다. 훗날에는 린든 존슨(Lyndon Johnson)에게 반해서, 당시 상원의 다수당(민주당) 대표였던 존슨의 출마선언 연설문 작성까지 도와줬다.

　심지어 그렇게 써준 연설문으로 출마선언을 하기 직전 린든 존슨의 눈에서 콘택트렌즈가 빠져서 떨어지자 아예 바닥을 기어서 잃어버린 렌즈를 찾아주기까지 했다. 《워싱턴포스트》가 1969년까지 베트남 전쟁을 지지했던 배경에는 그렇듯 권력과의 밀착된 관계가 있었다. (존슨 대통령은 베트남 전쟁에 대해 호의적으로 글을 써준 대가로, 편집장이었던 러스 위긴스(Russ Wiggins)를 미국의 UN 대사로 임명했다.) 나중에 《워싱턴포스트》가 베트남 전쟁에 대해 입장을 바꾸고, 비판적인 취재로 중요한 역할을 했다고 해서 과거를 씻어내지는 못한다.

　　하지만 고결한 이상은 그레이엄 가문의 후손에게도 이어졌다. 돈 그레이엄은 가업을 물려받기 전에 워싱턴이라는 도시와 《워싱턴포스트》라는 신문을 속속들이 배워야 했다. 그는 경찰관으로 워싱턴의 9번 관할구에서 일했고, 스포츠면 편집자로 바닥부터 일을 배웠다. 궁극적으로 그레이엄 가문이 자신들의 의도가 아무리 훌륭하더라도 자신들이 가진 힘을 함부로 사용해서는 안 된다는 점을 인정했다는 사실만큼은 칭찬받을 만하다. 미국 대도시의 주요 신문들이 그랬듯 《워싱턴포스트》는 자체적인 행동 강령을 따랐다. 그중에서도 대표적인 것이 신문에 정정 보도를 내고 매일매일 실수를 인정하는 일이었다. 또한 옴부즈맨이 도입되어, 《워싱턴포스트》가 내세우고 있는 이상에 충실한지를 매주 확인하고 공표했다. 신문에서 영업을 담당하는 부서는 나머지 부서들과 분리하는 것을 중요한 원칙으로 삼았다. 신문의 권력 구조와 편집권의 불가침성에 관해서 '정교분리(政敎分離)'라는 단어가 사용될 정도였다. 물론 그중에는 단순히 신문 업계의 관례에 불과한 것도 있고 원칙이 지켜지지 않을 때도 있었지만, 게이트키핑이라는 숭고한 임무에 충실하려는 그들의 태도를 보여주는 것은 사실이다.

　　돈 그레이엄의 뒤를 이어 《워싱턴포스트》를 소유하게 된 제프 베이조스는 자신을 게이트키퍼라고 생각하지 않는다. 그는 혁신가인 자신에게 게이트키퍼라는 이름이 붙는 것을 아주 싫어한다. 게이트키퍼라는 사람이야말로 발전을 가로막는 적이라고 생각하기 때문이다. 그의 눈에 게이트키퍼는 소심하게 현재의 상황을 지키려는 사람이며 혁신적인 아이디어를 꺾는 사람이다. 베이조스가 아마존의 투자자들에게 보낸 편지는 그 자체로 하나의 선언문이자 돈 그레이엄 같은 사람들에 대한 공격으로 읽힌다. "아무리 선한 의지를 가진 게이트키퍼라도 혁신을 둔화시키기 마련입니다."[8]

　　이는 단순한 슬로건이 아니라 아주 발전된 하나의 역사 이론이다. 그 이론은 다음과 같은 내러티브를 가지고 있다. 옛날에는 세상에 게이트키퍼가 필요했다. 자원은 한정되어 있었고, 따라서 계몽된 엘리트들에 의해 신중하게 분배되어야 했다. 그러나 컴퓨팅 비용의 급격한 감소로 이제 희소성은 역사의 뒤안길로 사라졌다. 생산수단에 혁명이 일어난 것이다. 누구나 싸고 쉽게 책을 펴낼 수 있고, 자신의 의견을 방송할 수 있고, 회사를 설립할 수 있고, 웹사이트를 만들 수 있다. 관료제와 기업은 여전히 느릿느릿 일을 하면서 존재하지만, 도대체 왜 그들이 필요한가? 그들은 하나씩 변화에 굴복하고 사라지기 시작했다. "나는 세계 곳곳에서 게이트키퍼가 사라지는 것을 목격하고 있다."[9]고 베이조스는 말한다.

　　물론 아마존은 그런 오래된 조직들과 정반대다. 베이조스는 자기 회사를 하나의 플랫폼으로 본다. 누구나 자기 제품을 팔 수 있고 누구나 그걸 살 수 있는, 세상에서 가장 거대한 시장이라는 것이다.

아마존에는 변덕스럽게 판매자의 꿈을 짓밟는 게이트키퍼가 존재하지 않는다. "가장 급진적이고 세상을 크게 변화시킨 발명을 보면, 사람들에게 권한을 주고 그들에게 창의성을 마음껏 발휘하게 해준 경우가 많다."[10]고 베이조스는 주장한다. 과거에는 뉴욕의 거대한 출판사들이 매년 소수의 원고만을 골라 편집·인쇄·유통하면서 작가들의 창의성을 꺾었다. 출판사의 마음에 들지 않은 작가는 아무런 주목을 받지 못하고 사라졌다. 바로 그 구조를 파괴한 것이 아마존이다. 누구나 자기 원고를 아마존을 통해 출간할 수 있게 된 것이다. 출간은 마치 페이스북에 글을 써 올리는 것과 차이가 없을 만큼 쉬워졌다. 뉴욕의 콧대 높은 출판사들과 달리, 아마존은 아무런 요구를 하지 않았다. 원고를 수정하라고 요구하지도 않았고, 작가의 비전에 의문을 제기하지도 않았다. 맨해튼의 비대한 미들맨들이 가져가는 비용—출판사 임원들의 술값, 직원들이 마시는 커피값—을 지불하지 않아도 되니 작가들의 수입도 늘어났다. 베이조스에 따르면 이야말로 민주주의의 승리다. "킨들의 베스트셀러 목록과 《뉴욕타임스》의 베스트셀러 목록을 비교해보세요. 어느 쪽이 더 다양합니까?"[11] 킨들의 리스트는 훨씬 더 대중적이다. 똑같은 구조를 가진 로맨스 소설과 그럴싸하게 치장한 공상과학 소설들이 '저걸 쓰는 작가가 생각하고 먹고 자는 시간이나 있을까?' 싶을 만큼 빠른 속도로 쏟아져 나온다.

　이 방법은 세상의 지식을 관리하는 역할에 극단적으로 다르게 접근한다. 그레이엄과 같은 게이트키퍼는 스스로를 리더, 특권을 가진 계몽된 엘리트라고 생각했다. 그들은 사회에 책임을 가지고 있었다. 수익도 진지하게 고민했지만, 상업주의가 판치게 될 경우의 위험

도 고려했다. 하지만 베이조스는 아마존에 대해—그리고 《워싱턴포
스트》에 대해서도—다르게 생각한다. 그는 자신에게 사회나 고귀한
이상을 지켜야 할 책임이 있다고 생각하지 않는다. 이는 그에게는 원
칙에 관한 문제다. 그렇게 하면 시장이 원하는 바를 소통하지 못하
게 한다고 생각한다. 세상은 소비자와 고객을 중심으로 돌아가기 때
문에 그들이 최종 결정권을 가져야 한다고 그는 믿는다. 베이조스는
《워싱턴포스트》를 인수한 후에 그런 자기 생각을 내비친 적이 있다.
"독자야말로 우리의 시금석입니다. 그들이 중요하게 생각하는 것
들—그것이 정부일 수도 있고, 지역 사회의 리더들, 새로 문을 연 식
당들, 아이들의 스카우트 활동, 비즈니스, 자선활동, 주지사, 스포츠
일 수도 있습니다—이 무엇인지 이해하고 거기에 맞춰야 합니다."[12]

　　베이조스가 하는 설명의 중심에는 거짓 주장이 들어 있다. 자신
이 게이트키퍼의 역할을 하고 싶지 않을 수는 있겠지만, 분명히 그는
게이트키퍼이기 때문이다. 과거와 같은 게이트키퍼는 서가에 꽂힐
책을 제한하고 잡지에 실릴 기사를 고르는 식으로 작동했던 게 사실
이다. 그에 비하면 아마존은 완전히 반대로 서구 문명이 만들어낸 거
의 모든 것들을 판매한다. 하지만 그렇다고 해서 아마존을 참여 민주
주의를 위한 유토피아적인 실험이라고 착각하지는 말자. 아마존은
이메일로, 웹사이트에서, 그리고 추천 알고리듬으로 특정 상품에 다
른 상품보다 더 나은 대우를 해준다. 이건 엄청난 문화 권력이다. 아
마존의 경쟁사들이 아마존의 크기와 파워 앞에서 녹아 사라졌다는
사실을 상기해보면 더욱 그렇다.

　　아마존은 산업 전체를 소유하기보다는 지배하고 싶어한다. 출

판업계에서 아마존은 없어서는 안될 매장이 되었다. 판매되는 전자책의 65퍼센트, 서적 전체의 40퍼센트가 아마존을 통해 팔린다. 출판계는 스스로를 위해서라도 아마존에 의존하지 않으면 안 되는, 어색하고 취약한 처지에 놓여 있다. 출판사들이 아마존에 의존하고 있는 상황에서 아마존은 출판사들을 무너뜨리거나 적어도 그들의 문화적인 영향력을 감소시키려 하고 있다. 아마존은 출판사에게 가장 중요한 매장인 동시에 가장 큰 경쟁자인 것이다.

제프 베이조스는 월스트리트의 투자자들에게 아마존은 단기 수익이 필요 없다는 확신을 심어준 것으로 유명하다. 아마존이 시장 지배력을 공고히 하게 될 미래를 생각할 때 분기별 이익은 아무 의미 없다는 주장이었다. 투자자들이 용인해준 덕분에 아마존은 출판 시장의 약점을 공략하는 실험을 할 수 있는 것이다. 물론 아마존의 모든 시장 실험이 성공으로 끝나지는 않았다. 2011년에 아마존은 뉴욕에 전통적인 형태의 출판사를 세웠고 유명한 편집자들을 고용해서 임대료가 비싼 사무실에 입주시키고 마음껏 저작권을 구매할 수 있게 해주었다. 하지만 높은 금액의 선인세를 지불한 배우 페니 마샬, 가수 빌리 레이 사이러스 같은 유명인의 비망록과 순수문학 소설의 판매가 저조했던 탓에 출판사는 실패했다. 아마존의 막강한 힘으로도 불가능했던 것이다.

하지만 그건 전통적인 방식으로 시도를 해본 것일 뿐이었다. 아마존은 전통적인 기업이 아니다. 아마존은 새로운 룰을 만들어내며 성공해왔다. 따라서 아마존은 유명 작가들과 함께 작업하는 대신 새로운 작가들을 키웠다. 아니, 좀더 정확하게는 대량의 장르소설 작가들을 발굴해서 자체적으로 대중 소설 진영을 구축했다. 돈을 벌지 못하는 변호사, 가르치는 일에 흥미를 잃은 교사들에게 "써둔 원고가 있으면 킨들에 출간하라."고 권했고, 그들은 선인세를 받지 않고도 책을 발행하기로 한 것이다. 따라서 아마존은 그들의 작품을 출간하는 데 드는 재정적인 위험이 적거나 거의 없었다. 그렇게 발간된 책은 가격이 아주 싸거나 때로는 무료였기 때문에 나름의 독자층이 있었다. 무명의 스릴러 소설 작가는 스티븐 킹과 동일한 가격대로는 경쟁이 되지 않았지만 훨씬 싼 가격이라면 한번 붙어볼 만했다. 이는 아마존이 선호하는 방식과 잘 맞아떨어졌다. 즉 싼 제품을 많이 팔아 수익을 내는 것이다.

아마존은 출판업계 전체가 굴복하고 자신들의 저가 전략을 받아들이기를 바랐다. 그리고 전통적인 출판사들에도 같은 방식을 강요하려 했다. 베이조스가 킨들을 처음 소개했을 때, 그는 전자책을 9달러 99센트에 팔겠다고 선언해서 출판사들을 놀라게 했다. 그 가격은 베이조스가 출판사들에게 아무런 언질도 주지 않고 임의로 생각해낸 액수였다. 그런 액수를 발표한 것은 영리한 술책이었다. 베이조스가 대중들의 머릿속에 전자책 가격을 그렇게 각인시켰기 때문이다. 그의 주장에는 사악한 가정이 숨어 있었다. 책의 가격은 물리적인 비용으로 결정되는 것이지, 글쓰기나 편집에 들어가는 비용이 아니라는 것이다. 베이조스는 지적 자본, 창의성, 그리고 복잡한 사고에 소요되는 시간에서 아무런 경제적인 가치를 찾지 못한 것이다.

베이조스가 스스로를 변화의 첨병이라고 생각한다면, 출판사들

은 스스로를 변화에 저항하는 세력으로 생각한다. 그들은 자기들이
어렵게 얻은 경험과 교정이라는 힘겨운 작업을 수행하는 장인이라
는 굳건한 믿음을 갖고 있다. 항상 그렇지는 않고 아닐 때도 많지만,
그런 견해에는 다음과 같은 암시가 있다. 글쓰기는 단순한 작업이 아
니며, 작가는 자기 작품이 가진 결함을 볼 수 있는 인지적 능력을 가
지고 있지 않기 때문에 누군가가 도와줘야 한다. 이것이 출판계의 존
재 이유를 설명하는 중요한 가정이다. 한 권의 책이 시장에 나오기
위해서는 저자가 갖지 못한 (마케팅, 홍보, 유통) 전문가의 도움이 있어
야 한다. 하지만 아마존은 그런 전문가들을 "시대에 뒤떨어진 패배
자들"이라고 생각한다.[13] 아마존의 초기 직원 중 하나가 전통적인 출
판사를 가리켜 실제로 했던 말이다.

　　아마존의 협상 전술은 거의 가학적인 수준이다. 작은 출판사일수
록 더 큰 압력을 가해 아마존이 요구하는 조건을 따르게 한다. 대학 출
판부들은 아마존이 계속해서 더 나쁜 조건으로 협상을 유도하는 과정
에서 자신들이 만든 전자책이 시야에서 사라지는 것을 지켜봐야 했다.
아마존은 작은 출판사들을 따로 하나로 묶어서 계약을 하는 프로젝트
를 '가젤 프로젝트'라고 이름 붙였는데, 이는 베이조스가 "이런 작은
출판사들은 치타가 건강이 좋지 않은 가젤을 노리듯 접근해야 한다."[14]
고 말한 것에서 착안한 이름이다. 그렇다고 큰 출판사들을 특별히 더
친절하게 대한 것도 아니다. 대형 출판사인 맥밀런과 협상할 때는 소
비자가 맥밀런의 책을 구매할 수 있는 버튼을 없앴고, 아셰트 출판사
와 협상할 때는 아셰트 책의 배송만 일부러 지연시켰다. 아마존은 출
판사와 협상할 때 자신들의 의도를 숨길 필요를 느끼지 않는다. 아마

존과 협상했던 사람들의 말에 따르면, 아마존은 자신들이 원하는 조건을 출판사가 받아들이지 않으면 알고리듬을 바꿔서 그 출판사의 매출을 하락시키고, 홍보 이메일에서 빼버리겠다는 의도를 분명히 한다.

비즈니스 관점에서는 잘 하는 일이라고 할 수도 있지만, 아마존은 자신들이 가진 문화적 권력을 인정하기 꺼린다. 그럼에도 아마존은 돈 그레이엄과 같은 신문사 사주들은 상상하기 힘든 규모의 게이트키퍼다. 아마존은 단순히 책을 대중에게 소개하거나 오디언스가 지식을 갖지 못하게 막을 수 있는 힘만 가지고 있는 게 아니라, 문화의 생산을 근본적으로 바꾸고 싶어한다. 베이조스는 혁명에 대한 야망을 이렇게 자랑스럽게 말한다. "어떤 테크놀로지도 영원하지 않다. 책처럼 아름다운 테크놀로지도 예외는 아니다."[15]

제프 베이조스는 《워싱턴포스트》를 인수한 직후에 다음과 같은 지시를 내렸다. 《워싱턴포스트》 신문사는 기자, 디자이너, 엔지니어를 많이 고용할 수 있지만, 편집자는 안 된다. 이 지시는 나중에 완화되기는 했지만, 그는 편집의 가치를 믿지 않는다. 그런 편견은 베이조스가 출판계와 전쟁을 벌이면서 생긴 것으로 보인다(《뉴욕타임스 매거진》의 기사에 따르면 베이조스는 《워싱턴포스트》 기사의 문장에서 모음을 빼보는 실험을 해보자고 제안했다고 한다.).

제프 베이조스가 《워싱턴포스트》를 인수한 지 그리 오래되지 않았기 때문에 그의 실험을 판단하기에는 아직 이르다. 그가 인수한 후 《워싱턴포스트》가 크게 개선되었다는 의견이 많다. 베이조스는 전통적인 저널리즘의 방법론을 철저하게 따르는 전설적인 특종 기

자 마티 배런(Marty Baron)을 편집장으로 유지했고, 《워싱턴포스트》
는 본연의 정치 뉴스와 공들인 탐사 보도에 충실하다. 하지만 동시에
베이조스는 《워싱턴포스트》를 반드시 아마존 회사로 탈바꿈시키겠
다는 의도를 내비쳤다. 《워싱턴포스트》의 웹 트래픽은 깜짝 놀랄 만
큼 증가했지만, 한편으로 그런 성장은 자극적인 헤드라인과 과장 섞
인 주장으로 대중적인 관심을 유도한 가벼운 기사들 때문이기도 하
다. 어쩌면 싸구려 기사가 훌륭한 저널리즘을 먹여 살리는 방식을 통
해 저널리즘에 접근하는 두 가지 방법이 공존할 수 있을지도 모른다.

　베이조스가 《워싱턴포스트》를 살려냈다고는 해도 너무 좋아해
서는 안 된다. 정보를 다루는 과점기업의 숫자는 매년 조금씩 줄어들
고 있기 때문이다. 한때 워싱턴에는 일간 신문이 네 개 있었다. 그러
던 것이 (1980년대) 레이건 행정부 때에는 《워싱턴포스트》와 많이 읽
지 않는 우익 신문, 두 개로 줄어들었다. 하지만 그것도 흔치 않을 정
도로 많은 수준이었다. "21세기 초에 이르러 99.9퍼센트의 일간 신문
이 그 도시에서 독점 기업인 상황이 되었다."[16]는 것이 미디어 비평
가 벤 백디키언(Ben Bagdikian)의 설명이다. 그가 집계를 시작한 이후
로 깜짝 놀랄 만큼 많은 숫자의 종합 일간지가 문을 닫았다. 1980년
대만 해도 미국의 지역 매체와 전국 매체를 망라한 대형 미디어 기
업들이 모인 컨벤션을 하면 작은 연회장을 채울 수 있을 수준이었지
만,[17] 1990년대 말에 이르면 회의 테이블에 모두 둘러앉을 수 있을 만
큼 적은 숫자만 남게 되었다.

　미디어 합병이 이루어지던 초기, 기업들이 이상적인 모델이라
고 생각한 것은 '타임워너'였다. 잡지사와 음반사, 케이블 뉴스 채널,

영화사, 프리미엄 영화 채널, 출판사, 케이블 TV도 모자라 (결국 실패
했지만) AOL까지 합병해서 거느리고 있었기 때문이다. 엔터테인먼트
는 대형 비즈니스이기는 하지만 예측하기 힘든 비즈니스이기도 하
다. 성공하기 위해서는 「해리포터」나 「배트맨」 같은 대형 블록버스
터가 나와서 선전해줘야 한다. 하지만 그런 성공은 규칙적으로 만들
어낼 수 있는 게 아니고, 「더스틴 호프만의 사막 탈출(Ishtars)」 같은
흥행 참패작이 나오는 경우를 피할 수 없다. 따라서 미디어 기업들은
위험을 분산하려 한다. 불가피한 흥행 실패를 겪고도 살아남기 위해
서는 위험한 거액 투자를 한 작품을, 같은 엔터테인먼트 업계에서 좀
더 꾸준히 성과가 나는 비즈니스와 먼 훗날 일어날지 모를 시너지
효과를 기대하며 섞어두어야 한다.[18]

　　미디어 기업들의 합병은 미국 정부가 규제를 완화한 결과이기
도 하다. 조지 W. 부시 정부 때까지만 해도 그레이엄 가문 같은 언론
사 사주가 지역에서 얼마나 큰 권력을 가질 수 있는지에 대한 제한
이 존재했다. 공화당이 그 법률을 개정하기 전에는 FCC(미국연방통신
위원회)가 지역 신문사는 그 지역 텔레비전 방송국을, 또는 지역 텔레
비전 방송국은 그 지역 신문사를 인수할 수 없도록 금지했다. 합병
의 결과로 미디어의 숫자가 줄어들 경우, 그것이 아무리 작은 규모라
고 해도 일단 불허하는 것이 그 연방 정책의 골자였다. 규제 기관이
나 판사는 불허의 이유를 "발언의 다양성"을 보장하기 위해서라고
했다. 미국 연방 대법원은 수정헌법 제1조°가 미디어 기업, 특히 방

° 언론과 출판, 집회의 자유 등을 막는 법 제정을 금지하는 조항—옮긴이

송사가 독점 사업자가 되지 못하게 하는 충분한 근거가 된다고 판단
했다. 1969년 바이런 화이트(Byron White) 대법관은 "가장 중요한 것
은 방송 사업자들의 권리가 아닌, 시청자와 청취자의 권리"[19]라고 말
했다. 그들의 권리를 보호하기 위해 미국 정부는 루퍼트 머독에게 폭
스와 제휴한 보스턴의 지역 방송사를 인수하고 싶으면《보스턴헤럴
드》를 매각하도록 했다. 정부는 또한 같은 이유로 그레이엄 가문의
라이벌인 조 얼브리튼(Joe Allbritton)이《워싱턴스타》와 지역 방송사
를 함께 소유하는 것을 불허했다.

　　물론 이런 규제를 완벽한 것으로 착각해서는 안 된다. 그 안에
도 많은 구멍이 존재하기 때문에 '트리뷴' 같은 회사가 시카고의 미
디어 시장을 장악하기도 한다. 하지만 정부의 그런 규제 때문에 거대
한 언론사를 꿈꾸는 기업들이 타 매체의 인수를 쉽게 생각하지 못했
던 것이 사실이다. 미국 정부는 심지어 전통적인 출판사의 합병도 쉽
게 허용하지 않았다. 1960년 랜덤하우스가 앨프리드A.크노프 출판
사를 인수[20]했다는 소식을 들은 아이젠하워 행정부의 법무장관 윌리
엄 로저스(William Rogers)는 그 인수가 어떤 영향을 미칠지 알아보라
고 지시했을 정도다(합병의 결과로 생기는 회사가 시장에서 차지하는 비율이
1퍼센트를 넘지 못한다는 이야기를 들은 로저스는 인수를 허용했다.). 몇 년 후
출판업계의 공룡인 '타임-라이프'가 랜덤하우스를 인수하려고 시도
했다가,[21] 법무부에서 좋아하지 않는다는 이야기를 듣고 포기하기도
했다.

　　하지만 21세기에 들어오면서 그 모든 장애물이 사라졌다. 어느
당이 집권하더라도 대형 미디어의 탄생을 문제삼지 않았다. 정부 기

관이 규제하지 않았던 데다가 새로운 테크놀로지가 등장하면서, 과거에는 상상할 수 없었던 초대형 미디어 기업의 탄생이 가능해졌다. 과거에는 미디어가 서로 다른 물길을 따라 흘렀다. 라디오는 우편과 무관했고, 우편은 영화관과 아무런 관련이 없었다. 하지만 인터넷의 등장과 함께 모든 물길이 합쳐져 디지털이라는 하나의 폭포에서 만나게 되었다. 우체국과 텔레비전과 스테레오와 신문이 모두 같은 컴퓨터 모니터에 등장하게 된 것이다. 1990년대에는 이를 '컨버전스(convergence)'라고 불렀다. 업계에서는 금광을 발견했다고 생각했고, 그들의 생각은 틀리지 않았다.

하지만 그런 기회를 활용하기 위해서는 새로운 사고, 새로운 기업 조직이 필요했다. 단순히 출판사와 잡지사, 영화사를 가지고 있다고 해서 의미 있는 대형 미디어가 되는 것이 아니기 때문이다. 타임 워너가 무시무시해 보였지만 업계에서 두려워했던 것만큼, 혹은 투자자들이 기대했던 것만큼 시장을 장악하지 못했던 이유가 거기에 있다. 각각의 영역에서 막강하고 수익을 내는 매체들을 한 지붕 아래 모아두고 맨해튼의 본사에서 관리를 하는 것 이상은 의미가 없었다. 때로는 그 자회사들이 같은 고층 빌딩에 입주해 있기도 했지만, 약속했던 시너지 효과는 텅 빈 슬로건에 불과했다.

아마존과 구글이 과거 대형 미디어의 실패를 반복하지 않을 수 있었던 비결은 테크놀로지였다. 테크 기업들은 다양한 미디어를 유기적으로 결합했고 일관된 하나의 비즈니스 안에 통합시켰다. 책과 텔레비전, 신문을 전부 하나의 홈페이지 내에서 단 한 번의 클릭으로 들어갈 수 있었다. 아마존은 단순히 텔레비전 프로그램을 만들고 책을 발행하는 기업이 아니라, 다른 모든 미디어 기업들이 많은 오디언스에게 도달하기 위해서 반드시 사용해야 하는 매장이기도 하다. 아마존이 만드는 기기를 무시할 수 있는 출판사나 영화사는 많지 않다. 아마존은 우리가 보고 듣고 읽는 미디어 경험을 자신들의 웹사이트에서 모두 해결하기를 원한다.

　과거의 게이트키퍼들이 항상 잘했다고는 할 수 없지만, 적어도 세상에는 많은 게이트키퍼들이 존재했다. 다수의 게이트키퍼는 민주주의의 기반이 된다. 하지만 아마존이 생각하는 미래에는 오로지 하나의 문(게이트)만이 존재한다. 제프 베이조스는 누구나 그 문으로 들어갈 수 있다고 하지만, 출판업계는 이미 한 기업의 변덕에 생존 여부가 달려 있다. 베이조스가 설령 선한 의도를 가진 독점기업가라고 해도 그것은 두려운 미래상이다.

6장 │ 테크 기업의 밀실 거래
BIG TECH'S SMOKE-FILLED ROOM

민주주의에 있어 알고리듬은 새롭게 제기되는 문제다. 테크 기업들은 행동심리학을 동원해서 사용자들에게 선한 행동을 유도할 수 있다는 사실을 거리낌없이 자랑한다. 사용자가 클릭을 하고, 글을 읽고, 물건을 사고, 심지어 투표에 참여하도록 유도할 수 있다는 것이다. 테크 기업들이 이용하는 방법이 강력한 이유는, 그것이 사용자인 우리 눈에 보이지 않기 때문이다. 우리는 정보가 어떻게 우리를 유도하도록 패턴화되는지 모른다. 실리콘밸리는 세상을 투명하게 만들고 있다며 거창한 구호를 외치지만, 그들이 주장하는 투명성은 자신들에게는 적용되지 않는다.

다른 업종이라면 그런 비밀을 밝히지 않는 것이 그리 큰 문제가 되지 않을 수도 있다. 하지만 지식 독점 기업은 우리가 사는 민주주의에 독특한 권력을 행사할 수 있다. 그들은 단지 특정 책의 흥행을 결정짓는 정도가 아니라, 공화국의 운명에 영향을 미친다. 우리에게 전달되는 정보를 취사선택해서 특정 이슈나 정치인에 대해 우리의 견해를 형성하는 데 영향을 미칠 만한 결정을 내린다. 자유 시장

경제를 옹호하는 보수주의자들이라도 글과 사상의 흐름을 제어하는
권력이 기업들에 집중되어 있다는 사실을 우려할 것이다. 그런 권력
이 아주 오래 전에도, 그리고 얼마 전에도 노골적인 방법으로 남용되
었던 역사가 있기 때문이다. 인터넷이 등장하기 전에 소식을 빨리 전
달하는 매체는 전신(telegraph)이었다. 어느 책에서는 전신을 "빅토리
아 시대의 인터넷"[1]이라고 부르기도 했지만, 전신이 얼마나 오랫동
안 중요한 역할을 했는지 오늘날에는 상상하기 어렵다. 라디오나 우
편처럼 다른 오래된 소통 수단들은 여전히 사용되고 있는 반면, 전신
은 더 이상 작동을 멈추고 역사 속으로 사라졌다. 다른 기술과 달리
전신은 세상의 변화를 버티고 살아남을 만한 필요성도, 과거에 대한
향수로 간직할 만한 매력도 가지고 있지 않다. 세상에서 마지막으로
전신이 사용된 것은 2006년이었는데, 사람들은 그 퇴장을 슬퍼하지
않았다.

　하지만 사람들이 사라진 것을 눈치채지 못했다고 해서, 이 기술
이 과거에 누렸던 영광스런 역사가 잊혀져서는 안 된다. 전신은 인류
최초의 전자 커뮤니케이션이었다. 전신을 사용하면 정보를 국경을
넘어, 그리고 나중에는 바다 건너까지 눈 깜짝할 사이에 전달할 수
있었다. 전신이 처음 등장했을 때 사람들은 정보를 전달하는 속도와
거리에 열광했다. 월드와이드웹이 등장했을 때 열광했던 것과 별반
다르지 않았다. 19세기의 지식인들은 새롭게 등장한 이 기술이 시간
과 공간의 한계를 무너뜨리고, 넓은 세상을 한 동네로 좁혔다면서 찬
사를 보냈다. 1844년 새뮤얼 모스(Samuel Morse)가 워싱턴에서 볼티모
어로 첫 전신 메시지를 보낸 후에 그 발명이 가져올 중대한 변화에

전율했다. 그가 보낸 메시지는 '신이 하신 일을 보라?(What Hath God Wrought?)'°였다.

　　사람들이 모스의 질문에 대한 답을 깨닫기까지는 수십 년의 세월과 한 번의 끔찍한 전쟁을 거쳐야 했다. 에이브러햄 링컨이 전신기를 처음 본 것은 대통령에 당선되기 3년 전이었지만, 대통령이 된 후에 그는 전신 기술에 중독되다시피 했다. 남북전쟁 중 링컨은 미국 전쟁부(War Department, 미국 국방부의 전신) 건물 지하에 머물면서 전방에 있는 장군들에게 명령을 내리곤 했다. 링컨에게 전신은 아주 직접적이고 효과적인 명령 수단이었다. 기나긴 전쟁 기간 동안 링컨의 북군은 2만 4000킬로미터가 넘는 전신선을 깔았던 반면, 남부의 반란군은 고작 1600킬로미터의 전신선을 설치하는 데 그쳤다. 이는 전술적으로 커다란 이점으로 작용했다. 병력과 수송 물자를 필요한 지역으로 이동하도록 재빨리 명령을 내릴 수 있었기 때문이다. 전쟁이 끝난 후에는 전신 시스템이 전국적으로 확대되어 상품의 가격과 뉴스를 빠른 속도로 전달했다. 그렇게 만들어진 네트워크를 가장 잘 활용할 수 있었던 기업이 웨스턴유니온이었다. 그리고 이 기업은 그후 100년 동안 전신 시장을 지배하게 된다.

　　웨스턴유니온의 전신 시장 독점은 기업이 홀로 이뤄낸 것이 아니다.[2] 전쟁이 시작되기 전부터 이미 정부의 도움을 받았다. 의회는 동부와 서부를 전선으로 연결하기 위해 강력한 인센티브를 만들어

ﾟ 『구약성경』「민수기」 23장 23절에 등장하는 표현이다. "야곱을 해할 사술이 없고 이스라엘을 해할 복술이 없도다. 이때에 야곱과 이스라엘에 대하여 논할찐대 하나님의 행하신 일이 어찌 그리 크뇨 하리로다."—옮긴이

냈다. 전신선 연결을 위해서 연방 정부 소유의 땅을 무료로 이용할 수 있게 했을 뿐 아니라, 동부와 서부의 연결 사업이 완료된 1861년 에는 웨스턴유니온에게 40만 달러의 성과급까지 지급했다. 그렇다 고 웨스턴유니온이 경쟁 기업에 비해 기술적으로 우위에 있었던 건 아니다. 그저 기회가 왔을 때 잡았던 것 뿐이다. 후에 전신 시장에 경 쟁자들이 나타나자 웨스턴유니온은 약자들을 합병해서 거대한 독점 기업이 되었다.

미국 정부의 규제 제도가 이제 막 등장하던 당시만 해도 웨스턴 유니온을 제어할 만한 독점금지법이 존재하지 않았다. 정치적인 공 격은 있었지만, 웨스턴유니온은 이리저리 잘 피했다. 영국은 1870년 에 자국의 전신 시스템을 국유화해서 우편 제도에 포함시켰다. 당시 미국 대통령이었던 율리시스 S. 그랜트(Ulysses S. Grant)도 여러 정치 인들과 함께 전신의 국유화를 고려했다. 1866년부터 1900년까지 미 국의 우체국 전신 시스템을 인수하도록 발의된 법안만 무려 70개에 달했다.[3]

따라서 웨스턴유니온이 성공하기 위해서는 정치적 논의의 방식 을 통제할 수 있어야 했다. 웨스턴유니온은 미국 의원들을 자신들에 게 유리한 쪽으로 끌어들이기 위해 때로는 뻔뻔스런 방법들도 동원 했다. 1920년대까지만 해도 전신 비용이 너무 비싸서 기업들만 사용 할 수 있었지만, 웨스턴유니온은 연방 의회 건물에 전신선을 깔아서 선출직 의원들에게는 아무런 돈을 받지 않고 무제한으로 전신을 사 용할 수 있게 해주었다. 웨스턴유니온이 보관하고 있는 당시 보고서 에는, 그렇게 하는 것이 워싱턴의 비판론을 잠재울 수 있는 "가장 저렴한 방법"이라고 적혀 있다.

공짜로 사용할 수 있는 전신 서비스는 일차적인 방어막에 불과했고, 웨스턴유니온이 동원한 다른 방법들에 비하면 상대적으로 깨끗한 축에 속했다. 정말로 웨스턴유니온을 보호해준 것은 언론이었다. 정확하게 말하면, 웨스턴유니온은 AP(Associated Press)통신과 든든한 동맹 관계를 맺었다. 그런데 AP 역시 그 업계에서 독점적인 지위를 차지하고 있었다. 미국 전역의 신문사에 끊임없이 기사를 제공함으로써 신문사들이 큰돈을 들이지 않고 지면을 채울 수 있게 해준 것이다. 대부분의 미국 신문사들은 워싱턴이나 유럽에 자체 특파원을 보낼 수 없었는데, AP의 특파원 네트워크가 그 공백을 메워주었다. 한 연구에 따르면, 서구 신문들이 발행하던 기사의 80퍼센트[4]가 AP에게서 받아쓴 것이었다. 신문사들은 AP에 의존했고, AP는 그것을 잘 활용했다. 특정 신문사가 자신들의 서비스를 이용하려면 다른 통신사는 이용하지 못하게 했고, 서비스를 이용하는 신문사가 AP에 대한 나쁜 기사를 쓰지 못하게 했다.

이는 탐나는 사업 모델이었으니, 웨스턴유니온이 AP를 인수하고 싶었던 것도 당연했다. 하지만 하나의 독점 기업이 또 다른 독점 기업을, 그것도 더 막강한 권력을 지닌 독점 기업을 인수하는 일은 모양새가 좋지 않았다. 그래서 웨스턴유니온은 훨씬 더 멋진 해결책을 찾아냈다. 두 기업이 서로를 보호해주기로 밀약을 맺은 것이다. 웨스턴유니온은 자신들의 전신선을 AP가 독점적으로, 그것도 할인된 가격에 이용할 수 있게 해주었고, AP는 그 대가로 자신들의 기사를 받는 언론사는 "어떠한 경우에도 웨스턴유니온에 반대하는 자들이나 경쟁 기업을 지지 또는 지원할 수 없다"[5]고 계약서에 못박았다. 두 기업은 명백하게 서로 이권을 주고받았다. 웨스턴유니온에 대해 나쁘게 보도하는 신문사는 AP의 서비스를 받지 못하도록 내쳐졌다. 《오마하 리퍼블리컨》이라는 신문은 배짱 좋게 웨스턴유니온이 "부담스럽고" "극악무도한" 독점 기업[6]이라고 보도했다가 AP의 기사를 받지 못하게 되었다. 독점 기업들의 동맹은 유효했다. 폴 스타(Paul Starr)는 미디어의 역사를 다룬 자신의 저서에서 "영국의 전신회사들과 달리[7] 웨스턴유니온은 언론사를 옆에 끼고 있었다. 이는 반대 여론을 잠재우는 데 큰 도움이 되었고, 궁극적으로 (우편 서비스로 통합된) 영국의 전신사들과 같은 운명을 피할 수 있었다"고 했다.

　　당시 AP통신에게 공익을 위해 일한다는 책임 의식은 별로 없었다. AP의 기록보관소에는 당시 AP가 제보와 취재 등으로 알게 된 공화당원들 사이의 불법 행위에 대한 기록이 수두룩하다. 하지만 AP 경영진 자신들이 확고한 공화당원이었다. AP 경영진이 아무런 양심의 가책이나 죄책감을 느끼지 않고 공화당 지도부의 범법 행위를 열심히 덮어주었음을 보여주는 대화 기록들이 생생하게 남아 있다.

　　많은 정치평론가나 기자들이 자기가 지지하는 후보를 당선시키고 싶어한다는 사실은 의심의 여지가 없다. 하지만 아직 모양새도 갖추지 못한 진흙 덩어리 수준의 후보를 데려다가 언론의 힘으로 승자를 만들어내는 식의 엄청난 일을 실제로 해낼 수 있었던 것은 AP통신밖에 없다. AP통신의 서부 지부를 이끌던 윌리엄 헨리 스미스(William Henry Smith)는 작고 생기 없어 보이는 사람이었는데, 1876년 선거에서 자기 친구인 러더퍼드 B. 헤이스(Rutherford B. Hayes) 오하이오 주지사를 대통령으로 당선시키겠다고 마음먹었다. 하지만 헤이스는 대통령 선거의 승리는커녕 공화당의 당내 경선에서도 승리를 장담할 수 없었다. 한 기자는 그를 가리켜 "아무도 관심을 갖지 않는 삼류"[8]라고 부르기도 했다. 하지만 그래도 그에게 아직 발현되지 않은 자질이 있다고 믿은 언론은 막강한 화력으로 그를 밀기로 했다.

스미스는 AP통신을 이용해서 헤이스 후보에게 위대한 이미지를 입히는 작업을 했다. 잘 알려진 공화당 정치인들에게 헤이스가 가진 최고의 자질을 설명하는 멋진 추천사를 써달라고 부탁하고, 그 추천사들을 AP통신 기사를 거쳐 전국 곳곳의 신문에 실리게 했다. 또 헤이스에게 크게 불리한 이야기가 불거지면 AP가 막강한 힘을 이용해 반박해주었다(스미스는 영리한 사람이었기 때문에 헤이스의 경쟁 후보들에게 불리한 루머를 그와 아무런 관련이 없는 신문사에 흘렸다.). 그 선거에서 AP의 프로파간다가 너무나 분명했기 때문에, 사람들이 AP(Associated Press)를 "헤이소시에이티드 프레스(Hayesociated Press)"라고 불렀을 정도다.[9]

헤이스의 선거 운동은 미국 정치사에서 가장 치열한 싸움 중 하나로, 헤이스는 경선에서 무려 7번의 투표 끝에 공화당 대선 후보가 될 수 있었다. 당내 경선에서 그렇게 힘겹게 이겼다는 것은 곧 다가올 어려움의 전조였다. 본 선거에서 헤이스는 민주당 새뮤얼 틸든(Samuel Tilden) 후보에게 무려 25만 표나 뒤처졌다. 헤이스는 패배를 시인하려다가 마음을 고쳐먹었다. 《뉴욕타임스》의 편집장이 민주당의 미국 남부 운동원들 사이에 오간 대화에서 얻은 정보를 전해주었기 때문이다. 민주당 내부에서는 헤이스 캠프가 미국 남부 세 개 주의 개표 결과를 자세히 들여다보지 않은 것에 대해 안도의 한숨을 쉬고 있었다. 자칫하면 순위가 뒤바뀌어서 그 주들의 선거인단이 헤이스에게 갈 수도 있었기 때문이다. 이 이야기를 전해 들은 헤이스는 패배를 인정하지 않기로 했다. 그로부터 4개월 동안 선거 결과를 둘러싼 치열한 공방이 펼쳐졌다. 이대로 가다가는 폭력 사태는 물론, 제2의 남북전쟁이 벌어질지 모른다는 공포감이 확산되었다. 그 기간 내내 웨스턴유니온은 스미스에게 민주당 전략가들이 전신으로 주고받는 내용을 가감 없이 엿듣게 해주고, 스미스는 그렇게 얻어진 정보를 헤이스에게 전달했다. 그 정보의 도움으로 공화당은 민주당 틸든 진영의 전략을 압도했다.

AP통신의 경영진은 밀실에서 선한 의도를 가진 신중한 사람들 사이의 협상에 개입해 방향을 잡아주었고 공정한 결과가 나오도록 도우려 했다는 것이 AP의 주장이다. 하지만 돌이켜보면 그렇게 해서 나온 결과는 끔찍했다. 헤이스는 공화당이 남부에서 연방군을 철수하기로 한 후에야 승리할 수 있었다. 결국 헤이스 캠프는 인종 평등의 원칙 위에서 남부를 재건하려는 목표를 포기했던 것이다. 이러한 협상의 대가는 고작 AP가 원하는 후보를 백악관에 보내는 것이었다.

그런 술책이 다시 반복될 수 있다고 두려워하는 것은 지나친 걱정처럼 보일지도 모른다. 밀실 정치가 일반적이었던 100년 전에는 지금보다 그런 일이 일어나기 쉬웠던 것이 사실이다. 하지만 오늘을 사는 우리가 기억해야 할 교훈은 여전히 존재한다. 막강한 권력을 가진 기업주들은 항상 자기 이익을 생각하며 의도를 가지고 움직인다. 그런 그들에게 자기 이익을 보호하고 깊은 신념을 알리기 위한 수단이 있는데, 그걸 사용하지 않는 것은 오히려 인간적으로 힘든 일이다. 정치 프로세스에 몰래 개입할 수 있는 테크놀로지를 가지고 있다면 그런 유혹은 더욱 커진다. 이미 그런 일이 일어나고 있는데도 앞으로는 일어나지 않을 거라고 믿는 건 어리석은 일이다.

　내가 독점 기업을 직접 경험하게 된 것은 좋지 않은 시점에《뉴리퍼블릭》의 편집장으로 재직했기 때문이었다. 100년의 역사 동안《뉴리퍼블릭》에는 한 번도 CEO가 없었다. 공익을 위한 책무 또는 개인적인 만족을 위해 잡지사를 경영했던 사주들이 있었을 뿐이다 (흑자를 낸 적이 딱 한 번 있었는데, 그걸 축하하기 위해서 피자 파티를 한 번 열었다가 그 파티 때문에 적자가 났다.). 하지만《뉴리퍼블릭》의 새로운 사주이자 나의 보스인 크리스 휴스는 흑자를 내기를 원했다. 그는 자신은 그렇게 할 수 있는 사업 감각이 없으며, 그런 감각을 가진 사람을 데려오려면 그에 걸맞는 솔깃할 만한 직함이 있어야 한다고 대놓고 이야기했다.

　CEO의 C는 'chief' 즉, 수장을 의미하고, 이는 편집장을 해고할 수 있는 권한이 있음을 암시한다. 내게는 잡지사의 조직 구조 변화가 불안하게 느껴졌다(CEO가 생기기 전까지 나는 크리스에게 직접 보고하면 되었다.). 게다가 그 CEO가 취임한 후 편집장인 나를 만나기까지 2주나 걸렸다는 사실도 좋은 출발로 보이지 않았다. 물론 거기에는 그럴 만한 사정이 없지 않았다. 나는《뉴리퍼블릭》이 대대로 위치했던 워싱턴에서 일했고, 그는 잡지사의 경영 파트가 있는 뉴욕에서 일했다. 나는 그가 나를 만나지 않는 것은 도시 간의 먼 거리 때문이라고 믿고, 새롭게 바뀐 조직 구조 내에서도 잘 해내리라는 희망을 버리지 않았다.

하지만 처음으로 CEO를 만난 후에 내가 가졌던 확신은 사라졌다. 그의 이름은 가이 비드라(Guy Vidra)로, 다양한 스타트업에서 일했고, 그런 사람들이 흔히 그렇듯 운동용 스마트워치 핏빗을 손목에 차고 각진 안경을 끼고 짧은 수염을 기르고 있었다. 《뉴리퍼블릭》에 오기 직전에 그는 야후에서 근무했다. 그의 사무실에 들어서자 나는 완전히 다른 행성에 발을 디딘 느낌이었다.

나는 방에 놓인 낮은 가죽의자에 앉으면서 서로를 알아가기 위한 가벼운 대화를 바라며 그가 하는 모든 이야기에 수긍할 자세로 상체를 앞으로 기울였다. 내가 그 자리에서 해야 할 일은 그의 호감을 사고 내가 상업적인 측면에도 얼마나 관심이 많은지 보여주는 것이었다. 하지만 내가 그 일을 시작하기도 전에 그는 철재와 오동나무를 섞어 만든 자신의 책상 뒤에서 일어나더니 매직펜을 집어 들고 벽에 걸린 화이트보드로 걸어갔다. 그는 "내 생각은 이래요."라고 말하면서 잡지사의 편집 조직을 새롭게 만들 계획을 그리기 시작했다. 알 수 없는 화살표와 원이 잔뜩 그려졌다. 하지만 나는 그가 말하려는 게 뭔지 깨달았다. 비드라는 《뉴리퍼블릭》을 스타트업 정신을 갖춘 테크 기업으로 탈바꿈시키고 싶은 것이었다. 이를 위해서는 근본적인 변화가 필요했다.

잡지사 내에서 나는 과거에 대한 향수를 가진 전통주의자라는 평판을 받고 있었다. 나는 다 읽은 《뉴리퍼블릭》을 내 방 문 아래로 밀어넣어주셨던 아버지 덕분에 《뉴리퍼블릭》의 독자가 되었다는 이야기를 사람들에게 종종 했다. 그리고 그때는 지난 100년 동안 발행된 《뉴리퍼블릭》에서 기사를 골라 선집을 만드는 작업을 막 끝낸 상황이었다. 그런 평판 때문에 그는 내가 수익을 내는 일에 무관심한 사람이라는 인상을 갖고 있었다. 나로서는 억울한 일이었다. 물론 나는 그런 인상을 강화할 생각이 없었다. 하지만 잡지의 표지 기사들을 정하는 과정에서 재빨리 아마존에 대한 글을 하나 썼다.

그때는 2014년 가을이었고, 당시 아마존과 아셰트 출판사 사이의 계약 협상은 갈수록 악화되고 있었다. 어차피 독점 기업이 과점 기업과 싸우는 상황이었기 때문에 처음에는 큰 관심이 없었다. 어느 쪽에도 동정심이 생기지 않았기 때문이다. 하지만 나도 그 싸움에서 완전히 분리되어 있지 않다고 느낄 만한 상황이 벌어지기 시작했다. 아마존은 아셰트 출판사에 고통을 안겨주기 위해서 아셰트에서 책을 출간한 저자들에게 불이익을 주기 시작했다. 아마존은 저자들이 수년 동안 심혈을 기울여 작업한 산물인 책이 시장에 도달하는 것을 막고 있었다. 자신들이 가진 막강한 힘을 이용해서 책의 배달을 늦추거나 구매를 원하는 사람들에게 같은 주제를 가진 예전에 나온 다른 책들을 권하는 등 다양한 보복 방법을 동원했다. 저자들이 자신도 처할 수 있다고 생각하는 부당한 상황에만 공감하면 안 되지만, 나는 아셰트 출판사에서 책을 낸 적이 있었고, 그것만으로도 아마존이 판매를 막은 책의 저자들과 연대감을 느끼기에 충분했다.

내가 쓴 기사는 시위대의 구호 같은 제목을 달고 등장했다. 《뉴리퍼블릭》의 표지에는 '아마존을 반드시 막아야 한다(Amazon Must Be Stopped)'라는 제목이 커다랗게 쓰여 있었다. 나는 그 글에서 정부가 왜 아마존을 독점금지법 위반으로 제재해야 하는지 설명했다. 내 주장에 반응하는 사람들은 있었지만, 그 기사는 내 머리에서 금방 잊혀졌다. 다른 쪽에서 일이 터졌기 때문이다. 잡지사에서 살아남으려는 노력이 한계에 부딪치고 있었다. 어느 날 오후, 나는 여섯 개의 서로 다른 언론사 기자들로부터 내가 곧 해고될 거라는 소식이 사실인지 확인해달라는 이메일을 받았다. "불편할 질문이긴 합니다만, 그래도 여쭤봐야 해서……."

그 난감한 시점에 아마존이 《뉴리퍼블릭》에 불이익을 주기로 결정했다. 잡지사의 광고팀에서 아마존으로부터 받은 메시지에 따르면, 아마존은 자기들이 만든 정치 코미디 「알파하우스」의 광고를 《뉴리퍼블릭》에서 빼겠다고 했다. 그 편지는 아마존의 의도를 전혀 숨기지 않았다. "아마존에 관한 표지 기사를 검토한 결과, 아마존은 현재 《뉴리퍼블릭》에 게재 중인 「알파하우스」 광고를 종료하기로 결정했습니다. 이 메시지를 수신했는지 확인해주시기 바랍니다."라는 메시지 끝에는 보낸 이가 "아마존 팀"이라고 적혀 있었다.

나는 크리스 휴스에게 광고를 취소한 건을 두고 아마존과 일전을 벌일지 문의했지만, 그는 잠자코 있으라는 짧은 메시지만 보냈다. 불행히도 이미 나는 한 친구에게 아마존이 보낸 메시지를 포워딩한 상태였다. 그런데 그 친구는 너무 흥분한 나머지 내게 묻지도 않고 그 메시지를 《뉴욕타임스》에 포워딩해버렸다. 내가 그 논란을 조용히 덮기도 전에 《뉴욕타임스》 기자 하나가 크리스에게 그게 사실인지 묻는 이메일을 보냈다. 내가 자기 명령을 무시했다는 생각으로 크리스가 잔뜩 화가 나 있는 동안 나는 미국을 가로질러 샌프란시스코로 가는 비행기 안에서 환장할 만큼 느린 기내 와이파이로 내 친구에게 그 문제를 제발 덮어달라고 사정하는 이메일을 열심히 쓰고 있었다. 내 목에 칼날이 내려오는 소리가 들려오는 것 같았다.

　지식 독점 기업들에 대해 지나치게 과장해서는 안 된다. AP통신이 19세기에 했던 행동은 극단적인 경우에 해당한다. 대부분의 언론 재벌들은 대통령 선거를 조작하려 하지 않고, 대개는 지엽적인 문제에 관심이 있다. 그런 점에서 그들은 다른 대기업들과 다르지 않다. 그들은 규제를 없애고 싶어하고, 세금을 적게 내기를 원하며, 정부의 개입으로부터 자기 기업을 보호하고 싶어하고, 이윤이 생길 것 같으면 정부의 보조금을 받고 싶어한다.

　하지만 그럼에도 불구하고 지식 독점 기업들은 일반 대기업들과는 다르다. 모든 저자와 미디어 기업들, 출판사의 생존이 지식 독점 기업들에 달려 있기 때문에 그들은 자신들이 받을 비판을 억누를 수 있는 독특한 힘을 소유하고 있다. 손가락 하나 까딱하지 않고 반대자들을 물리칠 수 있다. 그들의 규모가 너무나 크기 때문에, 그러니까 그들이 생각을 유포하는 시장의 거의 대부분을 장악하고 있다는 사실 때문에, 그들을 비판하는 것은 자살 행위처럼 느껴질 때가 많다.

　아마존에 관한 기사를 쓴 후 나는 비평가에서 활동가로 변신했다. 작가 길드°와 함께 연방통상위원회와 법무부를 찾아가 아마존의 규모로 인해 생기는 폐해를 논의했다. 작가들이 안전하게 워싱턴으로 가서 아마존에 반대하는 의견을 개진할 수 있도록 그런 회동들은

° Authors Guild. 저자, 작가들의 이익을 대변하는 미국의 이익 단체—옮긴이

비공개로 열렸다. 나는 정부를 상대로 아마존에 대한 불만을 털어놓을 수 있는 작가라면 공개적으로도 그렇게 할 수 있으리라 생각했다.

　　내가 제프 베이조스의 힘을 심각할 정도로 과소평가한 것이 바로 그 대목이었다. 나와 함께 중도좌파에 해당하는 싱크탱크에서 아마존에 관한 컨퍼런스를 준비하던 사람들 중 몇몇이 돌연 겁을 먹었다. 책 발간을 앞두고 있는 저자들로, 이 문제에 이름이 엮여서 그동안 심혈을 기울인 책을 위태롭게 할 수는 없었던 것이다.　그렇게 겁을 먹은 건 그들만이 아니었다. 우리는 대기업들과의 싸움에 익숙한 변호사에게 컨퍼런스 연설을 부탁했는데, 그의 답은 "개인적인 이유 때문에 이번에는 힘들 것 같습니다."였다. "제 딸이 그동안 책을 준비해왔고, 출판 에이전트가 그 원고를 곧 여러 출판사들에 보내려는 중입니다. 행사를 하는 중에 이 책에 대한 심사를 할 텐데, 요즘 출판사들은 아마존이 무슨 보복을 할지 몰라 극도로 두려워합니다. 제가 이 행사에 참여해서 연설을 하면 출판 결정에 영향이 있을 것 같습니다. 그래서 지금 시점에서는 조용히 있어야 할 것 같습니다." 그의 논리가 너무나 놀라워서 나는 한 출판 에이전트에게 전화를 해서 그 얘기를 전해줬다. 그 에이전트는 지난 몇 년 동안 기자들에게 아마존에 반대하는 이야기를 거침없이 했던 사람임에도 불구하고, 그가 내게 하는 말에는 패배감이 어려 있었다. 전화를 끊기 직전에 그는 마지막으로 내게 이렇게 말했다. "노력할 만큼 하셨잖아요, 이제는 선생님도 본인 이익을 생각하셔야 합니다."

　　사람들이 아마존을 공개적으로 비판하지 못하는 것은 아니다. 《뉴욕타임스》는 아마존에 대해 열심히 보도한다. 그리고 개인이 비판하는 것이 두려울 때는 힘을 합쳐서 하기도 한다. 활동가들이 아마존을 비판하는 연판장을 돌리자 많은 작가들이 나서서 서명하기도 했다. 하지만 현재의 독점 상황을 방치한다면, 미래는 지금보다도 훨씬 암담해 보인다. 설사 아마존이 성자처럼 행동한다고 할지라도, 그 규모만으로도 심각한 위협이 된다. 《워싱턴포스트》를 보면 용기가 싹 가시리라. 베이조스가 인수한 이후로 《워싱턴포스트》는 《뉴욕타임스》가 하는 만큼의 철저한 보도를 하지 못하고 있다. 베이조스는 《워싱턴포스트》가 세상의 다른 모든 것을 비판하는 것처럼 자신도 비판할 수 있어야 한다고 선언할 수도 있었지만, 하지 않았다. 따라서 《워싱턴포스트》는 베이조스와 관련해서는 몹시 조심스럽게 보도하고 있고, 베이조스도 그런 태도를 좋아하는 것처럼 보인다.

　　지금 당장은 작은 문제처럼 보일지 모르지만, 아마존은 계속 성장하고 있고 그 야망도 날로 커져가고 있다. 하늘에 드론을 가득 띄우고 싶어하고, 각국 정부에 필요한 핵심적인 테크 기반시설을 제공할 계획이 있다. 아마존은 미래의 직장과 미래의 경제뿐 아니라 미래의 문화가 어떤 바탕에서 만들어질지 결정할 것이다. 그렇기 때문에 아마존이 가진 힘은 단순한 사안이 아닌, 모두가 논의해야 할 중요한 문제다.

　　하버드 대학교의 법학교수인 조너선 지트레인(Jonathan Zittrain)은 다음과 같은 가상의 시나리오를 만들었다.[10] 박빙의 승부가 예상되는 선거가 있다고 가정해보자. 마크 저커버그에게는 꼭 이겼으면 하고 간절하게 바라는 후보가 있다. 그런데 우리가 알다시피 페이스북은 선거 당일에 유권자들에게 시민의 의무를 일깨우는 메시지를 사용자의 뉴스피드에 조심스럽게 삽입함으로써 사람들을 투표소로 보내서 투표율을 높일 수 있다고 주장한다. 그 실험이 성공했다는 것은 단순히 페이스북의 홍보가 아니라, 사회과학 조사에서 검증된 사실이기도 했다. 지트레인 교수의 시나리오 속에서 저커버그는 또 한 번의 투표 독려 캠페인을 하기로 한다. 하지만 이번에는 모든 유권자에게 투표를 독려하는 것이 아니라 원하는 집단만 골라서 하기로 한다. 페이스북은 이미 사용자들이 어떤 포스트에 '좋아요'를 눌렀는지에 대한 정보를 바탕으로 어떤 사용자가 어떤 정치적 성향을 가지고 있는지 잘 알고 있다. 페이스북은 또한 사용자가 속한 선거구를 알고 있다. 그렇다면 페이스북은 모든 사용자들에게 투표를 독려하는 대신, 저커버그가 지지하는 후보에게 투표할 사람들만을 겨냥해서 투표 독려 캠페인을 전개할 수도 있는 것이다.

테크 기업이 선호하는 후보가 있다는 것은 어제오늘 얘기가 아니다. 구글 회장 에릭 슈미트는 2012년 미국 대선 당시 버락 오바마의 재선 운동에 뛰어들었다. 단순히 선거운동에 기부금만 낸 것이 아니라, 아예 캠페인에 깊숙이 관여해서 인력을 뽑고 테크 팀의 구성을 도왔다. 그가 뽑은 전문가들은 대량의 데이터를 분석해서 전에는 볼 수 없었던 수준의 정확도로 유권자들을 겨냥할 수 있었다. 오바마 캠페인을 이끌었던 데이비드 플루프(David Plouffe)는 "선거 당일 밤에도 에릭은 선거운동원들과 함께 일하고 있었다."[11]고 했다. 오바마의 재선은 그런 노력이 만들어낸 결과였다. 선거 후 블룸버그 뉴스는 "오바마 캠페인에서 일했던 사람들에 따르면, 그런 방법을 적용한 결과

오바마 캠프가 사용한 5억 달러 예산의 효율성을 15퍼센트 높일 수 있었고, 이는 돈으로 환산하면 수천만 달러를 절약한 셈"이라고 보도했다.

　에릭 슈미트는 그냥 단순히 프리랜서로 일한 것이 아니다. 구글은 나중에 슈미트가 재선 운동을 도왔던 내용을 '오바마의 선거운동본부, 데이터에 기반한 빠른 의사 결정을 민주화하기 위해 구글 애널리틱스를 이용하다'라는 제목으로 사례발표를 했다. 이 보고서는 사람들의 관심을 끌지는 못했지만, 선거 결과에 구글이 얼마나 중요한 역할을 했는지 자랑스럽게 소개했다. "선거 운동 초기부터 (오바마 캠페인은) 웹, 이메일, 광고팀에서 새로운 지지자들이 더 적극적인 지지 세력이 되고, 더 나아가 정기적인 후원자가 되도록 만드는 요소가 무엇인지 이해하도록 구글 애널리틱스를 사용했다."[12] 구글은 오바마 선거운동본부가 구글 데이터의 도움을 받아 유권자들이 대선 토론회에서 후보들이 주장한 내용을 확인하고 선거일이 다가오면서 지지 후보를 결정하려고 할 때 특정 정보들을 보게 만들 수 있었다고 자랑한다. "구글 애널리틱스의 리얼타임 리포트는 선거운동본부가 유권자들이 궁금해하는 것이 무엇이고 그들의 관심이 무엇인지 들여다볼 수 있게 해주었고, 검색 광고를 통해 그들에게 답을 직접 전달할 수 있게 해주었다." 구글은 오바마 캠페인의 성공에 자신들이 얼마나 기여했는지를 숨기지 않는다. "선거 당일의 결과가 모든 것을 말해준다. 거의 모든 격전지가 대통령의 수중에 들어오는 완벽한 승리였다."

　테크 기업들이 선거 결과를 바꿀 수 있다는 사실은 굳이 최악의 시나리오를 가정해보지 않아도 알 수 있다. 에드워드 스노든(Edward Snowden) 사태에서 우리는 그다지 대단한 실력을 갖추지 않은 프로그래머라도 보안이 잘 된 시스템을 뚫을 수 있음을 목격했다. 매리어스 밀너(Marius Milner)라는 구글의 엔지니어[13]는 구글 지도 작성에 사용되는 자동차 장착 시스템 접근 권한을 남용하기도 했다. 구글은 그 자동차들이 미국 전역을 돌아다니며 찍은 사진들을 모아 붙여서 하나로 연결된 거리 모습을 만든다. 밀너는 그런 자동차가 지나다니는 길의 집들에서 와이파이 신호를 잡아 개인 데이터를 수집하도록 프로그래밍했고, 그렇게 수집한 데이터에는 심지어 이메일도 포함되어 있었다. 하지만 구글은 정부의 수사에 협조하는 대신 "고의적으로 (수사를) 방해하고 지연"시켰고, 그로 인해 연방통신위원회(FCC)에 벌금을 내야 했다. 구글이 투명성을 강조하고 권한 남용 방지를 약속한다 해도 신뢰하기 힘든 것은 바로 그런 일들이 벌어지고 있기 때문이다.

　검색엔진이 여론을 바꾸는 일은 어렵지 않다.《PNAS(Proceedings of the National Academy of Sciences)》저널에 게재된 한 연구는 구글이 작동하는 방식을 시뮬레이션을 통해 살펴봤다. 연구자들은 '카두들(Ka-doodle)'이라는 이름의 가짜 검색엔진을 만들고, 거기에 가상의 후보들이 등장하는 가상의 선거 상황을 보여주었다. 연구자들은 검색 결과를 계속 바꿔가며 피험자들의 의견을 물었다. 검색 결과가 등장하는 순서가 의견 형성에 큰 영향을 준다는 사실이 밝혀졌다. "모든 측정 결과에서 (피험자들의) 의견은 검색 순위에 유리하게 등장하는 후보 쪽으로 바뀌었다.[14] (후보에 대한) 신뢰도, 선호도, 투표 의향 모두가 예측 가능한 방향으로 변화했다."

　　과거에 우리는 비밀리에 사람들의 생각을 바꾸려고 하는 미디어의 시도를 절대 용납하지 않았다. 그것이 단순히 물건을 팔려는 시도라고 해도 마찬가지였다. 1973년 '후스커두?'라는 보드게임을 팔던 회사가 크리스마스 시즌에 판매를 늘리려고 TV광고를 만들면서[15] 화면에 "get it(사세요.)."이라는 말을 삽입했다. 너무 빨리 나타나고 금방 사라졌기 때문에 아무도 눈치채지 못했다. 하지만 광고회사의 사주는 직원들이 눈에 띄지 않는 메시지를 상부의 허가 없이 삽입했다는 사실을 발견하고 놀라서 방송사에 그 사실을 알렸다. 이 소식이 알려진 후 전 미국이 분노했다. 이처럼 '잠재의식을 건드리는(subliminal)' 메시지가 실제로 효과가 있다는 증거는 없지만, 그럼에도 불구하고 미국 정부는 잠재의식을 건드리는 메시지의 사용을 허용하지 않기로 했다. 이는 기만 행위이고 국민의 신뢰를 위반하는 행동에 해당한다는 것이다. '후스커두?' 소동이 있은 지 얼마 되지 않아 연방통신위원회는 잠재의식을 건드리는 메시지를 전달하는 것이 '국민의 이익에 반하는' 행위라고 결론지었다. 그러나 우리는 테크 대기업들의 성장과 함께 생각을 바꿨고, 우리의 행동을 무의식적으로 조종하는 행위가 더욱 정교해져도 용납하고 있다. TV에 등장해서 잠재의식을 건드리는 광고 메시지는 결국 아무 의미 없는 일이었던 반면에, 새롭게 등장한 행동과학 기법들은 강력한 효과가 있고, 그렇기 때문에 위험해질 가능성이 높다.

　　새롭게 등장하는 테크놀로지는 투명성을 약속하고 있고, 우리는 그런 투명성을 통해 책임 관계가 더욱 분명해지는 시대로 나아갈 것이라 기대한다. 하지만 지식 독점기업들은 사회를 그 반대 방향으로 이끌어가고 있다. 이 기업들은 겉으로는 개방적으로 보인다. 소비자들이 비판할 수 있는 공간, 소수의 의견도 마음껏 주장할 수 있는 공간, 인간 게이트키퍼가 존재하지 않는 공간으로 보인다. 하지만 자세히 들여다보면 구글, 페이스북, 아마존은 국가로 말하자면 이탈리아와 비슷해서, 권력이 어떻게 작동하는지 정확하게 알 수 없다. 규칙은 분명히 존재하지만 납득이 가도록 쓰여 있지 않다. 무의식적으로 영향을 받고 있다는 사실은 희미하게 느껴지지만 언제, 어떻게 영향을 받는지는 알기 어렵다. 어떤 종류의 정보에는 더 많은 무게가 실리지만, 왜 그런지는 명확하게 알 수 없다. 테크 기업들은 진보적인 가치를 주장하지만, 나쁜 정권과 타협을 하지 않으면 사업을 할 수 없음에도 불구하고 독재 국가의 시장에 진입하기를 간절히 원한다. 페이스북은 자신들이 표방하는 숭고한 가치에도 불구하고 필요하면 (외국 정부의) 검열 요구에도 응할 수 있음을 보여주었다. 이 기업들이 미국에서도 똑같이 행동할까? 미국 민주주의에 대한 위협은 이론적 가능성에 머무를 것이다. 하지만 그런 일이 생긴다면 사람들이 어떻게 알 수 있을까?

자기들이 주장하는 가치를 내면화하지(아니, 어쩌면 이해하지도) 못하는 일은 이런 테크 기업들 사이에 만연해 있다. 미국의 민주주의는 충분히 근거 있는 공포감, 즉 권력이 하나의 기관에 쏠리면서 나머지 모든 사람들이 피해를 볼 수 있다는 불안감 위에 세워졌다. 테크 기업들은 그런 공포감을 갖고 있지 않다. 그들은 우리의 삶에 더 깊숙이 개입할수록 더 좋다고 생각하며, 거기에는 아무런 제한도 없다. 물론 그 기업들이 자신의 힘을 걱정할 리는 없다. 그런 걱정은 우리의 몫이므로, 우리가 문제를 명확하게 인식해야 한다. 민주주의에 관심이 없는 기업들이 우리의 민주주의에서 지나치게 큰 역할을 차지하고 있다는 것이 우리가 직면한 문제이다.

2부

생각을 빼앗긴 세계

WORLD WITHOUT MIND

7장 바이럴 전염병
THE VIRALITY VIRUS

기자들은 본인을 이야기 전개의 중심에 두는 고약한 버릇이 있다. 이들은 자기들이 겪는 문제가 온 세상이 처한 문제라고 생각하며, 택시 기사와 나눈 대화가 사람들의 경험 일반을 모두 반영한다고 여긴다. 이 같은 자아도취 탓에 언론이 처한 곤경이 어느새 미국인들의 경제 생활을 상징하고 있다는 사실을 알아차리기가 쉽지 않다.

지난 세대에 걸쳐 언론은 서서히 잠식되었다. 요즘 뜨는 미디어 기업들은 자신들이 위대한 인쇄 미디어의 전통을 이어받았다고 생각하지 않는다. 그중 일부는 스스로를 테크 기업으로 규정하고 싶어 한다. 이 같은 새로운 정의는 유행에 따른 브랜딩이 아니다. 실리콘밸리는 언론의 내부와 외부에서 침투해 들어갔다. 지난 10여 년 동안, 페이스북과 구글에 대한 언론의 의존도는 병적인 수준으로 증가했다. 언론 기사를 읽는 오디언스 중 상당수가 테크 대기업들을 통해 들어오고, 따라서 언론사가 올리는 수익의 상당량도 테크 기업들로부터 나온다. 이로 인해 실리콘밸리는 언론 산업 전체에 영향력을 행사하며, 그 힘을 최대한 이용해왔다.

그렇게 의존하다 보니 필사적이 된다. 부끄러운 줄도 모르고 페이스북에서 미친듯이 클릭을 좇고, 어떻게든 구글의 알고리듬을 밝혀내서 검색 상위에 오르려고 노력한다. 그러다 보니 미디어는, 당장은 생존에 필요한 것처럼 보이지만 사실은 페이스북이나 구글이 더욱더 확고한 지배력을 행사하도록 허락하는 형편없는 거래에 서명하고 만다. 미디어는 페이스북에 광고를 판매할 권리를 내어주고, 구글의 초고속 서버에서 기사들을 직접 배포하도록 허락한다.° 이미 형편없는 거래 조건이었지만, 테크 기업들의 변덕 탓에 조건은 더욱더 나빠진다. 이들은 전략을 완전히 다른 방향으로 급선회하곤 하는데, 그런 변화가 테크 기업들의 수익에는 보탬이 되겠지만 이들 플랫폼에 의존하는 미디어 기업들에게는 끔찍한 일이다. 페이스북은 사용자들이 텍스트보다는 동영상을 선호한다고, 어려운 뉴스보다는 자신들의 평소 생각을 강화해주는 편향된 주장을 선호한다고 결정할 것이다. 페이스북이 이처럼 방향을 바꾸거나 구글이 알고리듬에 약간의 수정을 가하기만 해도, 즉시 미디어의 웹 트래픽은 급감하고, 그 결과 수익이 줄어든다. 미디어는 페이스북의 손아귀에서 벗어나야 한다는 걸 알고 있으면서도, 의존이 지속되다 보니 점점 더 겁을 먹게 된다. 죄수는 감방의 간이침대에 누운 채로 결코 실현하지 못할 탈출을 꿈꾼다.

거대 테크 기업에 대한 의존은 갈수록 노동자와 기업가의 고통

° 페이스북의 '인스턴트 아티클'에 대항해서 만든 구글의 AMP: accelerated mobile page를 말한다.—옮긴이

을 의미하게 되었다. 우버의 잦은 변덕 탓에 운전 기사들의 수면 패턴은 일정치 않다. 소소한 물건을 만들어 아마존에서 판매하는 기업들은,[1] 아마존의 알고리듬이 이익을 내는 품목을 발견하고서 그 기업의 물건을 아마존이 직접 만들어 더 낮은 가격에 팔기로 결정하는 순간 몰락하게 된다. 재무적인 취약성만 문제가 되는 건 아니다. 테크 기업들이 업무 패턴을 지배하고, 자기들 필요에 따라 특정 업계가 작동하는 방식을 바꾸도록 영향력을 행사하는 것이 문제다. 그 결과, 품질 기준은 낮아지고 도덕적 보호 장치는 조금씩 사라져간다. 나는 《뉴리퍼블릭》에서 일하면서, 가까이에서 직접 이 일을 겪었다. 테크 기업들에 의존한 결과 언론의 가장 중요한 본질이 어떻게 손상되는지 지켜보았다. 내 경력에서 새로운 장을 시작하는 시점에 그런 일을 겪게 될 줄은 꿈에도 생각지 못했다.

크리스 휴스는 신화에서나 나올 법한 구원자였다. 순수한 소년 같으면서도 엄청나게 부유하고, 지적인 호기심이 가득하면서도 예상 외로 겸손하고, 그러면서도 당당한 이상주의자였다. 《뉴리퍼블릭》에서 일하는 동안 줄곧 나는 그 같은 후원자를 꿈꾸었다. 여러 해 동안 잡지의 소유권은 이 그룹 저 그룹을 전전했고, 새로운 소유주들은 하나같이 이 잡지와 역사적 사명을 지켜내고자 애썼지만, 잡지의 미래에 투자할 자원이 부족했거나 온전히 헌신할 만큼 강한 신념을 갖추지 못했다. 우리는 계속 잡지를 찍어내면서도, 러시아의 어느 독점 재벌이나 특정 이데올로기에 매달리는 광신자에게 떠넘겨질지 모른다는 불안감에 늘 사로잡혀 있었다. 나는 끊임없이 후원자를 찾아내는 일에 지친 나머지, 2010년 잡지의 편집장을 사임했다. 1년 후, 《뉴리퍼블릭》은 또 다시 새로운 주인을 찾는 일에 나섰고, 바로 그때 크리스가 등장했다.

처음에 크리스는 이야기나 나누자며 나를 불러냈고, 우리는 커피를 들고 정해진 목적지 없이 워싱턴 시내를 돌아다녔다. 유난히 따뜻한 초봄의 어느 날이었다. 우리는 조지아 정교회 건물 돌계단에 앉았다. 크리스는 잡지를 인수한 후 처음 몇 주 동안 많은 사람들의 이야기를 들으러 다녔다. 그는 이 잡지에서 일했던 사람이라면, 또는 잡지에 대해 분명한 견해를 가지고 있는 사람이라면, 그 누구와도 이야기를 나누고 싶어하는 듯했다. 하지만 이야기를 하다 보니, 그가 내게 조언 이상의 것을 바란다는 게 분명해 보였다. 그는 내가 다시 편집장으로 복귀하기 바란다는 뜻을 내비치기 시작했다.

《뉴리퍼블릭》의 소유주는 언제나 나이 많고 부유하며 자기 견해가 분명한 남성들이었다. 흥미롭게도 크리스는 달랐다. 그는 28세였고, 배우려는 열망 덕분에 더욱 젊게 느껴졌다. "《뉴리퍼블릭》이 매물로 나왔다는 이야기를 들었을 때 저는 제일 먼저 뉴욕 공공 도서관에 가서 잡지를 읽기 시작했죠." 크리스는 내게 이렇게 말했다. 그는 서고에서 마이크로필름을 주문했다. 100년 역사의 잡지를 10년씩 나눈 후, 각 10년에서 1년치 분량을 골라서 읽어내려갔다. 리베카 웨스트(Rebecca West), 버지니아 울프, 에드먼드 윌슨(Edmund Wilson), 랠프 엘리슨, 제임스 우드(James Wood) 등 유명 작가들의 글이 실린 《뉴리퍼블릭》의 역사를 접하며 휴스는 가슴 설레는 상상에 빠져 지갑을 열기로 했다.

그는 대학 시절에 대한 기억이 별로 없다고 했다. 하버드 시절 룸메이트였던 마크 저커버그가 페이스북을 탄생시켰고, 그의 옆에 있었던 덕분에 휴스는 상상도 못했던 부를 거머쥘 수 있었다. 크리스는 페이스북의 첫 홍보 책임자가 되었다. 친구들은 실리콘밸리에 자리를 잡았지만, 크리스는 하버드가 있는 케임브리지에 남았다. 크리스는 그런 사람이었다. 페이스북에 대해 이야기할 때는 그다지 관심 없다는 투로 말했고, 그게 그의 은근한 매력이었다. 어느 저녁 자리에서 "저는 그 사이트에서 그닥 많은 시간을 보내지 않아요."라고 말한 적도 있었다. 그가 가진 부의 원천은 페이스북이지만, 그것만으로 그를 온전히 설명할 수는 없었다. 그가 진정으로 사랑했던 건 문학이었다. 그는 신혼여행을 가서 『전쟁과 평화』를 읽었고, 약속을 기다리는 자투리 시간에 발자크의 작품들을 프랑스어판 원서로 읽기도 했다. 소호에 있는 그의 아파트에 가보면 가죽 오토만 의자에 《뉴욕 리뷰 오브 북스》와 영어로 발간되는 온갖 종류의 문학 잡지가 무더기로 쌓여 있었다. 《뉴리퍼블릭》은 크리스가 하버드에서 보낸 학창 시절 딴 데 신경쓰느라 놓쳤던 교양과목 같은 경험이 될 것이었다.

수억 달러를 쌓아두고 있으면서도 크리스는 자기 재산에 무관심하거나 적어도 어떤 갈등을 느끼는 듯했다. 두 개의 대형 저택과 대형 펜트하우스를 소유하고 있다는 사실을 누군가 이야기하면 그는 얼굴을 붉혔고, 일주일 내내 똑같은 재킷을 입곤 했다. 언론이 그를 아주 호의적으로 다뤘기 때문에 굳이 언론과의 관계에 신경을 쓰려 하지도 않았다. 회의에서는 나서지 않고 조용히 있으려 했고, 오랫동안 《뉴리퍼블릭》 소유주들이 특권처럼 누렸던, 회의석상의 가장 높은 자리에 앉아 거들먹거리는 일을 질색했다.

　함께 교회 돌계단에 앉아 있는 동안 그는 잡지에 대한 계획을
펼쳐놓기 시작했다. 그의 계획은 인터뷰를 추가한다든지 북리뷰 분
량을 줄인다든지 하는 점진적 개선안을 뒤섞어놓은 것이라서 조금
막연하기도 했고 약간 자제한다는 느낌이 들기도 했다.

　"좀 더 대담하게 해보실 생각은 없으세요?"라고 나는 물었다.

　"어떻게 하면 더 대담해지는지 알려주세요."라고 크리스는 대
답했다.

　여러 달 지난 뒤에 관계가 틀어지긴 했지만, 초기에는 신나서
함께 일했다. 자신감 넘치는 외부인답게, 그는 기존의 통념에 맹목적
으로 따를 생각이 전혀 없었다. 《뉴리퍼블릭》웹사이트 리뉴얼에 착
수하면서, 우리는 변화의 추세와 오히려 반대 방향으로 가자고 했다.
트래픽을 늘리려 애쓰지 않았다. 오히려 우리 홈페이지는 그런 사고
방식을 적극적으로 거부했다. 중요도와 맥락에 따른 배치 없이 무한
정 이어지기만 하는 클릭 유도성 콘텐츠로 홈페이지를 채우고 싶은
충동에 굴하지 않으려 했다. 우리 잡지의 디지털 페이지는 미감과 유
한성을 소중히 여기고자 했다. 이를 위해 독자층을 확대하려는 야심
을 버리는 대신, 프로젝트의 이상주의를 당당하게 공표하고자 했다.
크리스는 이 프로젝트가 문화적 진지함과 롱폼 저널리즘(long-form
journalism)°을 지켜내는 일이라고 했다.

° 내러티브를 가진 르포 형태의 긴 기사—옮긴이

크리스는 낭만적 이상주의만으로 만족하지 못했다. 자신이 《뉴리퍼블릭》을 수익을 내는 기업으로 전환시킬 수 있을 거라 믿었다. 아니면 적어도 매출이 늘어나게 해서 언론에서 크리스가 성공을 거두었다고 보도하게 되면, 우리 잡지가 더욱 크게 인기를 끌 거라 생각했다. 하지만 수익에 관해 크리스가 했던 말은 완전히 진심은 아닌 듯했다. 그는 "광고를 파는 게 싫다."고 몇 번이나 내게 말했다. "지저분한 사업을 하는 듯한 느낌이 들거든요." 그리고 1년 넘게 아낌없이 돈을 썼다.

지금 생각해보면 우리가, 아니 정확하게는 크리스가 지출한 돈을 내가 좀 더 철저히 챙겼어야 했다. 그가 재무 상황을 자세히 들여다본다면 불만을 터뜨릴 게 뻔했다. 하지만 우리 둘 다 철저하지 못했다. 그는 최고급 입지에 사무실을 내고 비싼 돈을 들여 일급 컨설턴트를 고용하고 싶어하는 약점이 있었고, 나는 마치 돈 많은 뉴욕 잡지의 편집장이라도 된 것처럼 기자들을 세계 곳곳에 보내어 후한 인세를 주며 취재하게 하고 싶어하는 약점이 있었다. 크리스가 언제까지나 지갑을 열고 있지는 않을 것 같아서 나는 재빠르게 움직여 많은 직원을 고용했으며, 그들 중에는 몸값이 비싼 경력 많은 기자와 편집자들도 있었다. 그는 개의치 않는 것 같았다. "지금처럼 행복하고 성취감을 느껴본 적이 없어요." 크리스는 내게 이렇게 말하곤 했다. "함께 일하는 사람들이 친구들이니까요."

그러다가 그날이 왔다. 자금 사용이 결국 크리스의 눈에 띄었고, 당연히 그는 하루빨리 수익을 발생시켜야겠다고 생각했다. 크리스는 광고를 좋아하지 않았기 때문에, 광고회사에 잡지 광고 지면을 팔러 다니는 영업 인력에 많은 돈을 쓰려 하지 않았다. 결국 돈은 다른 곳에서 벌어야 했는데, 그 다른 곳이 바로 웹이었다. 트래픽이 급격히 증가한다면 수익이 발생해서 손실을 보전할 수 있을 것이었다. (우리는 프로그래머틱 광고에 매달리게 되었다. 이는 알고리듬을 사용하는 경매로, 광고가 어떤 사이트에 게재되든 상관 없이 광고주들이 적은 비용으로 원하는 오디언스 집단에 접근할 수 있는 방식이다.) 우리는 지난 10여 년 동안 미디어 역사에서 벌어졌던 고통스러운 전환기를 몇 달 동안에 속성으로 고스란히 겪게 되었다. 우리의 디지털 혁명은 너무나 급속히 이루어졌다.

크리스가 환상을 품고 나를 고용한 건 아니었다. 나는 비록 '슬레이트'°에서 출발했지만, 소위 말하는 '디지털 네이티브'가 아니었다. 웹은 재미있었고 트래픽 사냥은 나의 경쟁심을 자극했다. 하지만 나는 둘 중 어느 하나도 열렬히 바라지는 않았다. 반면에 크리스는 소셜미디어 창립 멤버였다. 본인이 그렇게 규정되는 걸 좋아하진 않았지만, 그는 디지털 미디어와 관련한 논의에 고정적으로 등장했다. 그는 트래픽이 얼마나 절실한 문제인지 이해하고 있었을 뿐 아니라 트래픽을 끌어올 방법도 알고 있었다.

트래픽을 늘리려면 새로운 사고방식이 필요했다. TV와는 달리, 신문과 잡지는 전략적으로 오디언스를 늘리는 일을 지저분하고 부패한 언론사나 하는 걸로 여기며 기피했다. 혹은 그런 식의 오디언스 확보는 영업직이나 관리직의 몫일 뿐, 기자나 편집자의 관심사가 아

° 미국 온라인 매거진의 1세대 격인 매체—옮긴이

니었다. 《뉴리퍼블릭》은 이런 신념을 고수하는 매체들 중에서도 극단적인 축에 속했다. 이 잡지는 미국의 문화적·정치적 수준을 높이겠다는 바람을 안고 진보의 시대 지식인들이 만들어낸 엘리트 잡지로 탄생했다. 《뉴리퍼블릭》은 탄생 후 수십 년 동안 컬트에 가까운 매체로서, 정치계의 내부 사정을 잘 아는 사람들의 글, 출간된 책에 관한 식자층의 생각을 읽고 싶어하는 소규모 독자 그룹을 만족시켰다. 이런 조합이었기 때문에 《뉴리퍼블릭》은 한 번도 대규모의 독자를 가져본 적이 없었다. 《뉴리퍼블릭》이 존재했던 역사를 통틀어 보더라도 독자수가 미시시피 대학교의 풋볼 경기장을 채울 만큼 되었던 적은 없었다. 그런데 느닷없이 우리는 수백만 명의 독자에게 도달할 수 있도록 웹사이트를 개편해야 했다. 엘리트주의를 버리고 대중이 있는 곳으로 찾아가야만 했다.

더 많은 오디언스가 분명히 도달 가능한 범위 내에 있다는 것이 언론이 받아들이고 있던 가르침이었다. 이 가르침은 수학 방정식으로 정리할 수도 있었다. 우리 시대의 윌리엄 랜돌프 허스트(William Randolph Hearst)°나 다름없는 '버즈피드'의 창립자 조나 페레티(Jonah Peretti)는 다음과 같은 방정식으로 이를 나타냈다.

$$R = Oz^{\circ\circ}$$

° 20세기 초 미국에서 많은 신문사와 출판사를 거느렸던 언론 재벌—옮긴이

°° 전염병학에서, z는 감염된 개인과 접촉한 사람수를 나타내며, O는 전염 확률을 나타낸다.—원주

이 공식은, 하나의 기사 콘텐츠가 어떻게 바이럴될 수 있었는지, 즉 어떻게 하면 소셜네트워크를 타고 마치 천연두가 북미 전역에 퍼져나갔던 것처럼 빠르게 수많은 오디언스에게 전달될 수 있는지 설명할 수 있다고 한다. 사실 페레티의 공식은 전염병학에서 차용한 것이다. 그는 의도적으로 과학처럼 보이는 방법을 차용했다. 실험을 하고 데이터를 주의깊게 읽는다면, 과학은 어떤 글이 가장 바이럴되기에 적당한지, 혹 바이럴되지 않더라도 최소한 많은 오디언스를 확보할 수 있는지 알려줄 수 있을 것이었다.

요즘 인기를 끌고 있는 웹 트래픽에 관한 과학적 연구는 사실 행동과학의 한 분야이다. 사람들은 길게 생각하지 않고 클릭을 하며, 어떤 글에 다른 글보다 더 끌리는 이유를 온전히 이해하지 못한다. 그들은 인지적 편향이나 비이성적인 힘에 의해 이끌리며, 반쯤은 무의식적으로 의사결정을 내린다. 그러므로 독자를 유인하기 위해서는 약간의 심리적 조종이나 설득을 몰래 섞어넣게 된다.

크리스는 '업워디'라는 사이트로부터 바이럴을 일으키는 과학을 습득했다. 그는 업워디 사이트가 시작할 때 자금을 지원해서, 인터넷 업계에 파란을 일으키는 데 일조했다. 업워디는 언론으로부터 "이렇게 빠르게 성장한 미디어 스타트업을 본 적이 없다."는 찬사를 받았지만, 정작 직접 만들어낸 오리지널 콘텐츠는 많지 않았다. 웹에 널려 있지만 대개는 잘 알려져 있지 않은 동영상과 사진, 그림을 추려낸 뒤 헤드라인을 붙여서 더 많은 오디언스의 흥미를 이끌어냈다. 이 콘텐츠는 "멋진" 콘텐츠와 "의미있는" 콘텐츠가 맞닿는 지점에서 진취적인 느낌을 주려 의도했다. 업워디는 다른 매체가 만든 원본을 가져다가, 바이럴을 일으키는 마술적 요소를 덧붙였다.

마술적이란 용어는 적절치 않다. 업워디는 과학적인 방법으로 바이럴을 추구했다. 심리학자들은 사람들의 마음에 호기심을 참지 못하는 상태를 만들어낼 수 있음을 발견했다. 사람들은 모르는 상태는 편하게 받아들이면서도, (자신이) 정보를 갖고 있지 않다는 느낌은 몹시 싫어한다. 업워디는 독자들이 잡힐 듯하면서도 손에 넣지 못하는 정보에 대해 거의 원초적 갈망을 느끼게끔 헤드라인을 고안했다. 업워디는 독자를 대놓고 애태우게 만드는 '호기심 격차(curiosity gap)' 라고 불리는 스타일을 개척했다. 이는 정보를 전부 제공하지 않고 남겨두어 독자가 스스로 한발 더 다가오도록 자극하는 방식이다. 전형적인 사례는 다음과 같다. "미국인 열에 아홉이 완전히 잘못 알고 있는 충격적인 진실." 600만 독자가 결국 참지 못하고 링크를 클릭했다(여기서 '충격적인 진실'이란 소득 불평등이 미국인들이 생각하는 것보다 훨씬 더 심각하다는 사실이다.).

물론 헤드라인이라는 것은 저널리즘의 긴 역사 속에서 발전해 온 기술이다. 하지만 업워디와 업워디를 흉내낸 많은 미디어들은 헤드라인의 효율성을 실증적인 방법으로 확인했다. 업워디는 같은 기사에 25가지의 다른 헤드라인을 작성한 후, 소프트웨어의 도움으로 그 25가지 헤드라인을 모두 발행했다. 그리고 그중 가장 클릭을 많이 받는 헤드라인을 찾아냈다. 이 결과들을 근거로, 업워디는 가장 많은 히트 수를 불러오는 구문 패턴을 찾아냈다(업워디는 "그러자 믿기지 않는 일이 일어났다."와 같은 문장을 변주해서 엄청난 성공을 거두었다.). 이 공식들은 대단히 효과가 커서 인터넷 어디에서나 흔히 볼 수 있게

되었다. 그러다 보니 너무 남용되는 바람에 독자들이 속임수를 가려
낼 수 있게 되면서 영향력을 상실했고, 매체들은 새로운 방법을 찾아
내기 위해 혈안이 되었다.

업워디, 버즈피드, 복스를 비롯해 새롭게 떠오른 인터넷의 인기
사이트들이 가진 아이디어의 핵심은 기사의 성공을 만들어낼 수 있
다는 점이었다. 데이터에 주의를 기울이면 많은 오디언스를 확보할
기사를 만드는 일이 가능하다는 것이다. 이는 업계에 널리 퍼져 있는
생각으로,《워싱턴포스트》와 같은 진중한 언론에서도 이를 받아들이
고 있다. 같은 생각이 《뉴리퍼블릭》에도 침투했다. 크리스는 바이럴
을 통한 히트 수를 생성해내기 위해 데이터 전문가를 직원으로 채용
했다. 그 데이터 전문가는 우리가 챙겨야 할 토픽들로 무장하고 주간
회의에 나타났다. 그는 우리가 인기에 편승하는 콘텐츠를 만들 수 있
도록 페이스북에서 화제가 되는 콘텐츠를 주시하고 있었다. 그는 축
적된 데이터를 다시 살펴보면서, 1년 전 이 시기에 대중이 좋아했던
콘텐츠가 무엇이었는지 찾아냈다. 그것을 바탕으로 우리가 이 시점
에 독자들이 관심 있어하는 기사를 생산해낼 수 있기 때문이다. "슈
퍼볼 광고가 인기가 좋아요."라고 그는 우리에게 말했다. "그 인기를
공략하려면 어떤 기사를 만들어야 할까요?"라든지, "치폴레 레스토
랑에 돼지고기가 떨어졌답니다. 소셜네트워크마다 그 내용이 쫙 깔
렸어요. 어떤 기사를 만들면 좋을까요?" 이런 질문이 나올 때마다 회
의실에는 분노에 찬 침묵이 흘렀다.

나는 그런 전략을 좋아하지 않았지만, 그렇다고 극렬히 저항하
지도 않았다. 크리스는 여전히 장문의 에세이와 심층 취재 기사를 발

행하도록 독려하고 있었고, 시시한 싸구려 글 몇 개 정도는 좋은 기사를 위해 치러야 할 작은 대가로 여겨졌기 때문이다. 더구나 그는 완벽하게 타당한 질문을 제기했다. 훌륭하다는 매체들도 같은 길을 가는 중이었다. 《타임》이나 《워싱턴포스트》가 우리보다 못해서 그랬겠는가? 그들도 모두 크리스가 '스낵 콘텐츠'라고 부르는 장르를 채택했다. 스낵 콘텐츠란 이제는 업계에서 통용되는 용어로, '직장에서 지루해하는 보통 사람들', 또는 지하철 승강장에서 시간을 때우고 있는 사람들의 흥미를 끄는 차트, 목록, 동영상, 짧은 꼭지 등을 뜻한다. 분명한 것은, 주제는 심각하더라도 표현 방식은 빠르게 볼 수 있고 재미도 있어서 페이스북에 퍼나르기에 적합해야 한다. 이런 종류의 콘텐츠를 만들어내야 한다는 크리스의 생각은 확고했다. 스낵 콘텐츠를 생성하는 방법은 너무도 분명했고, 만드는 데 (적어도 그가 생각하기에는) 별로 많은 시간이 걸리지도 않기 때문이었다. 우리는 다른 인터넷 사이트들을 따라 특정 시점에 똑같은 토픽에 달려들어서 다른 모두가 하는 것처럼 똑같이 분개하는 투의 기사를 쓰면 되었다. 자의식은 잠시 접어두고 다른 모두와 마찬가지로 TV프로그램 「더데일리쇼」°에서 똑같은 짧은 동영상 클립을 가져와서 눈길을 끄는 헤드라인과 잡지사로서의 양심을 지키는 시늉을 하는 정도의 짧은 기사나 분석을 한두 가지 붙이기만 하면, 클릭이 쏟아져 들어올 것이었다. 「더데일리쇼」의 진행자 존 스튜어트(John Stewart)가 하는 분노에 찬 발언은 늘 반응이 뜨거웠다. 이런 크리스의 논리를 반박하기는

° 미국 코미디센트럴 채널의 대표적인 뉴스 코미디쇼—옮긴이

어려웠다. 효과가 있었기 때문에 모두가 그렇게 했다. 우리도 안되는 일만 붙들고 있을 수는 없었다.

《뉴리퍼블릭》은 우리의 업을 재편하는 대세에 거스를 수 없었으며, 대다수 다른 매체들도 마찬가지였다. 저널리즘이 실리콘밸리의 변덕에 굴복한 것은 그만큼 튼튼하지 못했기 때문이다. 좀 더 관대하게 설명해보자면 이렇다. 저널리즘은 국가를 지탱하는 기둥이라고 스스로 자부한다. 그것이 사실이고 기둥의 역할을 한다고 해도, 저널리즘은 세운 지 오래되지 않은 기둥이기 때문에 땅에 단단히 고정되어 있지 않다. 미국의 신문들은 지난 250년 동안 존재했지만 저널리스트들이 당파적 편향성 없이 전문가적인 태도로 기사를 쓴다는 생각이 등장한 지는 채 100년도 되지 않았다.

최근까지만 해도 미국 언론의 역사는 승리와 진보의 역사였다. 미국의 언론은 특정 정파의 주장을 쏟아내는 것으로 시작했다. 《뉴욕타임스》나 《워싱턴포스트》 같이 자존심 강한 신문들조차 처음에는 독설로 가득했었다. (《워싱턴포스트》는 민주당을 대변하는 지면으로 시작했다. 공화당 출신 대통령 러더퍼드 헤이스를 '사기꾼 대통령'이라고 쫓아다니며 괴롭히기 위해 만들어진 것이나 다름없었다.). 하지만 당파성은 신문의 유아기에 해당했으며, 매체로서 존중을 받기까지는 선정주의라는 청소년기를 먼저 거쳐야 했다. 19세기를 지나면서 선정적 보도(yellow journalism)로 막대한 수익을 거두게 되자, 윌리엄 랜돌프 허스트나 조지프 퓰리처(Joseph Pulitzer) 같은 신흥 언론 재벌이 탄생했다. 범죄와 가십거리에 대한 과장되고 저급한 이야기에 화려한 그림과 노골적인 헤드라인이 더해졌다. 선정적 언론은 제법 많은 오디언스를 끌어들였다. 이 오디언스는 당시 공장에서 생산되어 도시의 백화점에서 팔리는 새로운 상품을 구매할 소비자이자 광고의 대상이기도 했다. "선정적 기사가 돈을 끌어들이면서 신문들은 정치적 당파성에서 벗어나게 되었다."[2]는 것이 언론학자 마이클 셔드슨(Michael Schudson)의 설명이다.

신문의 상업주의는 예상치 못한 기이한 결과를 가져왔다. 신문사들이 생존을 위해 시장에 의존하게 되자마자, 언론은 의식적으로 시장의 압력을 거부했다. 언론은 객관성을 역설하게 되었고, 언론의 임무는 다름 아닌 절대적 진실의 추구라고 선언했다. 이렇듯 새로이 고결함을 추구하게 된 데에는 사회학적인 설명이 가능하다. 광고 덕분에 신문은 폭발적으로 증가했고, 더불어 기자와 편집자의 숫자도 크게 늘어났다. 신문사에서 일하는 사람들은 자기들의 직업도 사회적으로 존경할 만한 직업의 반열에 들기를 바랐다. 신문사에서 글을 쓰던 사람들은 진실을 감추고 장황한 주장을 늘어놓는 일을 그만두고, 본인들이 현실을 충실히 전달하는 '기자'라고 생각하기 시작했다. 19세기 중반까지만 해도 인터뷰는 생소한 일이었지만, 1차 세계대전 즈음에는 기자들의 핵심 업무 중 하나가 되었다. 광고주들도 기자들의 전문가 정신을 좋아했다. 그들은 가능한 한 논란의 여지가 적고 사람들의 반발을 사지 않을 기사 옆에 제품 광고를 배치하고 싶어했다. 사주들은 신문을 취미 활동으로 생각했을지는 몰라도 사실 위주의 중립적인 보도라는 새로운 방식을 받아들이게 되었고, 그 결과 신문사들(과 사주들)은 새로운 정당성을 부여받게 되었다.

월터 리프먼이 1920년에 출간한 책 『자유와 뉴스(Liberty and the News)』는 그 시대의 기본 정신을 담고 있다. 《뉴리퍼블릭》의 야심만만한 젊은 편집장이었던 리프먼은 1차 세계대전을 지지했다. 하지만 이 전쟁을 바라보는 대중의 반응에 그는 경악했다. 윌슨 대통령의 군 동원령 이후 급속히 퍼진 야만스럽고 호전적인 외국인 혐오는 생각지도 못한 것이었으며, '폭풍 선동'으로 부추겨진 '야만 정치'[3]였다. 대중의 완전한 무지에 경악한 리프먼은 이를 언론의 탓으로 돌렸다. "서구 민주주의가 현재 겪고 있는 위기는, 정확한 의미에서 언론의 위기다."[4] 현대 생활은 어지러울 만큼 빠르게 복잡해졌고, 선전과 왜곡이 일반 시민들이 진실을 찾는 걸 방해했다. 자신이 엘리트주의자임을 숨기지 않았던 리프먼은 언론의 재창조야말로 사회에 가장 시급한 과제라고 여겼다. 이미 언론은 직업적인 전문성을 획득하는 방향으로 나아가고 있었지만, 리프먼은 더 빨리 나아가야 한다고 주장했다. 언론학과를 창설할 것과 새롭고 엄격한 기준을 요구하였으며, 무엇보다도 언론인 모두가 객관성이라는 이상에 헌신할 것을 요구했다.

2차 세계대전에서 벗어나자마자, 신문들은 마치 대리석 건물처럼 영원 전부터 존재해온 듯한 분위기를 풍기기 시작했고, 자신들은 늘 변함없이 그 같은 숭고한 목적의식을 가지고 일했다는 듯 행동했다. 스스로를 그렇게 중요한 존재로 생각하게 되면서 나타난 현상이 바로 유료 독자들을 부차적인 존재로 여기기 시작한 것이다. 로버트 단턴(Robert Darnton)은 1960년대에 《뉴욕타임스》에서 기자로 일했던 시절을 다음과 같이 회상했다. "우리는 정말 다른 기자들 보라고 기사를 썼습니다……. 우리가 쓴 기사에 제일 먼저 반응할 사람들이 동료 기자들이라는 걸 알고 있었으니까요. 기자들이 가장 열혈 독자였기 때문에, 매일매일 동료들 앞에서 우리의 실력을 새롭게 검증 받아야 했죠. 인쇄물을 통해서 동료들에게 자기를 드러내는 일이었으니까요."[5] 그 덕분에 미국 언론은 유달리 냉정함을 유지할 수 있었다. 다른 나라의 언론과 달리 미국 신문은 부정부패와 선정주의에 물들지 않고 잘 버틸 수 있었다. 이는 하나의 강한 신념이었으나, 이런 신념은 이제 사방에서 가해지는 압박으로 혹독한 시험대에 올랐다.

21세기 초에 이르자 언론은 고사 위기에 처했다. 거듭되는 불경기로 매체들은 디지털 미래에 사활을 걸어야 하는 상황에 처했다. 이 디지털 미래에 느리고 관료주의적인 인쇄 미디어가 설 자리는 없었다. 위기의식과 함께 찾아오는 기회를 감지한 매체들은 오래된 뉴스룸을 빠르게 재편했다. 10년 동안 언론 업계가 해고한 기자와 편집자의 연봉 총합은 16억 달러(한화 약 1조 8000억 원)에 달한다.[6] 그러는 과정에서 언론은 쪼그라들었고 언론의 위상은 무너졌다. 한 조사에 따르면, 신문 기자는 별채업자와 가석방 죄수 관리인을 근소한 차이로 누르고 미국 최악의 직업에 등극했다.[7] 언론은 이제 스스로의 존재 이유를 다시 생각해야 하는 존폐 위기에 내몰렸다. 독립성을 지키기 위해 만들어진 방법들은 어느새 비용 문제로 감당할 수 없는 사치처럼 보이게 되었고, 기자들은 더 이상 예전처럼 매출에 무관심할 수 없게 되었다.

이는 위험한 변화였다. 언론사는 진정으로 공공의 이익을 위한 적이 없었다. 그건 편집자와 기자들이 스스로 만들어내어 믿고 있던 신화에 불과했다. 그럼에도 그 신화는 중요했다. 언론은 그 신화 덕분에 권력을 비판할 수 있었고, 독자의 변덕에 굴복하지 않을 수 있었으며, 언론에 필수적인 객관적 공정성을 유지할 수 있었다. 그런 역할을 해왔던 신화가 이제 해체되고 있는 중이다.

새로운 시대의 상징 하나가 《뉴리퍼블릭》에서 일하는 동안 내 일상을 사로잡았다. 그것은 하루 온종일 나를 괴롭히며 따라다녔다. 나는 자리에 앉아 일하려 할 때마다 슬쩍 그것을 엿보았다. 아침에 잠에서 깨면서 들여다 봤고, 몇 분 후 양치를 하면서 또 들여다봤고, 오후에 소변기에 서서도 그랬다. 어떤 때는 글을 편집하다 멈추고도 들여다 봤고, 내 책상 건너편에 앉아 있는 사람은 안중에 없이 측정기 바늘이 돌아가고 있는 것을 멍하니 바라보기도 했다. 독자수는 그저 내 희망사항에 불과할 때가 많았다. 나는 숫자가 급상승하여 내게 뛰어난 글을 가려내는 재주가 있음을 입증해 주길 바랐다.

나를 지배한 주인은 '차트비트'라는 이름의 사이트였다. 이 사이트는 편집자와 기자들, 그리고 그 윗사람들에게 웹 트래픽 수치를 실시간으로 제공했다. 모든 개별 기사의 독자 수가 깜빡거리며 표시되었다. 이 사이트가 암시하는 바는 분명했다. 언론은 경쟁이며, 인기 투표라는 것이다. 사이트의 눈금을 보고 있노라면, 우리 잡지가 자동차 같다는 생각이 들었다. 형편없는 트래픽이 나오는 날에는 언덕을 힘겹게 올라가는 듯했고, 반대로 수치가 잘 나오는 날에는 미끄러지듯 가볍게 달리는 느낌이었다.

그런데 이것은 미국 직장에서 흔히 벌어지는 이야기이다. 애널

리틱스(analytics, 데이터/정보 분석)는 우리 시대의 경영 혁명이다. 우리
는 숫자로부터 배울 수만 있다면 효율성과 생산성을 높이는 기초 데
이터가 도처에 널린 세상에서 살고 있다. 이는 차트비트나 그와 유사
한 다수의 경쟁 서비스들이 사실상 거의 모든 잡지, 신문, 블로그를
장악하고 있는 이유이다. 어떤 기사도 트래픽이 '충분히' 나왔다고
할 수 없으며, 글을 조금만 수정하고 더 나은 헤드라인을 달고, 더 나
은 소셜미디어 접근법, 더 나은 주제, 더 나은 주장을 사용하면 트래
픽을 더 늘릴 여지가 항상 존재한다는 것이 차트비트를 사용하는 이
유였다. 스톱워치를 들고 공장의 조립 라인에 서 있는 작업반장처럼,
차트비트와 그 비슷한 서비스들이 뉴스룸을 떠돌았다. 《워싱턴포스
트》는(내가 떠난 이후에는 《뉴리퍼블릭》도) 커다란 TV 스크린을 설치해
서 트래픽 통계를 직원들이 볼 수 있게 했다. 조나 페레티는 "버즈피
드에서 우리가 했던 중요한 일은 버즈피드 직원 모두에게 대시보드
를 준 것이다.[8] 직원들은 자신이 만들어낸 콘텐츠에 사람들이 어떻
게 반응하는지 보고 있다. 반응이 올라가는지 떨어지는지를 확인하
게 한 것이다."라고 자랑스럽게 말했다.

　인터넷에서 생겨난 이들 미디어 대기업에게는 저널리즘이 오래
지켜온 객관성을 유지할 인내심이 없다. 그렇다고 그들에게 위대한
저널리즘에 대한 욕심이 없는 것이 아니다. 버즈피드, 바이스, 허핑
턴포스트는 모두 포스트모더니즘 시대를 대변하는 언론이 되고 싶
어한다. 따라서 뛰어난 취재에 투자하고 일급 기자들을 채용한다. 하
지만 신흥 미디어 대기업들은 시장의 압력을 거부하지 않는다. 많은
오디언스를 확보하여 웹의 인기 투표에서 승리를 거두는 것이 그들

의 핵심 목표이다. 그들은 웹에서 일어나는 무한 루프의 피드백, 즉 끝없는 데이터 흐름을 받아들여서, 그것에 따라 편집 기준을 세우고 취재 자원을 배분한다.

    예를 들어 버즈피드는 한때 '비난하는 기사는 쓰지 않는다(no haters.).'는 전략을 가지고 있었다. 그들은 부정적인 이야기는 바이럴을 촉발할 가능성이 없다고 결론을 내렸다. 항상 그렇듯 조나 페레티는 이 점을 명확하게 설명했다. "어떤 글이 우울한 내용을 담고 있으면 사람들은 읽은 후에 공유하지 않습니다……. 그 글을 읽고 나면 우울해지니까요……. 친구들에게 좋지 않은 기분을 전파하는 거나 마찬가지인데, 무엇 때문에 친구들에게 그런 기분을 퍼뜨리고 싶겠어요?" 거액의 소송에 걸려 문을 닫은 '고커'를 만들고 운영했던 사악한 천재 닉 덴턴(Nick Denton)이 남긴 말은 훨씬 더 명확하다. "누구도 지겨운 야채를 먹고 싶어하지 않죠. 자기 돈을 써가면서 사람들에게 야채를 먹으라고 독려하려는 사람도 없구요. 하지만 어쨌든 저를 보세요. 저는 공산권 붕괴 후 동유럽의 정치 개혁을 취재했죠. 그게 옥스퍼드 대학교에서 제 논문 주제였거든요. 이제는 기자들에게 말하죠. 가치 있는 기사라고 해서 수치(독자 수)가 올라가지는 않을 거라고요. 우린 루퍼트 머독이나 배리 딜러 같은 거물에 관한 기사도 젊은 여성들과 흥청거리는 사진이 없으면 쓰지 못해요(저도 소싯적에는 이런 이야기들을 꽤 좋아했었는데 말이죠. 그땐 인터넷 수치 측정도 없을 때였지만요.)."[9]

    이런 방법은 천박하긴 해도 성공적이다. 《뉴욕타임스》가 공공연하게 버즈피드의 성공에 군침을 흘리는 걸 보면 그 영향력을 알 수 있다. 3년 전,《뉴욕타임스》는 「혁신 보고서(Innovation Report)」라는 내부 문서를 정리했다. 비공개로 작성된 문서였지만 나중에 신문사 밖으로 유출되어 인터넷에 퍼진 이 보고서는 종이 신문이 인터넷상에서 적극적으로 경쟁하지 못하는 것을 혹독하게 비판했다.《뉴욕타임스》가 기술적으로 뛰어난 사이트를 구축했다는 점을 고려하면, 다소 심할 정도로 자책하는 내용의 문서였다. 하지만《뉴욕타임스》가 그토록 긴장할 만한 이유가 있었다.《뉴욕타임스》는 웹의 인기 경쟁에 뛰어들었으면서도 그 사실을 알아채지 못하고 있었다. 버즈피드처럼 열성적으로 데이터와 애널리틱스를 이용하지 못했으며, 이는 인터넷을 충분히 이용할 수 있는 방법을 찾지 못했다는 뜻이기도 했다. 웹에서 간혹 이례적으로 많은 히트 수를 내기도 했지만, 그런 히트 수를 다시 복제해낼 수 있는 모형(템플릿)을 만들 생각은 하지 못했다. 무엇보다도 이 신문은 오랜 저널리즘 정신에 매달려서, 이익을 추구하는 일이 진실 추구에 독이 되지 않을까 두려워하느라 사업적인 측면을 외면했다. "가장 시급한 일은, 우리가 사용하는 '넘어서면 안 되는 장벽'이나 '정교 분리' 같은 비유를 의식적으로 폐기해야 한다는 것이다. 그런 비유는 우리 내부에 지속적으로 분리를 유지하려는 욕구가 존재함을 보여준다."[10]고 「혁신보고서」는 진단했다.

이 보고서는《뉴욕타임스》의 보수적 가치를 제대로 지적했고, 우리는 이 사실에 감사해야 한다.《뉴욕타임스》가 버즈피드와 같은 지향점을 향해 발을 내딛었기는 하지만, 급격한 변화를 피해 여전히 전 세계에서 가장 훌륭한 신문이라는 지위를 유지하고 있다. 하지만 문제가 되는 것은 시류에 순응하여 쓰레기로 전락하는 속도가 아니다. 오로지 직업적 규범만이 언론을 보호할 수 있다는 점이 중요하다. 윗선으로부터의 잔소리와 압박이 지속되면 그런 규범은 가루가 되어 사라질 수 있다. 그 규범이 사라지는 순간, 언론은 끝이다.

현재 미디어 시대에 가장 중요한 용어는 '트렌딩(trending)'이다. 페이스북과 트위터가 현재 퍼져나가고 있는 중인 화제거리들의 목록을 트렌딩이라는 이름으로 제공한다. 또한 거대 미디어 조직들이 갖추고 있는 훌륭한 분석 도구들—가장 대표적으로 '크라우드탱글(CrowdTangle)'이라는 서비스—은 화제가 되고 있는 토픽을 인기가 상승하기 시작하는 시점에 알려준다. 어떤 이야기가 일단 주의를 끌게 되면 미디어는 맹목적으로 몰려든다. 미디어들은 그 주제에 대해 미친 듯이 반복해서 기사를 생산하고 대중이 흥미를 잃을 때까지 클릭수를 쥐어짠다.

인상적이었지만 참으로 쉽게 잊혀진 예가 있다. 미네소타 사냥꾼이 '세실'이란 이름의 사자 사체를 앞에 두고 웃는 얼굴로 자랑삼아 찍은 사진은 320만 건 이상의 이야기를 만들어냈다. 모든 뉴스 미디어들이 달려들어—심지어 《뉴욕타임스》와 《뉴요커》까지도—집단적인 히스테리를 만들어내서 트래픽을 긁어모으려고 했다. 눈에 띄기 위해서는 타 매체와는 전혀 다른, 아니 조금이라도 다른 관점에서 같은 이야기를 다뤄야 했기 때문에 매체들은 이런 제목들을 내세웠다. 복스: "닭고기를 먹는 게 사자 세실을 죽인 것보다 도덕적으로 더 나빠". 버즈피드: "한 심령술사가 사자 세실과 이야기를 나눠봤더니”.《아틀랜틱》: “사자 세실부터 기후 변화까지—분노의 퍼펙트스톰”. 그렇게 덧없이 잊혀질 스토리를 자세히 평하는 덧없이 사라질 기사들이 이어졌다.

어떻게 보면 과거에 미디어 업계에서 같은 이야기에 일제히 덤벼들던 습관이 디지털 시대에 맞게 확대되었을 뿐이다. 미디어가 독자들의 도덕적 분노를 철저히 이용하는 것이다. 하지만 지금은 소셜 미디어가 금전적 이익을 미끼로 매체들에게 클릭 수 쥐어짜기에 뛰어들라고 등을 떠민다. 구독자가 아무리 적은 잡지라도 스토리를 능숙하게 포장할 수만 있다면, 바이럴을 일으켜 수백만 명의 독자를 끌어들일 수 있다. 고급 독자를 대상으로 한 매체들도 아무런 거리낌없이 유행하는 주제에 관한 기사를 뚝딱뚝딱 양산해낸다. 그저 약간의 학술적 주장이나 좀 더 정교한 주장만 덧입힐 뿐이다. 따라서 결과물은 전혀 독창적이지 않다. 헐리우드에서처럼 과거의 성공을 조심스럽게 흉내내는 정형화된 생산물에 예산과 시간이 아낌없이 투입된다. ‘복스미디어’와 ‘버지’를 만든 조슈아 토폴스키(Joshua Topolsky)는 이렇듯 서서히 진행되는 미디어의 동질화를 개탄했다. “모든 미디어가 똑같은 외양과 똑같은 글로 똑같은 독자들을 끌어오려고 경쟁하는 듯합니다.”[11]

문제는 미디어가 단순히 실리콘밸리의 기업들에 의존하는 데에 그치지 않고, 실리콘밸리의 가치에 의존한다는 점이다. 테크 기업들과 똑같이, 언론은 맹목적으로 데이터를 숭배하게 되었다. 그리고 숭배의 대상이 된 데이터는 언론을 변질시켰다. 기자들과 매체의 경영진은 원하면 얼마든지 다른 주장을 펼칠 수도 있다. 그들은 선택적으로 수치들을 무시하고서 끈질기게 숭고한 진실과 고귀한 관심사를 추구함으로써 그 같은 정보에 굴하지 않는 시늉이라도 낼 수 있다. 하지만 데이터는 판도라의 상자이다. 기자들이 어떤 콘텐츠가 효과 있고 어떤 스토리가 트래픽을 가져오는지 알게 되고 나면, 그들은 그런 것들을 쫓는다. 이게 바로 시류에 편승한다는 것이며, 거기에는 끔찍한 결과가 뒤따른다.

그런 시대의 정점에 바로 도널드 트럼프가 있다. 그는 미디어가 그 어느 때보다도 대중이 원하는 것을 들려주려 한다는 점을 이해했다. 대중은 무의식적 성향과 편견을 이용하는 한 편의 서커스 같은 것을 원한다. 미디어가 트럼프의 난폭한 언행을 경멸하는 입장을 취할 때조차, 트럼프를 대단한 인물이자 그럴싸한 후보자로 광고해준 셈이었다. 여러 해 동안 미디어는 오바마 대통령이 미국의 영토 밖에서 태어났다는 트럼프의 이론을 펌프질해서 퍼뜨렸다. 그건 완전히 헛소리였는데도 말이다. 미디어는 트럼프가 일찍이 이민자들에 대해 퍼뜨렸던 중상모략을 끊임없이 주목받게 해주었다. 이런 도발이 피해망상과 증오를 얼마나 북돋울지 분명하게 이해하고 있었는데도 그랬다. 그러다가 트럼프가 정말로 후보자가 되고 나자, 미디어는 트럼프를 다룰 수밖에 없게 되었다. 그러나 트럼프를 그런 자리에까지 이르게 한 것도 미디어였다. 트럼프에 대한 이야기들은 신처럼 떠받들어지는 데이터를 만족시켰고, 매체의 수익으로 직결되는 트래픽을 만들어냈다. 처음에는 사자 세실 같던 트럼프가 결국에는 미국의 대통령이 되었다.

풍부한 데이터는 저널리즘의 특성 자체를 바꾸었다. 저널리즘
은 마케팅하고 테스트하고 다시 수정해야 하는 상품으로 변해버렸
다. 어쩌면 미디어는 언제나 이런 식으로 생각을 해왔을 것이다. 그
렇지만 이런 충동이 언제나 존재했다고는 해도 최소한의 완충장치
가 있었다. 잡지와 신문은 자신들이 하나의 완성된 간행물을 발간하
는 하나의 조직이라고 생각했지, 페이스북, 트위터, 구글에서 거래되
는 수십 개의 서로 무관한 글을 발행하는 조직이 될 거라고는 생각
하지 않았다. 오늘날 언론의 오디언스는 더 커졌을지 몰라도 사고 구
조는 작아졌다. 과거에는 여러 기사들을 한데 묶어 팔다 보니, 지적
인 자유가 허용되었다. 독자들이 아동 빈곤 문제를 다루는 기사나 남
수단에서 일어나는 일에 대해서는 알고 싶지 않다고 해도 상관없는
일이었다. 자기들이 읽지도 않을 기사를 발행했다고 독자들이 언론
사를 탓하지는 않았다. 좀 더 정확하게 말하자면 지금 당장 읽지 않
고 건너뛴다 하더라도, 언론사가 자신이 그런 기사를 읽고 싶어할 거
라 판단했다는 사실만으로도 독자는 으쓱한 마음이 들었다. 편집자
들은 고매하고 현실과 동떨어진 기사들이 나오더라도 '지면 구성'에
는 원래 그런 기사가 꼭 들어가 있어야 한다며 정당화했다.

　이제 모든 배치는 손익 분석에 따라 결정된다. 이 기사는 투자
한 만큼 트래픽을 일으킬 수 있는가? 이런 분석은 대개는 무의식적
이고, 완곡한 표현에 녹아들어 있지만, 때로는 의식적이고 분명하게
드러난다. 편집자들이 "굳이 이만한 노력을 들일 필요가 없는" 아이
디어라고 결론을 내리거나, 기사가 관심을 끌지 못할까봐 걱정하는
것이 바로 그런 생각들 때문이다.

언론은 사업이라는 세속적인 관심사로부터 분리된 편집이라는 성역을 구축하려고 철저하게 주의를 기울였다. 우리는 언론인들이 그 둘 사이에 높고 두터운 벽을 세우려고 그토록 분투했던 이유를 이제야 비로소 깨닫게 되었다. 그들은 독자들이 기사와 광고를 구분할 수 없는 세상, 광고주의 부정직한 입김이 저널리즘의 진실 추구에 개입할 수 있는 세상이 올지도 모른다는 두려움을 가지고 있었다. 이 두려움은 이제 현실이 되고 있다.

기사와 광고 사이를 가르는 바리케이드의 파괴는 '브랜디드 콘텐츠(branded content)' 또는 '네이티브 애드(native advertising)'로부터 시작한다. 이런 광고들은 웹 광고가 가진 문제점을 해결하고자 했다. 독자들이 웹페이지의 초기 화면에 걸린 배너들을 소음 공해처럼 무시하다 보니, 광고주 기업을 브랜딩하는 수단으로서의 효과가 사라졌다. 웹 배너 광고는 기사 주변에 위치하는 반면, 브랜디드 콘텐츠는 웹사이트의 기본 구조에 통합되도록 설계되었다. 이것은 기사와 비슷하게 보이도록 작성한 광고로,《타임》에서 새로운 과학계의 정설이라며 효과적인 금연법을 제시한 가짜 기사나《뉴욕타임스》에서 이를 위해 별도 채용한 직원들이 쓴 가짜 기사가 여기에 해당한다. 실제로 이런 광고들은 대개 광고회사가 아니라 미디어 기업에서 자체 제작한다(미디어 기업들은 그들의 필진과 편집자들은 이런 광고 카피와는 관계가 없다고 주장한다. 미디어가 이런 지저분한 일들을 전문적으로 하는 프리랜서 그룹을 따로 운영하고 있는데도 말이다.). 그럼에도 벽이 완전히 붕괴된 것은 아니다. '후원받은(sponsored)' 또는 '광고주가 비용을 댄(paid for by advertisers)' 기사라는 태그가 그 표지이다. 그러나 가능한 한 구분을 둔다는 점이 핵심이다. 광고주들은 브랜디드 콘텐츠에 더 많은 비용을 지불할 것이다. 독자가 헷갈려서 클릭할 가능성이 높기 때문이다.

언론사들이 독자에게 착각을 불러일으켜서 돈을 버는 비즈니스를 한다는 사실이 충격적이긴 하지만, 사실 문제는 그보다 더 심각하다. 기사는 점점 더 광고를 닮아간다. 많은 인터넷 매체들이 기업과 소비자 상품에 대한 광고나 다를 바 없는 기사를 쉴 새 없이 쏟아낸다. 이는 우연의 일치가 아니다. 광고주가 원하는 메시지가 읽히거나 기사로 오인될 거라 확신할 만한 환경을 형성한다면 광고 판매에 도움이 되기 때문이다. 버즈피드는 극단적인 사례다. 초창기부터 버즈피드는 브랜디드 광고를 주요 수입원으로 삼았다. 이 같은 지향점을 뒷받침하기 위해 이들은 기업의 보도자료처럼 보이는 숱하게 많은 기사들을 생성했다. 앤드류 설리번(Andrew Sullivan)은 이를 지적하는 것을 일종의 놀이 차원으로 승화시켰다.[12] 그는 "버즈피드 기사 중 어떤 것이 광고인지 맞춰보라."는 특집을 내보냈다. 차이를 알아차리는 건 거의 불가능했다. "던킨 도넛에 관해 알려지지 않은 믿을 수 없는 19가지 사실", "새로 나온 아이폰 키보드가 모든 것을 바꿔놓았다", "플레이스테이션4에 대해 알아야 할 모든 것"(이는 모두 광고 아닌 기사라고 한다.). 버즈피드가 광고와 기사를 얼마나 구분하지 못하느냐 하면, 기자들이 광고주에 대해 비판적인 기사를 올리면, 버즈피드 경영진은 사이트에서 그 글을 삭제했다(사람들이 격렬하게 항의하자, 버즈피드는 잘못을 인정하고 다시는 그러지 않겠다고 선언했다.).

광고주와 미디어 간의 관계는 달라졌다. '후원(sponsor)'이라는 단어에서 변화가 감지된다. 광고주들은 더 이상 제품을 팔기 위해 지면의 일부를 사들이지 않는다. 그들은 저널리즘의 선한 후원자 역할을 자처한다. 그런데 여기에서 알 수 있듯이, 훨씬 더 나쁜 일이 시작되었다. 언론 조직이 기업이나 재단을 설득해서 후원자로 삼는 일이 흔히 벌어지게 되었다. 광고주들은 새로운 매체나 섹션이 런칭될 때 재정적인 후원을 한다. 광고주가 이런 역할을 맡는 이유 중 하나는 그렇게 하는 것이 광고주에게 해될 것이 전혀 없으며 좋은 노출 기회가 되기 때문이다. 또 다른 이유는 그보다는 더 사악하다. 즉 광고주가 보이지 않는 힘을 사용해 매체의 기사에 영향을 미치려는 것이다.

《뉴리퍼블릭》에서 우리도 이런 방법을 사용했다. 크리스 휴스는 억만장자 활동가 톰 스타이어(Tom Steyer)를 설득해서, 우리 웹사이트에서 기후 변화 문제가 의원 선거에 어떤 영향을 미치는지를 다루는 새로운 섹션을 런칭하는 데 수십만 달러를 내게 했다. 스타이어가 이미 수백만 달러를 들여서 기후 변화 이슈를 쟁점화하도록 의원 선거에 영향력을 행사하려 하던 때였다. 또한 크리스는 크레디트스위스 은행을 설득해서 웹사이트의 새로운 섹션을 만드는 비용을 대도록 했다. 그 섹션은 은행업의 미래를 논하는 것이었고, 당시 크레디트스위스는 세금 포탈 혐의에서 벗어나려 애쓰던 시점이었다. 이들 광고주는 《뉴리퍼블릭》의 편집진을 돈으로 사서 자기들이 바라는 메시지를 정확히 전달하고자 했고, 그 과정에서 이들이 막대한 현금을 투입했다는 사실을 독자들은 알 수 없었다. 이런 계약은 부정한 거래이며 다른 어떤 말로 에둘러 표현해서는 안 된다.

그래도 나와 동료들은 최악의 부정행위만은 막아냈다. 스타이어는 우리 편집진 때문에 골머리를 앓다가 그냥 '후원받은 콘텐츠'를 사기로 결정했다. 크레디트스위스는 진보적인 기자들에게 돈을 주고 은행업의 미래에 대해 글을 쓰도록 하는 일이 위험하다는 결론을 내렸고, 정체성 정치(identity politics)에 대한 기사들을 한 달 간 후원하는 것으로 마무리지었다.

네이티브 광고를 옹호하는 사람들은 다음과 같은 점을 내세운다. 네이티브 광고를 한다고 세상이 망하지는 않는다. 라디오 진행자들은 뉴스를 읽을 때 아무렇지도 않게 제품 광고 문구를 읽었다. 수십 년 동안 《뉴욕타임스》는 기사면에 '모빌오일' 광고를 실었다. 분명히 광고라고 표시하긴 했지만, 명망 높은 칼럼들 사이에 광고를 끼워 넣었다.

문제는 광고주와 저널리즘의 관계가 너무나 혼탁해지고 있다는 사실이다. 규칙은 느슨해지고 규범은 바뀌었다. 최근까지도 '미국 잡지편집자 협회(American Society of Magazine Editors)'는 철저한 전통주의자답게 기자들이 광고 문구에 손대는 걸 엄격히 금지했다. 하지만 지난 봄, 가이드라인은 완화되었다. 한때는 날선 명령이었지만 지금은 약한 권고 수준이다. "편집자들은 함께 작업 중인 마케터에 대한 기사를 쓰는 일을 피해야 한다." 이런 변화가 위험한 투항이란 점을 알아야 한다. 광고주들은 영향력을 사들인다. 그들은 정당한 기사처럼 보이는 콘텐츠를 돈을 주고 사서 기자직의 도덕성을 지탱하고 있는 모든 규범을 약화시키고 있다.

언젠가 크리스 휴스와 내가 장엄한 워싱턴호텔에서 아침식사를 하면서《뉴리퍼블릭》의 핵심 자질을 곰곰이 짚어본 적이 있었다. 우리가 함께 다시 만들어나갈 그《뉴리퍼블릭》이 가져야 할 자질이 무엇인지. 서로 내놓고 말하지는 않았지만 우리는 공통 분모를, 우리 둘 다 이 잡지에 대해 원했던 모든 것을 아우를 수 있는 하나의 형용사를 찾고 있었다. 돌려 말하기 연습 같았다. 화이트보드가 있었다면—크리스는 화이트보드를 정말 좋아했다.—온갖 단어들로 가득했을 것이다. 하지만 그런 공허해 보이는 말들은 창의적 도약으로 가기 위한 어쩔 수 없는 서곡이었다. "우리는 이상주의자에요."라고 그는 말했다. "우리 잡지가 가진 흥미로운 역사와 답을 찾을 수 있다는 낙관주의를 연결해주는 게 바로 이상주의죠." 이상주의라는 단어에 내 마음이 열렸고, 나는 기쁨을 주체하지 못했다. "맞아요. 바로 그거예요."

우리는 함께 공유하고 있던 이상주의를 이상주의적으로 바라봤다. 우리의 목표 중 어떤 부분은 서로 겹치기도 했다. 우리는 둘 다《뉴리퍼블릭》이 번창하기를 바랐고, 둘 다 미국 정부가 좀 더 적극적인 역할을 해야 한다고 생각했고, 문화를 드높여 세계주의(cosmopolitanism)로 나아가는 것이 중요하다고 믿었다. 우리는 둘 다 롱폼 저널리즘이라는 아이디어를 좋아했다. 이런 유사성만으로도 서로 동일한 이상주의를 공유하고 있다고 착각하기에는 충분했다.

세상을 바라보는 크리스의 비전은 기본적으로 기술관료적이었으나, 나는 도덕주의와 낭만주의에 가까웠다. 그는 롱폼 저널리즘이라는 아이디어를 좋아했던 반면에, 내가 가졌던 롱폼 저널리즘에 대한 신뢰는 이데올로기적이었다. 그는 규칙, 효율성, 조직도, 미팅, 생산성 도구 등 시스템의 가치를 믿었다. 세상은 현저하게 개선 가능하지만, 진보를 이루고자 한다면 격앙된 감정과 욕설, 과도한 당파성에서 벗어나야 한다는 것이 그의 생각이었다. 이 같은 그의 세계관은《뉴리퍼블릭》을 가득 채우고 있었던, 정치 성향이 강하며 지적으로 자유로운 영혼들과는 충돌이 불가피했다. 신념에 가득찬 이 영혼들은 근무 시간에 구애받지 않았고, 자기가 가장 만족할 만한 주제에 대해서 썼지, 대중을 즐겁게 하는 문구를 반복하지 않았다.

　사태가 파국을 맞기 직전, 크리스는《뉴리퍼블릭》의 미래에 관해 자신의 수정된 견해를 나와 공유했다. 그가 가진 이상주의가 그를 그쪽으로 이끌었다. 그는 2년 동안《뉴리퍼블릭》의 소유주였고, 더는 기다리기 힘들어했다. 그가 생각하기에는 웹 트래픽과 매출이 더 크게, 더 빠른 속도로 늘어나야 했다. "잡지를 살리기 위해서는 잡지의 체질 개선이 필요합니다."라고 크리스는 내게 말했다. 엔지니어들과 마케터들은 편집 과정에서 핵심 역할을 하게 될 것이었다. 그들은 우리의 저널리즘에 "쿨하고" "혁신적인" 기능을 장착해서 잡지를 인기 있게 만들고 시장에서 두각을 나타내게 할 거였다. 물론 이렇게 하려면 자금이 필요했고, 롱폼 저널리즘에 투자했던 자금을 전용해야만 했다. 나는 그의 계획이나 그가 설명하는《뉴리퍼블릭》을 받아들일 수 없었다. "우리는 테크 기업입니다."라고 그는 말했고, 나는 이렇게 대답했다. "우리가 테크 기업이라면 저는 자격 조건이 안 맞는 것 같군요." 그는 내가 그 일을 해낼 수 있을 거라고 장담했다.

　두 달 후에 크리스가 내 후임을 채용했다는 사실을 동료로부터

들었다. 내 후임이 될 사람은 벌써 뉴욕 이곳저곳에서 사람들과 점심 식사를 하며 《뉴리퍼블릭》에서 함께 일할 사람들을 찾고 있었다. 나는 크리스가 나를 해고하기 전에 먼저 사직서를 제출했다. 내가 그만두면서 잡지의 거의 모든 편집진도 동시에 잡지를 떠났다. 그들은 자기들만의 이상주의로 크리스의 이상주의에 맞섰다. 그들은 저널리즘보다는 분명히 거대 테크 기업에 맞는 사풍을 가진 잡지사에서는 일하고 싶어하지 않았다. 그들은 페이스북을 주시하는 일은 기꺼이 하겠지만, 페이스북이 자기들이 하는 일을 규정하는 건 바라지 않았다. 우리의 결별은 세간의 관심을 끌었지만 금세 잊혀졌다. 실리콘밸리가 저널리즘을 집어삼키러 가는 길에 가로놓인 과속방지턱 정도에 불과했을 뿐이다.

8장 | 저자의 죽음
DEATH OF THE AUTHOR

실리콘밸리가 저널리즘에 가하는 공격은 더 거대하게 진행되고 있는 프로그램의 일부이다. 테크 기업들은 서구 문명의 중심에 확고하게 자리잡고 있는 생각 중 하나를 전복하려 한다. 300년 동안 서구 문화는 천재를 숭상했고, 이 숭상은 새로운 지식이나 독창성에 대한 집착을 가져왔다. 조금 지나칠 정도의 집착이었다. 뻔한 얘기지만, 우리는 완전히 독창적인 아이디어란 없다는 걸 잘 알고 있다. 지적인 생활은 흔히 생각하는 것처럼 고독한 것이 아니다. 그런데도 우리가 천재 숭배에 빠져드는 데는 분명한 이유가 있다. 우리는 인류가 도덕적으로 진보할 수 있다고 믿는다. 그런데 진보를 위해서는 새로운 사상이 끊임없이 주입되어야 하며, 그 같은 새로운 사상이 생산되도록 장려하기 위해서는 사상의 생산자를 인정해주어야 한다. 남들과 똑같은 생각을 하는 것을 정신적·도덕적으로 치명적인 일로 치부함으로써 이에 반대되는 독창성을 찬양한다. 천재성과 독창성은 18세기 지식 혁명으로부터 탄생해서 인류에게 가장 큰 깨달음을 주고 가장 오래 지속되는 두 가지 사상이다.

실리콘밸리는 인간의 창의성을 전혀 다르게 생각한다. 조화롭게 일하는 집단이 고립된 개인보다 더 나은 아이디어를 생산한다는 협업의 미덕을 믿으며, 독창성이란 지나치게 과대평가되고 심지어는 해롭기까지 한 이상이라고 생각한다. 우리는 천재성을 강조함으로써 전업으로 글쓰기를 하는 소수의 사람들이 지혜를 독점하거나 초인적 능력을 지니기라도 한 듯 행동하는 것을 용납한다. 유명한 저자들을 감싸고 있는 천재성이라는 아우라는 대중은 상대적으로 창조적인 잠재력을 적게 갖고 있다는 인상을 자아내며, 천재라고 불리는 소수의 사람들이 내놓는 창의적 결과물을 나머지 사람들에게 억지로 주입하는 일을 정당화해왔다.

실리콘밸리가 사람들이 천재성에 대해 갖는 집착을 단순히 풍자하는 데 그쳤다면 해가 되지 않았을 뿐 아니라 어쩌면 오히려 이로운 일이었을 수도 있다. 하지만 실리콘밸리의 목표는 그보다 훨씬 더 혁명적이었다. 사람들이 저자에 대해 갖고 있는 관념을 지켜온 구조 자체를 해체하기 시작한 것이다. 실리콘밸리는 저작권법을 약화시키는 방법으로 전업 작가와 전쟁을 벌이고 있다. 저작권법이야말로 저자들이 글쓰기만으로 생계를 유지할 수 있는 방법이다. 실리콘밸리는 지식의 가치를 급격히 떨어뜨려, 글을 마치 한 번 쓰고 버리는 싸구려 상품처럼 만드는 사업 계획을 추진해왔다. 이 전략의 성공을 위해 실리콘밸리는 전업 작가들이 가진 명망에 구멍을 내려 하고 있다. 이 전쟁은 실리콘밸리의 가짜 포퓰리즘을 보여주는 또 하나의 예이다. 그 작업을 이론적으로 뒷받침하는 주요 인물이 하버드 법학교수라는 사실은 흥미롭다.

테드 토크 훨씬 이전에 로런스 레시그가 있었다. 그의 강의와 연설은 멀티미디어가 곁들여진 흥미진진한 지적 향연이었다.[1] 그의 강연은 전설이 되었다. 지금도 마이크로소프트의 공식 지침서에는 '레시그 스타일'의 강연법을 설명하고 있을 정도다. 레시그는 같은 세대의 어느 학자보다도 시대정신(zeitgeist)에 대한 감이 뛰어났다. 법대 동료 교수들이 인터넷에 대해 들어본 적도 없었던 시절에 그는 인터넷을 자신의 전문 분야로 삼았다. 하지만 그런 설명만으로는 충분하지 않다. 레시그는 인터넷을 연구하는 데 그치지 않고 인터넷의 존재를 위협하는 것들에 맞서 인터넷을 방어했다. 한 잡지에서는 그를 두고 "인터넷 메시아 같은 인물"이라고 설명했다.[2]

레시그가 새로운 지식 분야를 개척한 것이 대단한 이유는 그가 출발한 분야가 학계에서 상당히 좁은 입지를 가지고 있었기 때문이다. 그의 전문 분야는 원래 저작권법이었다. 그러나 그는 일찍이 음악 다운로드를 불법화하려는 엔터테인먼트 업계의 억압적인 태도와 특별한 악의 없이 파일을 공유한 아이들을 범법자로 모는 캠페인을 목격하게 되었다. 레시그는 엔터테인먼트 업계에 대항해 열정적으로 싸웠고, 많은 사람들이 그를 따르기 시작했다.

레시그는 법을 세부적으로 논의했지만 그의 진짜 주장은 문화에 대한 것이었다. 엘리트 코스—미국 아이비리그와 케임브리지 학위, 미국 연방대법원 서기—를 밟았지만, 그는 급진적이고 이상주의자에 가까운 주장을 펼쳤다. 그의 글은 놀랄 만큼 서정적이었다. 그는 인터넷이 문화적 생산 수단을 바꿀 거라고 주장했다. 20세기 들어 문화는 보통 사람들로부터 분리되었다. 문화가 탐욕스런 회사들

의 지배 하에 놓이게 되면서, 돈벌이를 위한 쓰레기 같은 작품들이
양산되었다. 대중은 소파에 파묻혀 LA와 뉴욕에서 제작한 영화, TV,
음악을 수동적으로 받아들이는 단순한 소비자로 전락했다. "인류 문
화사를 통틀어 창작 문화가 이토록 전문화되고 소수에 집중된 적은
단 한 번도 없었다. 수백만 명의 창의성이 이 정도로 배제되는 것은
전에 없었던 일이다."³ 인터넷은 이런 방식을 초월하거나 아주 오래
된 제작 방식을 되살릴 수 있는 기회를 의미했다.

　　그의 주장은 대략 이랬다. 옛날 옛적, 사람들은 문화 창작 과정
에서 적극적으로 협업했다. 이것이 민간 전승 전통의 본질이었다. 사
람들은 들어서 아는 노래를 약간씩 바꾸어서 자신의 노래로 다시 만
들었고, 기존의 이야기를 윤색해서 전달했다. 고급 문화도 다르지 않
았다. 마크 트웨인의 작품들은 결국 그가 어렸을 때 들었던 아프리
카계 미국인들의 이야기를 솜씨 좋게 개작한 것이었다. 비평가들이
솔직하다면, 모든 예술가들이 이런 식으로 다른 이들의 작품을 빌
려오고, 인용하고, 이를 기초로 소위 오리지널 원작을 창작한다는
사실을 이야기할 것이다. 재즈는 본질적으로 오래된 노래들을 끊임
없이 재해석하며, 힙합은 오래된 노래들의 비트와 후렴을 당연한 듯
서로 주고받는다. 위대한 시인들도 이런 점에서는 마찬가지다. 잘 알
려지지 않은 글들을 가져다가 자신의 시에 잘라 붙이곤 했던 T. S.
엘리엇은 "미숙한 시인은 모방을 하지만 원숙한 시인은 훔친다."⁴는
말을 남겼다.

　　레시그는 엘리엇의 정서를 가져다가 사이버 시대의 색을 입혔
다. 그는 헐리우드 특유의 억압적 '읽기 전용(read only) 문화'가 인터

넷이 가진 참여적인 '읽고 쓰기(read-write) 문화'와 어떻게 다른지 설명했다.° 인터넷 이용 초기, 이 두 문화의 충돌은 문명 전쟁에 가까웠다. '읽고 쓰기' 문화로 인해 자신들의 사업에 위협이 닥쳐온다고 생각한 대기업들은 무고한 시민과 이상주의적인 생각을 가진 테크 기업들을 저작권법 위반으로 닥치는 대로 고소했다. 레시그는 그 기업들의 노력을 반드시 무산시켜야 한다고 주장했다. "공산주의와 자본주의의 대립이 20세기의 투쟁이었다면, 21세기의 논쟁은 통제와 자유의 대립이다."[5]

이러한 주장은 저작권에 관해 문화적으로 뿌리깊이 박혀 있는 사상과 반대된다. 우리가 가진 저작권에 대한 생각을 잘 보여주는 것이 저작권법이며, 수 세기에 걸쳐 학생들에게 가르쳤던, 글쓰기에 관한 낭만주의적인 생각이기도 하다. 레시그는 바로 그 저작권법을 희석시키려고 하는 것이다. 저작권에 대한 전통적인 견해에 따르면 중요한 것은 독창성이다. 서구 문화권에서 표절은 처벌 가능한 금기이며, 2차 저작 행위는 게으르고 못마땅한 일로 여겨진다.

저작권에 관한 이 같은 전통적 접근에 레시그 혼자 반기를 들고 있는 것이 아니다. 레시그가 관여하는 많은 단체들이 구글에게서 받은 지원금으로 운영된다.[6] 구글로서는 저작권에 대한 비판을 장려할 만한 충분한 이유가 있었지만, 구글만이 아니라 실리콘밸리 기업의 대다수가 이에 동의했다. 인터넷 초창기에 테크 이론가들은 아마추어 정신을 적극적으로 장려했다. 엘리트들은 대중의 창의력 발휘를

° '읽기 전용'과 '읽고 쓰기'는 다양한 컴퓨터 저장 매체를 구분하는 방법이기도 하다.—옮긴이

제어했다. 클레이 셔키(Clay Shirky)는 그렇게 억눌린 대중의 천재성을 "인지 잉여(cognitive surplus)"라고 불렀다. 이 같은 잉여를 표출할 수 있게 도운 것이 인터넷이다. 인터넷 덕분에 블로거들은 기존의 전문 가들이 자신의 경력을 고려하느라 말하지 못했던 진실을 표현할 수 있었다. 시민 기자들이 특종을 따냈고, 위키피디아는 다루는 범위와 깊이 면에서 『브리태니커 백과사전』을 앞질렀다. 아마추어들은 순수 한 열정 덕분에 뛰어난 결과물을 만들어낼 수 있었다.

셔키는 다음과 같이 썼다. "아마추어는 기술적인 면에서 때로 프로보다 못할 수 있지만, (창작의) 동기 면에서는 언제나 프로보다 뛰어나다. 아마추어라는 용어 자체가 '사랑한다'라는 뜻의 라틴어 'amare'에서 파생되었다. 아마추어리즘의 본질은 내재적 동기이다. 아마추어가 된다는 것은 어떤 일을 정말 좋아하기 때문에 그 일을 한다는 뜻이다."[7]

저술을 보는 전통적인 시각에서는 천재 개인이 낭만적으로 묘사된다. 개인이 책상 앞에 홀로 앉아 힘겹게 창작을 하는 모습이야 말로 창작의 가장 고귀한 모습인 듯 칭송되었다. 그러나 실리콘밸리는 창의성을 다르게 이해하며 협업의 미덕을 강조했다. 링크드인의 공동창업자인 리드 호프먼(Reid Hoffman)은 다음과 같이 열변을 토했다. "아무도 혼자 힘으로 성공할 수는 없습니다……. 위대한 일을 성취하는 유일한 방법은 다른 사람들과 함께 일하는 것이지요."[8] 이는 또한 동료 생산(peer production), 소셜미디어, 분산 지식(distributed knowledge) 처럼 실리콘밸리에서 즐겨 사용하는 다양한 용어에도 드러나 있다. 방대한 데이터 세트를 축적하고, 시간의 움직임을 분석해서 지혜를 발견할 수 있다. 구글의 웹사이트 순위, 아마존의 추천 알고리듬, 페이스북 뉴스피드의 핵심이 거기에 있다. 모두 축적된 대중의 지혜로부터 추론해낸 것이다.

하지만 실리콘밸리가 창의성을 그렇게 이해하는 것은 아이러니다. 왜냐하면 이는 실리콘밸리 스스로 가지고 있는 창의성 신화에 위배되기 때문이다. 사람들이 테크놀로지에 관해 이야기할 때나 테크 전문가들이 스스로에 대해 하는 말에 따르면, 창의성은 불굴의 기업가 정신, 남들에게 외면받고 차고에서 일하는 '기크'의 모습으로 등장한다. 이는 아인 랜드가 영웅적 개인을 설명하는 견해와 아주 비슷하며, 많은 테크 전문가들이 자유방임주의에 이끌리는 이유이기도 하다. 하지만 자유방임주의는 또한 자기 중심적인 사고방식을 높이 산다. 게다가 그들이 세상을 보는 방식은 단순히 '약간 자기 중심적인' 정도에 그치지 않는다. 테크놀로지의 위대한 거장들은 세상을 바꾸는 독창성을 가지고 있을 수 있고 고독한 천재일 수 있지만, 나머지 세상 사람들은 그렇지 않다는 것이다.

실리콘밸리가 독창성에 대해 갖는 견해는 중세 시대와 비슷하다. 유럽에서 계몽주의 시대 이전까지만 해도 저자들은 중요하게 여겨지지 않았고 독창성은 무시되었다. 물론 당시에 독창성을 무시한 이유는 레시그의 경우와 전혀 다르다. 독창성은 오로지 신에게서 오고, 신만이 영감의 원천이었다. 토마스 아퀴나스는 "오직 신만이 창조한다."[9]고 단언했다. 인간은 신이 창조한 원작의 흠 있는 모방물을 만들어내는 게 고작이었다.

작가들은 독립적으로 생존할 수 없는 상당히 무력한 존재였다. 그들은 왕족이나 귀족이 재정적 후원과 생계를 지원해준 덕분에 작품을 생산할 수 있었다. 또한 작가가 원고를 일단 넘기고 나면, 작품에 대한 통제권은 더 이상 작가에게 있지 않았다.[10] 필경사나 인쇄업자가 원고를 다시 쓰거나, 길이를 늘리거나, 잘게 쪼개어도 무방했다. 작가는 그들의 난도질을 받아들일 수밖에 없었다.

과거에는 독창성이 얼마나 천대받았을까? 이제는 표절이 중대한 지적 범죄로 받아들여지지만, 이전에는 줄거리와 구절들을 가져다 사용하는 일이 만연했다. 실제로 그런 일은 글쓰기의 주요 방법으로 생각되었다. 초서°의 작품 상당 부분은 다른 사람의 글을 가져다가 번역하거나 표현만 바꾼 것들로 이루어져 있다. 셰익스피어는 위대한 시인인 동시에 남의 글을 가져오는 재주가 뛰어난 사람이었다. 그는 영국 시인 아서 브룩의 『로메우스와 줄리엣의 비극적 서사(The Tragical History of Romeus and Juliet)』와 플루타크르 영웅전의 안토니우스 편을 차용했다. 미국 소설가 헨리 제임스는 다음과 같이 썼다. "내 머릿속을 떠나지 않는 어떤 확신 비슷한 게 있는데, 바로 위대한 셰익스피어가 사실은 그다지 꼼꼼하게 따지지 않던 세상에서 활동한, 가장 크게 성공한 사기꾼이라는 생각이다."[11] 하지만 그가 표절을 했다 하더라도—너무 심한 표현이기는 하다—그에게 책임을 물을 수는 없다. 표절이란 단어 자체가 아직 없던 시절이었다.

로런스 레시그가 꿈꾸는 유토피아에서처럼, 문화는 여러 사람

° Geoffrey Chaucer. 중세 영국의 가장 위대한 시인이자, '영문학의 아버지'로 일컬어진다.—옮긴이

들이 함께 만들어낸 것이었다. 모든 사람들이 특정한 전통 안에서 작업했다. 과거에 '오려서 붙이기(cutting and pasting)'는 마우스를 한 번 클릭하는 것보다는 좀 더 품이 들었겠지만, 그럼에도 가장 주요한 창작 방법으로 사용되었다. 이 같은 생산 방식 덕분에 길이 남을 문화유산이 만들어졌다는 사실에 고마워할 수는 있겠지만, 그것이 이상적인 방식이라고 찬양하는 건 어리석은 일일 것이다. 이 방식에는 보수주의가 깊게 깔려 있다. 뛰어난 문화비평가이자 문학사가 마이어 에이브럼스(M. H. Abrams)는 거울이라는 은유를 사용해 이런 생산 방식을 설명했다. 사람들은 글쓰기를 통해 세상을 바꾸려 했던 것이 아니라, 세상을 반영하고 모방하려 했다. 베껴 쓰는 행위는 왕권과 교회에 복종하는 사회, 변화에 격렬하게 저항하는 사회에서 자연스럽고 이상적인 일이었다.

인쇄기라는 형태로 등장한 테크놀로지는 이 거울을 산산조각 내는 데에 일조했다. 새로운 활자 기계는 자본주의와 계몽주의가 도래하면서 함께 등장했다. 즉 인쇄기의 출현으로 글로 쓰여진 말을 대량 생산할 수 있는 잠재력이 생겨났고, 자본주의 덕분에 글로 쓰여진 말을 대량 판매할 수 있는 시장이 형성되었고, 계몽주의의 확산으로 글쓰기가 융성할 수 있는 정치적·지적 토양이 마련된 것이다. 글을 베껴 쓰는 필경사는 갑작스럽게 퇴락한 반면, 글을 쓰는 이들이 주연으로 등극했다. 여기에는 부분적으로 출판업자들의 역할이 있었다. 경쟁이 치열한 시장에서 두각을 나타내려면 자기 제품을 차별화하고 광고할 필요가 있다. 그런데 위대한 천재의 정신을 담고 있는 책이라고 하면 더 잘 팔리기 마련이다.

　예전에는 그저 단어를 꿰맞추는 무명의 기능인에 불과했던 작가들이 갑자기 높이 떠받들어졌다. 이 과정에서 중요한 신화적 인물이 바로 윌리엄 워즈워스였다. 그가 작품을 써서 버는 돈은 형편없었다. 워즈워스는 『서정가요집(Lyrical Ballads)』(1798)을 판매한 돈 30파운드를 공동저자인 새뮤얼 콜리지와 나눠 가졌다. 워즈워스는 진정한 예술성은 천재로 정의된다고 믿었지만, 그가 번 돈은 천재에 어울릴 만한 금액이 아니었다. 워즈워스는 작가로서 단순히 현실을 거울처럼 반영하는 것 이상의 큰 꿈을 꾸었다. 워즈워스의 생각에, 작가가 단순히 기록만 하거나 재구성하는 건 실패였다. 마이어 에이브럼스의 설명에 따르면, 작가는 자신만의 통찰력으로 세상을 밝게 비추는 등불이어야 한다. 워즈워스는 이렇게 썼다. "천재를 입증하는 유일한 방법은 마땅히 해야 할 가치가 있지만 전에는 아무도 하지 않은 일을 잘 해내는 것이다……. 지적인 우주에 존재하지 않았던 새로운 요소를 가져오는 것이 바로 천재다."[12]

　적절한 보상이 뒷받침되어야만 천재가 활약할 수 있다. 그리고 그 보상 체계가 작동하려면 법이 예술가의 작품을 해적질로부터 보호해주어야 한다(시인들이 당대에 인정받는 경우는 드물기 때문에, 대중의 취향이 천재를 따라잡을 수 있도록 충분한 시간을 확보하려면 저작권법이 보호하는 기간을 충분히 확보할 필요가 있다.). 워즈워스는 수십 년 간의 로비 끝에 1710년에 제정된 최초의 저작권법인 앤여왕법이 정한 저작권 보호 기간을 크게 늘렸다. "저작권을 부정하는 건 예술가의 정신을 억누르는 잔인한 일이며, 그가 노력한 결과를 죽여버리거나, 예술가로 하여금 자신의 재능을…… 별볼일 없는 일에 썩히게 만드는 일이다."[13]

워즈워스가 저작권을 옹호한 것은 그렇게 하는 것이 자신에게 이익이었고 자신을 돋보이게 할 수 있었기 때문일 수 있다. 새삼 놀랄 일은 아니다. 오만하지 않고는 독창적일 수 없다. 새로운 아이디어를 떠올릴 수 있다거나 새로운 형식을 만들어낼 수 있다고 하는 생각은 사실 자만심 가득한 믿음이다. 우리가 애써 독창성에 높은 지위를 부여하지 않으면, 문화는 흔하고 진부한 쪽으로 흐르게 되어 있다. 새로운 사상을 만들어내는 일에는 위험 부담이 따른다. 새로운 사상은 흔히 실패하기 때문이다. 문화는 이미 정해진 공식을 따르면서 항상 스스로를 반복하려 한다. 가장 손쉽게 돈을 벌고 인기를 얻으려면 이전에 효과가 검증된 것을 재탕하면 되기 때문이다. 천재란 것은 어느 정도 허풍일 수 있지만, 그런 허풍은 문화적으로 중요하다. 실리콘밸리가 이해하기 쉬운 말로 설명해보자면, 천재라는 개념을 계속해서 사용해야 하는 이유는, 이 개념이 혁신을 낳기 때문이다. 하지만 실리콘밸리는 이 같은 분석을 결코 받아들일 수 없을 것이다. 그렇게 하면 자신들의 수익이 줄어들기 때문이다.

　독일과 영국의 낭만주의자들은 천재에 대해 워즈워스만큼 설득력 있게 썼다. 미국 건국의 아버지들도 마찬가지였지만 그들이 저작권을 보호하기 위해 들인 노력은 완벽하지 못했다. 그들이 미국 헌법에 저작권을 명시하긴 했지만, 거기에는 커다란 구멍이 있었다. 미국 법에는 외국인이 쓴 작품의 저작권에 대해서는 아무런 조항이 없었던 것이다. 그 결과, 영국 작품의 불법 복제물이 미국 시장에 넘쳐나게 되었다. 해적판은 터무니없는 가격에 팔렸다. 찰스 디킨스의 『크리스마스 캐롤』한 권을 사기 위해 영국 독자가 약 2.5달러를 지불한 반면, 대서양 건너 미국에서는 같은 책이 단돈 6센트에 팔렸다.[14] 영국의 출판업자들은 자기 나라에서 판매가 부진한 책을 미국으로 넘겼고, 미국은 하나의 거대한 도서 할인 매장이 되었다. 미국의 인쇄업자들 사이에 경쟁이 과열되면서 공급 과잉은 더욱 두드러졌다. 1830년에 이르면 필라델피아 한 도시에서만 무려 10개 출판사가 월터 스콧의 책을 찍어내고 있었다.[15] 출판업자 헨리 홀트(Henry Holt)는 "출판업은 대부분의 경우 도둑질로 돈을 벌고 있다. 법적으로는 절도가 아닐지 몰라도 도덕적으로는 절도 행위다."[16]라고 내놓고 이야기했다.

영국 작가들은 이 상황에 대해 분노로 치를 떨었다. 찰스 디킨스는 1842년 미국을 방문했던 여행 내내 미국인들의 해적질을 비난했다. "생존 작가들 중에서 현행 법의 최대 피해자는 바로 나"[17]라며 분통을 터뜨렸다. 이 시스템의 또 다른 큰 피해자 중 하나였던 러디어드 키플링(Rudyard Kipling)은 한 인쇄업자에게 특별 주문을 넣어 미국 출판사에 대한 다음과 같은 불평을 두루마리 화장지에 인쇄하게 했다. "남의 것을 훔쳐서 그렇게 비열하고 깨끗하지 못하게 인쇄하는 당신들은 알래스카부터 플로리다까지, 그리고 다시 한번 플로리다부터 알래스카까지 모조리 저주받을 것이다."[18]

이는 어처구니 없는 역설을 낳았다. 미국에 글을 읽고 쓸 줄 아는 사람들이 많았음에도 불구하고 정작 미국 문학은 주변부에만 머물렀던 것이다. 오늘날 고전의 반열에 든 19세기 미국 작가들은 살아 있는 동안에 당연히 누렸어야 할 명성을 얻지 못한 채, 세관이나 영사관, 또는 다른 공무원 직에서 일하며 생계를 유지했다. (그 밖에 선전물을 쏟아내야 하는 정당들도 글쟁이들에게 꾸준한 일감을 줄 수 있었다.) 건국 초기 미국의 대형 인쇄업자들이 단행본 발행에 힘을 기울이는 경우는 드물었다. 벤저민 프랭클린은 『가난한 리처드의 연감(Poor Richard's Almanack)』으로 많은 돈을 벌었지만, 다른 책은 거의 출간하지 못했다. 월트 휘트먼은 시집 『풀잎(Leaves of Grass)』을 출간하고 싶어했지만, 인쇄 비용을 스스로 부담해야 했다.

글쓰기는 직업이 아니었으며, 귀족 '문필가'들의 취미로 이상화되었다. 그들은 일평생 쌓은 지식을 세상과 나누고자 하면서도, 자신의 지식이 담긴 글로 돈을 받는 건 천박하다고 여겼다. 헨리 홀트는 돈 얘기로 자기들이 쓴 고귀한 글을 더럽히려는 저자들을 꾸짖었다. "자신의 펜에 기대어 수입을 올리려는 사람은 거의 없다……. 셰익스피어 이래로 대부분의 훌륭한 저자들은 별도의 수입원을 가지고 있었다. 세상에는 돈 버는 것이 주 목적이어서는 안 되는 일들이 있다."[19]

마크 트웨인은 이런 말도 안 되는 황당한 상황을 간파했고, 미국 저작권을 엄격하게 바꾸는 데 앞장섰다. 의도하지는 않았겠지만 마크 트웨인의 말에서는 키플링이 했던 것과 비슷한 비유가 등장한다. "미국에는 영국 문학 최고의 작품들이 넘쳐나지만, 그 가격은 화장실 휴지가 '호화판'으로 느껴질 만큼 헐값이다."[20] 결국 출판사들은 마크 트웨인의 비판이 지닌 의미를 이해하게 되었다. 아니, 그보다는 출판사들이 지독한 가격 전쟁에 휩싸이게 되었다는 점이 더 중요하다. 신흥 출판사들이 할인 특가판을 시장에 쏟아내자, 수십 년

동안 저작권법 제정을 적대적으로 바라보던 출판업자들이 생각을
바꾼 것이다. 그들은 저작권법이 있어야 자신들이 다시 수익을 낼 수
있을 거라고 생각하게 되었다. 1891년에 의회는 출판업자들의 주장
을 수용하여 저작권법을 외국 작품에도 확대 적용했다.

　이 법으로 인해 미국에는 새로운 경제 체제가 자리잡았다. 이제
미국에서 글쓰기는 취미가 아닌 직업이 되었다. 테크 기업들이 뒤집
으려고 하는 것이 바로 이 구조다. 페이스북이 공유에 관해 주장하는
것을 들어보면 쉽게 수긍하게 되고, 저작권 유효 기간을 말도 안되게
연장해서 돈을 벌고 있는 미디어 재벌에 분노하게 되는 것도 사실이
다. 하지만 글쓰기가 직업이 되면서 어떻게 미국 문학이 새롭게 탄
생했는지 잊으면 안 된다. 글쓰기는 직업이 된 후에야 민주화되었다.
덕분에 글쓰기는 더욱 다양해지고 더욱 활발해졌다. 물론 언뜻 생각
하면 그 반대일 것 같다. 직업이란 배타적이며, 모든 사람들이 글로
먹고 살 수 있는 것도 아니기 때문이다. 하지만 선인세가 도입되고
잡지사의 채용이 늘어나고 원고료가 두둑해지면서, 글쓰기에 집중
할 만한 여가 시간을 낼 수 없었던 훨씬 더 많은 사람들에게 글쓰기
는 이제 생계를 유지할 수 있는 수단이 되었다. 마크 트웨인이 저작
권 강화에 성공함과 거의 동시에 글쓰기는 상류층 사람들만의 전유
물이라는 한계를 벗어나 자유로워졌다.

　미국 역사상 처음으로 미국 문학이 미국인의 취향을 사로잡게
되었다. 뒤이어 새로운 세대의 작가들이 등장했고, 이들은 비록 완벽
하지는 않더라도 미국의 현실을 전보다 더 잘 반영했다. 특정 지역이
나 특정 계층에 치우치지도 않았다. 잭 런던과 업튼 싱클레어는 가난

한 집안 출신이었다. 뉴잉글랜드나 뉴욕이 아닌 다른 지역에서도 뛰어난 작가들이 탄생했다. 윌리엄 딘 하우얼스(William Dean Howells), 시어도어 드라이저(Theodore Dreiser), 에즈라 파운드, 마크 트웨인 같은 작가들이 그런 사람들이었다.

경제가 바뀌면서 미국 출판계는 빠르게 변화했고, 출판은 대규모 비즈니스로 자리잡았다. 작가들이 생산하는 작품은 미국인들에게 필수품이 되었고, 작가의 지위와 수입도 이같이 바뀐 현실을 반영했다. 신문과 잡지는 오랫동안 누가 기사를 썼는지 표기하는 '바이라인(byline)'을 넣지 않았다. 그렇게 기자들은 그저 문장을 생산하는 사람들 취급을 받았다. 하지만 바뀐 세상에서 점점 더 많은 기자들이 자기가 쓴 기사 상단에서 자기 이름을 보게 되었다. 《뉴욕타임스》만이 이 흐름을 따르지 않다가 1920년대에 들어서야 기사 위에 기자 이름을 넣기 시작했다.

출판 대기업들이 작가들에게 주는 원고료도 돌연 크게 올랐다. 윌리엄 딘 하우얼스는 스스로를 "이론적으로는 사회주의자이지만, 현실은 귀족"[21]이라고 했다. 그는 아버지에게 이렇게 속내를 털어놓았다. "이론적으로 올바르다는 게 위안이 되지만 현실적으로는 제 자신이 부끄럽습니다."[22] (현재의 화폐 가치로 환산해보면, 하우얼스는 매년 145만 달러(약 16억 원)를 벌었다.) 헨리 홀트는 이 상황을 두고 "작가들이 황금알을 낳는 거위를 발견했다."[23]고 비꼬았다.

가난한 예술가들의 보헤미안 커뮤니티는 낭만적 이상이었고 현대 작가들에게 어울리는 영화 세트였을지 몰라도, 작가들은 이제 전문 직업인이었다. 작가들은 아무리 술을 많이 마시더라도 글을 쓸 때

만큼은 프로테스탄트 직업 윤리를 따랐다. 당시 공장에서 유행하던 테일러주의(tailorism)처럼 작가들은 스스로 하루 할당량을 부과하고 따랐다. 그레이엄 그린(Graham Greene)은 매일 아침 자신이 정해놓은 500단어를 채우기 위해 부지런히 작업했다. 마찬가지로 어니스트 헤밍웨이는 아무리 술을 많이 마셨어도 규칙적으로 글을 짜냈다. 그는 "일은 언제나 사람을 기분 좋게 해준다."[24]고 했다. 헤밍웨이는 글을 써서 번 돈을 온갖 곳에 탕진하고서도 140만 달러(약 16억 원)의 재산을 남겼다. 스콧 피츠제럴드[25]는 자신은 "스스로를 지킬 줄 아는 전문 직업인"이라고 했고, 마치 회계사처럼 철저하게 수입을 장부에 꼼꼼히 기록했다. 1929년에 『위대한 개츠비』로 영국에서 받은 인세 34센트(약 400원)까지도 빠짐없이 기입할 정도였다.[26](기록에 따르면 소설 『위대한 개츠비』의 인세 수입은 총 8397달러(약 1천만 원)였고, 영화 판권 수입은 1만 8910달러(약 2천만 원)였다.)

이 같은 일상적인 세부 사항은 중요하다. 우리가 아는 위대한 작가들도 돈에 신경썼다. 그들에게도 돈이 필요했기 때문이다. 가족을 부양하기 위해 필요했고, 자신의 창조적인 자아를 실현하기 위해 필요했다. 원고료가 없었다면 다른 생업을 가져야 했고 글쓰기에 매진할 수 없었을 것이다. 아마존의 주장에 동의하는 사람들은 작가들을 비웃으며, 그들이 사회와 분리된 채 모여 살면서 외부인을 무시하는 특권 계급처럼 행동한다고 한다. 그런 전업 작가의 글쓰기에 반대한다면, 그 대안은 역사 속에서 찾아볼 수 있다. 하위 계층 출신의 천재들 몇몇이 드물게 역경을 극복하고 어렵게 불멸의 작품을 남기긴 했지만, 대부분의 글쓰기는 여유 있는 사람들이 누리는 호사였다. 물려받은 재산이 많은 사람들, 유한(有閑) 계급, 그리고 경제적으로 무모한 열정을 추구할 수 있을 만큼 재력을 갖춘 사람들의 취미로 존재해왔다.

몇 년 전 나는 일 때문에 하버드 대학교 호튼 도서관을 찾은 적이 있다. 그곳은 미국 문학의 아름다운 유산을 보존하고 있는 고요한 시설로, 에밀리 디킨슨과 랠프 왈도 에머슨, 시어도어 루스벨트가 쓴 원고를 볼 수 있는 곳이다. 나는 그날 그곳에서 할 일을 끝낸 후 몇 시간 정도 시간이 남았다. 그래서 나는 사서들에게 《뉴리퍼블릭》에서 기록 보존용으로 보내온 서류들을 열람할 수 있냐고 물었다. 《뉴리퍼블릭》은 지난 수십 년 동안 하버드 대학 케임브리지 캠퍼스에 자료를 보내 보관해왔다. 하지만 무슨 자료들이 있는지 목록표도 없었고, 분류는커녕 기록 보관 담당자가 한 번도 손을 대지 않은 서류들이었다. 자료들이 담긴 철재 서류함 몇 개가 통째로 짐수레에 얹혀져 내가 앉아 있는 책상 앞으로 배달되어 왔다. 나는 삽시간에 서류함들에 둘러싸였고, 마치 박물관 모양을 한 오래된 사무실 한가운데에 앉아 있는 듯한 기분이 들었다.

나는 무작위로 서랍을 빼내서 파일을 쏟아냈다. 책상 위에 서류철을 늘어놓으면서 혹시라도 내 뭉툭한 손가락으로 귀중한 자료를 손상할까 신경이 쓰였지만, 동시에 거장들과 물리적으로 교감한다는 페티시(fetish)에 가까운 황홀감을 느꼈다. 페이지를 넘길 때마다 엘리자베스 비숍, 존 업다이크, 랠프 엘리슨, 어빙 하우(Irving Howe)가 보낸 항공우편이나 엽서 등 고전의 반열에 오른 작가들의 친필이

뛰어나왔다. 그런데 수신인들의 이름이 아무리 화려해도, 편지 내용
은 이상하리만치 내게 익숙했다. 마치 내가 요즘 저자들로부터 받는
이메일을 그대로 가져다 쓴 듯한 내용이었다. 서류철들에는 저자들
의 불평이 끝도 없이 이어졌다. '지난 작품에 대한 원고료는 왜 도착
하지 않나요?' '편집자분께서 제 원고료를 좀 올려주실 방법이 없을
까요?' 때로는 화나 있고 때로는 간곡하게 사정하는 편지들일 뿐, 매
력적인 내용은 좀처럼 찾아보기 힘들었다.

　　과거에서 온 이런 편지들을 들여다보면서, 나는 앨프리드 카
진(Alfred Kazin)의 회고록 『1930년대(Starting Out in the Thirties)』의 한
구절을 떠올렸다. 카진은 《뉴리퍼블릭》의 문학 편집자 맬컴 콜리
(Malcolm Cowley)를 만나러 맨해튼의 첼시에 있는 사무실에 들렀다.
대공황이 절정에 달했던 시기였다. 그곳에는 글쟁이들이 카울리의
관심을 끌려고 줄서서 기다리고 있었다. 카진은 그 장면을 "나와 비
슷한 처지의 사람들이 너무나 많아서, 아래층 대기실에 달랑 하나밖
에 없는 벤치에 사람들이 서로 몸을 붙이고 앉아 있었다."[27]라고 묘
사했다. "사정이 급한 사람들은 카울리를 따라다니며 리뷰를 쓰게
해달라고 부탁했다." 카울리는 원고 의뢰를 넉넉하게 해주는 편집자
로 알려져 있었다. 그가 주는 원고료는 마치 교회에서 나눠주는 구호
식량 같아서, 다른 사람들이 굶주리는 동안에도 작가들만은 글쓰기
를 계속할 수 있게 해주었다.

　　나는 그런 일화를 들을 때마다 암울했던 과거를 떠올리곤 했다.
그런데 서류를 읽어나가던 중에 카울리가 지불했던 금액을 발견하
고 충격을 받았다. 리뷰 한 편에 150달러. 한 편지에서 이 금액을 확

인한 순간 나는 움찔했다. 《뉴리퍼블릭》이 웹사이트에서 발행하는 거의 같은 분량의 리뷰에 대해 똑같은 액수를 지불하고 있었기 때문이다. 나는 그 페이지를 뚫어지게 들여다봤다. 80년 동안 물가가 상승했는데도 원고료는 변하지 않고 정체되어 있었다. 잡지에 글을 기고하는 사람들은 근현대 세계 경제사를 통틀어 최악의 시기였던 대공황 때 받았던 것과 동일한 금액의 원고료를 지금도 받고 있는 것이다.

　　기자로 지내는 동안 나는, 언론사 소유주들이 글 쓰는 사람들에게 돈을 많이 줄 필요가 없다는 결론에 도달하는 것을 목도했다. 내가 처음 일을 시작한 곳은 종이에 인쇄하지 않고 인터넷에만 발행하는 초기 온라인 매거진들 중 하나인 슬레이트였다. 1990년대 중반 황금기에, 우리는 책 리뷰 한 건마다 1000달러를 지급했으며, 몇몇 스타 작가들은 그보다도 더 좋은 대우를 받았다. 현재 슬레이트는 리뷰 한 건 당 300달러를 준다.

　　일화에 의존할 필요도 없이, 조사 연구 결과물이 있다. 1981년 미국의 작가 협회가 회원들에게 설문을 돌렸는데, 전업 작가의 중위 소득은 연간 약 1만 1000달러(약 1200만 원)였다.[28] 인플레이션을 감안해서 조정한다면, 현재 기준으로 약 3만 5000달러(약 4000만 원)쯤 된다. 2009년 작가 협회 수치와 비교해보기 전까지는 별다른 점이 느껴지지 않을 수도 있다. 2009년 중위 소득은 2만 5000달러(약 2800만 원)로 파악되었다.[29] 그런데 슬프게도 그들이 받는 원고료는 거기에서도 더 떨어진다. 2015년 작가들의 중위 소득은 1만 7500달러(약 2000만 원)로 집계되었다. 지난 34년 동안 작가들의 수입은 50퍼센트 삭감되어, 현재는 미국 정부가 정한 최저 임금을 크게 벗어나지 못하고 있다. 한때 서구 문명에서 중요한 위치를 차지한 듯 보였던 작가라는 직업은 이제 간신히 명맥만 유지하고 있다. 테크 기업들이 의도했던 대로 지식의 가치는 쪼그라들고 하락했다.

편집장이었던 나는 COO(chief operating officer, 최고운영책임자)로부터 매달 보고서를 받았었다. 이 보고서는 요즘 비즈니스 용어로 말하자면 '대시보드'라고 할 수 있다. 현재 상황을 파악할 수 있게 해주는 각종 수치와 차트로 이루어져 있는 보고서였다. 더 정확하게 말하면, 내가 책임지는 편집실 내 각 기자의 생산성을 보여주는 수치였다. 비즈니스 전문가들은 내게 직원들을 더욱 엄밀하고 효율적으로 관리하라고 했다. 즉 각각의 기자가 기사를 몇 건이나 썼는지, 그 기사들로 트래픽을 얼마나 모았는지, 페이스북에서의 실적은 어떤지 정확히 파악하라는 것이었다. 대시보드에는 각 기자에게 지급되는 월급과 각종 혜택, 그리고 그들이 쓴 기사가 잡지에 얼마를 벌어주는지 분명하게 적혀 있었다(실제로 월급만큼 일을 해내는 직원은 딱 한 명뿐이었는데, 그건 그가 워낙 적은 월급을 받고 있었기 때문이다.). 전문가들은 내가 이런 숫자를 사용해서 직원들의 생산성을 높이기를 바랐다. 채찍을 좀 더 세게 휘두르고, 트래픽을 못 내는 직원들을 자르고, 더 많은 클릭이 발생할 만한 글을 쓰게 지시하라는 것이었다.

나는 혹시라도 직원들이 이 대시보드를 보고 사기가 저하될까 봐 보고서를 서랍에 넣고 잠가버렸다. 하지만 대시보드를 보면서 내 사기는 이미 땅에 떨어졌다. 우리 잡지는 세계 최고 수준의 미술 비평가를 보유하고 있었다. 그가 대중의 취향을 선도하는 전문가였음에도 불구하고, 그래프 속의 숫자는 그 평론가의 글을 클릭한 사람 수가 얼마나 적은지를 보여줄 뿐이었다. 크리스 휴스는 그 평론가를 해고하라고 종용하면서, 우리가 그의 기사에 투자한 만큼을 뽑아낼 수 있는 방법을 기적처럼 찾아내라고 졸라댔다. 하지만 눈에 띄게 수익성을 높이거나 양적인 '생산성'이 높아지려면, 그가 자신의 직업에 쏟고 있는 것들을 파괴하거나 그가 좋은 글을 쓸 수 있게 만드는 모든 것들을 빼앗지 않으면 안 되었다.

　　문제가 완전히 잘못 규정되었다. 내가 문제를 더 제대로 이해했더라면, 그들에게 윌리엄 보멀(William Baumol)과 윌리엄 보언(William Bowen)의 오래된 책『공연 예술: 경제적 딜레마(Performing Arts: The Economic Dilemma)』를 한 권 건넸을 것이다. 이 두 사람은 고전 음악의 경제학에 관심이 있었다. 그들은 베토벤의 현악 4중주 작품번호 4번 같은 곡을 연주하는 조건은 세월이 흘러도 변하지 않는다는 사실을 발견했다.[30] 이 작품은 비엔나에서 초연되었을 때에도 두 대의 바이올린, 한 대의 첼로, 한 대의 비올라로 완전하게 구성되었다. 그로부터 200년이 지난 지금도 작품의 연주는 조금도 바뀌지 않았다. 같은 수의 연주자가 거의 변하지 않은 악기를 연주한다. 1801년이나 지금이나 이 작품을 연주하는 데에는 똑같이 약 24분 정도가 걸린다. 다시 말해, 고전 음악은 고전 경제학을 정면으로 거부한다. 몇 세기가 지났지만 고전 음악의 생산성은 전혀 높아지지 않았고, 그런 일은 가능하지도 않다.

　　보멀과 보언이 발견한 문제는 좀 더 세밀하다. 그들은 이런 상황을 "비용 질병(cost disease)"이라 불렀다. 고전 음악은 더 이상 생산성을 높일 수 없지만, 음악을 생산하는 데 드는 비용은 지속적으로 증가한다. 교향악단은 훈련받은 전문가들을 필요로 하는데, 이런 전문가들을 영입하려면 같은 경제 시스템 내에서 일하는 다른 사람들과 대등한 보수를 지불해야 한다. 그런데 다른 사람들이 받는 보수는 계속해서 상승한다(어느 오보에 연주자가 열정이 넘쳐서 음악에 대한 사랑을 추구할 수 있게 해준다면 월급이 좀 깎여도 괜찮다고 하더라도, 최소한 매일 먹는 음식, 육아, 주거를 해결할 만큼의 보수는 받아야 한다.). 적당한 보수가 없다면, 음악가들은 먹고 살 수 있는 다른 종류의 일자리를 선택하게 될 것이다.

고전 음악은 지난 수십 년 동안 돌이킬 수 없는 쇠퇴기에 접어들었다. 그리고 퇴락의 핵심에 비용 질병이 존재한다. 오늘날 콘서트 입장권을 사는 행위는 자선 행위, 그것도 액수가 큰 기부 행위처럼 느껴지고, 중산층이 고전 음악 장르에 적극적인 관심을 기울일 여유가 없는 이유가 바로 여기에 있다. 예술 기관이 1년 내내 재정 파탄이라는 낭떠러지에 걸터앉아 있는 이유도 비용 질병 때문이다.

글쓰기는 고전 음악과는 조금 다르다. 우선 글쓰기는 하나의 레퍼토리를 반복하고 재해석만 하는 것이 아니라 새로운 작품을 창작하는 작업을 포함한다. 늘 신선한 작품이 시장에 깔린다. 그러므로 성장이 아주 허황된 일은 아니다. 게다가 출판계는 이 구석 저 구석에서 약간이나마 생산성 향상을 도모할 방법을 늘 찾아내는 듯하다. 인쇄는 비용이 적게 드는 아시아 국가에 맡길 수 있고, 테크놀로지를 이용해서 책 제작 공정의 속도를 높일 수도 있다. 전자책을 팔아서 (하드커버에 들어가는) 직물, 종이, 유통 비용을 없앨 수도 있다. 회사를 합병해서 관리 부문 비용을 줄일 수도 있다.

하지만 출판의 핵심이 되는 책이나 잡지 기사를 쓰는 데 걸리는 시간 자체를 단축시킬 방법은 사실상 존재하지 않는다. 출판업의 본질을 바꾸려는 게 아니라면 그런 일은 불가능하다. 비용을 절감해주는 그 어떤 테크놀로지도 근본적인 창작 과정에서 인간을 배제할 수는 없으며, 그 어떤 소프트웨어도 저자가 생각을 끌어내는 속도를 높여줄 수는 없다. 책 제작 비용이 다른 경제 부문과 더불어 급상승하고 있다고 해도 불가능한 일이다.

출판업자들은 지난 수백 년 동안 비용 질병을 애써 부인해왔다. 그들은 자신이 온전히 자본주의적인 사업을 하고 있다는 사실을 부인하는 데에 많은 시간을 쏟았다. 시간이 지나면서 그들은 마케팅 이론과 공급망 관리법을 배우며 회사 경영을 합리적으로 바꿨다. 그럼에도 출판업의 핵심에는 본질적인 미스테리가 있었다. 출간하기 전에 책의 수익성을 미리 알기는 불가능하며, 정확하게 가치를 예측할 수 있는 방법은 존재하지 않는다. 각각의 책은 고유한 독립체이며, 각각의 책이 변덕스러운 시장을 갖고 있다. 게다가 출판업계에서 일하는 사람들은 자신의 직업을 상업적 마인드로만 바라보지 않는다. 책이 출간되는 과정을 지휘하는 편집자들은 자신이 취향을 만드는 사람이며 예술가라고 자부한다. 20세기의 가장 위대한 편집자 제이슨 엡스타인(Jason Epstein)은 "출판업은 특성상 집중되어 있지 않고 즉흥적이며 친밀성을 가진 가내 수공업이다. 자기 일에 헌신하고 자율성을 소중히 지키면서 뜻을 같이하는 소수의 사람들이 모였을 때 가장 잘 작동한다. 이들은 작가의 필요와 독자의 다양한 관심에 민감하다. 돈을 버는 게 가장 중요했다면 이 사람들은 아마도 다른 직업을 택했을 것이다."³¹ 이들은 정말로 봉건 영주의 후원이라는 오래된 전통을 이어받은 사람들이다. 이 전통은 완전히 사라지지 않았고, 출판사들은 우리 사회의 문화와 후세에 책임감을 느꼈다. 용케도 그들은 그런 상태로도 돌아갈 수 있는 사업을 만들어냈다. 간간이나마 히트작을 냄으로써 수익이 거의 나지 않는 작품도 출간할 수 있었던 것이다.

그러나 아마존은 작가를 보는 그 같은 관점을 철저히 무너뜨렸다. 아마존의 막강한 시장점유율 때문에, 출판사들은 아마존에 전적으로 의지해서 책을 팔고 있다. 덕분에 아마존은 공급업자들을 쥐어짜고 또 쥐어짜면서 출판사의 판매 조건을 좌지우지한다. 아마존은 출판사와 맺은 계약으로 변덕스럽게 바뀌는 수수료를 요구할 뿐 아니라, 더 경쟁적인 시장에서는 불가능한 수준의 수익을 챙긴다. 출판사들은 때로는 아마존의 요구를 순순히 들어주고 때로는 격렬히 저항했다. 하지만 출판사에게는 의지할 곳이 없다. 아마존이 출판사의 목을 더 세게 조를수록 고통 받는 쪽은 저자들이다. 출판사들은 출간하는 책의 숫자를 줄이고, 저자들에게 지불하는 선인세를 더 오랜 기간에 걸쳐 조금씩 나눠서 지급한다. 저자 인세의 붕괴가 순전히 아마존 탓이라고 하긴 어렵지만, 글쓰기의 단가 하락에 주요 역할을 한 것만큼은 사실이다. 글쓰기가 갖고 있는 비용 질병에 대해 아마존보다 훨씬 더 효과적인 해결책을 찾은 것은 페이스북과 구글이다. 그들은 어떤 경우에도 절대로 글쓰기에 비용을 지불하지 않는다.

직업으로서의 글쓰기는 서서히 쇠락하고 있다. 우리는 과격한 주장을 열렬하게 펼치는 사람들의 손에 이끌려 벼랑 끝을 향해 가고 있다. 실리콘밸리에서 대단히 존경받는 사상가인 크리스 앤더슨이 그런 사람이다.

과거에는 미디어 일이 전일 근무하는 상근직이었지만, 파트타임 업종으로 바뀌어 갈 것 같다. 아니, 어쩌면 미디어 일은 직업이 아니라 취미활동이 될지도 모른다. 어떤 업종이 특정한 규모를 유지해야 한다는 법은 없다. 한때는 대장장이가 있었고, 그다음에는 철강 노동자가 있었다. 하지만 상황은 변한다. 문제는 기자가 직업을 가져야 하는가가 아니라, 사람들이 원하는 정보를 자기들이 원하는 방식으로 얻을 수 있는가이다. 시장이 이를 해결해줄 것이다. 우리가 지속적으로 인터넷에 가치를 부여한다면, 우리는 그곳에서 돈을 벌 방법을 찾을 것이다. 하지만 사람이 하는 모든 일에서 반드시 돈을 벌어야 하는 건 아니다.[32]

역사를 살펴보면 앤더슨의 행복한 상상을 부정하는 결정적 사례들을 제법 찾을 수 있다. 2000년대 첫 10년간 블로그는 전성기를 구가했다. 아마추어들이 즐거움과 무한한 에너지 같은 것들로 충만하여 글을 썼다. 많은 전문가들이 이런 분출에 놀랐고, 전업 작가라는 사람들이 정말로 필요한지 의심하기 시작했고, 그들이 아마추어보다 오히려 재능이 떨어진다고 보게 되었다. 10년이 지난 지금, 블로거들의 성공에 대한 예측은 착각이었던 것으로 보인다. 아마추어

블로거 군단이 빛나던 순간이 있긴 했지만, 그런 순간들이 꾸준히 지속되지는 않았다. 그들의 숫자는 줄어들었고, 블로그의 시대는 대체로 종말을 고했다.

글쓰기가 지난 수백 년을 거치면서 직업이 된 이유는 그 일이 전문 직업인의 자질을 요구하기 때문이다. 아마추어가 하기에는 너무 많은 시간이 드는 일이다. 월리스 스티븐스나 T. S. 엘리엇, 실비아 플라스처럼 짬을 내어 글을 쓰면서도 길이 남을 작품을 남길 만큼 재능을 가진 사람은 극소수에 불과했다. 글을 쓰려면 이미 쓴 글을 고쳐쓰고, 때로는 별 성과도 없이 스크린을 보며 시간을 보내야 하고, 고달픈 연구와 조사를 해야 한다. 크리스 앤더슨의 예견에서 글을 쓰는 사람들은 지식을 생산하는 즐거움만으로도 무수한 힘든 순간들을 견뎌낼 수 있다는 가정은 틀렸다. 다른 사람들과 마찬가지로 작가들도 다양한 이유로 일에 매진하며, 그 이유 중에는 생활비를 버는 것도 포함된다.

19세기 말 글쓰기가 전문적인 직업이 되면서, 글쓰기 문화는 그 깊이를 더했다. 탐사 보도가 등장하기 시작했고, 철학 소설(novels of ideas)°들이 출간되었고, 잡지에는 특집(피처) 취재 기사가 등장했다. 이런 장르는 복잡하고 노동 집약적이기 때문에 일반적으로 직업이 요구하는 정신적인 집중이 필요하다. 직업 정신으로 무장한 작가들은 전문성을 기르기 시작했다. 이들은 높은 수준의 직업 윤리에 부합

° philosophical fiction. 철학에서 다루는 문제를 허구적인 상황에서 이야기하는 소설을 가리킨다. 알두스 헉슬리, 프란츠 카프카, 조지 오웰, 필립 K. 딕과 같은 작가들의 작품이 이에 해당한다.—옮긴이

하는 행동 강령을 지키면서 자신의 일에 임했다. 직업에서는 위험을 감수하면 보상이 따르기 때문에, 글쓰기가 직업이 된 이들은 지적인 위험을 감수하는 글을 쓰기 시작했다. 수익이 더 높은 일자리와 퓰리처상, 전미도서상 등이 그런 보상이었다.

하지만 실리콘밸리는 되돌아갈 수 없는 과거에 연연하지 말라고 가르친다. 낭만적 작가 정신은 죽었고, 영광스러운 미래가 우리를 기다리고 있다. 케빈 켈리는 그 미래를 봤다고 했다. 그는 자신이 공동 창간한 잡지인 《와이어드》라는 안락한 위치에서 눈길을 끌 만한 미래주의적인 글을 써냈다. 아미쉬 사람처럼 턱에서 귀까지 이어지는 수염을 기른 켈리는 예언자 같은 얼굴에 어울리는 격정적이며 거창한 선언이 가득한 문체를 구사했다. 마치 설교문 같은 그의 글은 고무적인 말로 끝난다. "테크놀로지가 더욱 거대해지면 우리는 스스로 재능을 발휘하게 될 것이며, 우리 아이들과 앞으로 태어날 모든 아이들 또한 재능을 발휘하게 될 것이다."[33]

구글이 지구상의 모든 책들을 스캔하기 시작했을 때, 켈리는 《뉴욕타임스 매거진》에 시대를 대표할 만한 에세이를 발표했다. 그는 구글의 야심이 대담하다고 했다. 너무나 대담한 탓에 구글 스스로도 이 계획이 가져올 결과를 온전히 이해하지 못한다고 했다. 하지만 켈리 자신은 알아볼 수 있었다. 책은 아주 오래된 테크놀로지로, 지금은 (새로운) 테크놀로지에 의해 극심한 파괴를 겪고 있다. 눈치채지 못하는 사이에 변화가 일어나서, 책은 이제 저자와 출판사의 통제를 벗어나버렸다. 독자들은 자신들이 가진 특권을 놓치지 않고 테크놀로지를 이용해서 책의 내용을 바꿔 자기 것으로 만들어버린다. 이들은 책들을 뒤섞어서 위키피디아 페이지와 비슷한 새로운 장르를 만들어낸다. "진짜 마술은 2막에서 일어날 것이다. 책의 각 권에서 각 단어들은 교차 연결되고, 한데 모이고, 인용되고, 발췌되고, 색인이 만들어지고, 분석되고, 주석이 달리고, 섞이고, 재조합되어서 그 어느 때보다도 깊이 있는 문화로 엮어질 것이다."[34]

이는 마셜 매클루언이나 스튜어트 브랜드 같은 사람들이 꿈꿨을 법한 일이다. 네트워크, 즉 테크놀로지로 하나가 된 글로벌 커뮤니티는 사람들을 갈라놓는 차이점들을 없앨 것이다. 하나의 책이 다른 책 안으로 녹아들 것이며, 복사해서 붙여넣기와 내용을 빌려오는 일이 흔해지면서 한때 각각의 책을 구별지어 주었던 차이가 사라질 것이다. "흥미롭게도 전 세계를 아우르는 도서관은 아주 아주 아주 거대한 하나의 단일한 텍스트가 된다. 이 세상에 존재하는 단 한 권의 책이 되는 것이다."[35] 케빈 켈리 자신도 인정하듯, 이는 종교적 이상이다. 켈리는 미래를 "만물의 에덴동산"이라는 비유로 설명했다. 이 같은 원죄 이전의 이상에는 정치적인 귀결이 필연적으로 뒤따른다. 세상의 책들이 아름다운 한 권의 책으로 녹아들기만 하는 게 아니라, 반대 의견 역시 사라져버린다(이는 라이프니츠가 가졌던 이상이 수정, 업데이트된 것이다.). 독자들이 힘을 모아 주석을 달고 편집하여 공통된 의견에 도달한다. 네트워크의 경로를 따라가다 보면, 가장 의견이 분분한 논의도 합의점을 찾는다. 페이스북은 이를 다음과 같이 설명한다. "다양한 배경을 지닌 사람들이 쉽게 서로 연결되어 의견을 공유하게 함으로써, 단기적·장기적으로 세상의 분쟁을 줄일 수 있습니다."[36]

하지만 모두 알다시피 이는 환상에 불과하다. 페이스북은 그들이 내놓은 이상과 완전히 반대편으로 사람들을 끌고간다. 페이스북은 일라이 패리서(Eli Pariser)가 "필터 버블"이라 부르는 환경을 만들어냈다. 페이스북 알고리듬은 우리가 읽고 싶고 공유하고 싶어질 만한 콘텐츠를 보여준다. 그런 충동이 가져올 지적, 정치적 위험은 어렵지 않게 상상할 수 있다. 이 알고리듬은 독자가 마음 속 깊이 가지고 있는 신념과 편향을 확증하게 하는 텍스트와 동영상을 부지불식간에 제공하지만, 사용자의 기분을 상하게 만들지 모르는 반대 의견은 보여주지 않는다. 진보적인 사람들에게는 진보적인 견해가 잔뜩 등장하고, 채식주의자들에게는 채식주의 주장이 끝없이 나타나며, 대안우파(alt-right)°에게는 대안우파들의 쓰레기 같은 주장만 주입되는 식이다. 페이스북은 사용자들이 노트북을 내던질 정도로 화를 돋굴 만큼 심한 반대 의견을 읽지 않도록 보호해 주지만, 이런 반대 의견은 읽는 사람의 마음을 바꾸거나 다른 사람들의 생각을 이해하는 데에 도움을 줄 수도 있다.

경제적인 관점에서 네트워크가 갖는 위험성은 독점이다. 경쟁 시장이 거대 기업의 지배 하에 놓이게 된다는 것이다. 문화적인 관점에서 네트워크의 위험성은 순응이다. 사상의 경쟁 시장에서 경쟁이 줄어들고, 합의를 가장 중요시하게 된다는 것이다. 케빈 켈리는 열정적으로 자신의 주장을 펼치다가 무심결에 자신의 비전이 초래할 수 있는 어두운 결과를 말해버렸다. 그는 "벌집형 사고"를 극찬했다. 벌

° 흔히 트럼프 지지자들로 알려진 미국의 극보수주의자들을 가리키는 표현—옮긴이

집형 사고는 우리가 저자에 대한 숭배를 멈추고, 크라우드소싱과 위키와 소셜미디어에 굴복해 휩쓸리고, 내 스스로 생각하는 대신 '현명한 대중'을 따를 때 일어난다. 벌집형 사고는 인류가 아름다운 하모니를 이루면서 함께 일하는 모습을 설명하기 위해 만든 표현이다. 하지만 정말로 벌집에서 살고 싶어하는 사람이 있을까? 우리가 역사 속에서 확인했듯이, 이런 종류의 의견 일치는 성형 미인처럼 숨막히는 동질성에 불과하다. 이는 반대 의견을 죽이고 독창성을 질식시킨다.

　　이는 이 시대의 정치에도 적용된다. 우리 시대는 서로 적대적인 이념으로 무장한 패거리들의 한 치도 양보하지 않는 극한 대립으로 규정된다. 그렇지만 작동 불능 상태에 빠진 시스템의 근본 원인은 분열 그 자체가 아니다. 다양한 원인들이 있지만, 가장 중요한 문제는 순응이다. 페이스북은 두 진영의 벌집형 사고를 만들어냈는데—벌집에는 언제나 여왕벌이 있다—각 진영은 쉽게 동의하는 태도를 키우고 다른 의견을 처벌하는 생태계다. 벌집형 사고는, 사실과 허구를 구분하는 능력을 약화시키고 자기편 노선을 강화하는 증거만 편향적으로 받아들이게 함으로써, 지적으로 무력화된 사고다. 페이스북은 합의를 이루어냈지만, 약속했던 종류의 합의가 아니었다. 페이스북 네트워크의 힘은 세상을 하나로 만드는 대신 사람들 사이를 갈라놓았다. 우리가 과거에 숭상하던 천재와 독창성에 아무리 단점이 많았다 해도 이보다 더 나쁠 수는 없다.

3부

생각의 회복

TAKE BACK THE MIND

9장 | 데이터의 수호천사
IN SEARCH OF THE ANGEL OF DATA

20세기 중반이라면, 테크 기업들은 지금처럼 마음놓고 활개치지 못했을 것이다. 그들은 엄중한 감시를 받았을 것이고, 이따금씩 제재를 받기도 했을 것이다. 당시만 해도 미국인들은 대기업과 그들이 가져올 위험에 어떻게 대처해야 할지 지금보다 잘 알고 있었다. 그렇지 않았더라도 당시에는 적어도 사람들이 그 문제를 중요하게 생각했다. 정치인들은 독점의 폐해를 자주 언급했고, 어느 당이 집권했느냐와 상관없이 독점의 폐해를 막는 것은 정부의 최우선 과제였다. 특히 그 대기업들이 지식과 사상을 퍼뜨리는 데 중요한 역할을 한다면 더 그랬다.

경제적 집중은 그때 이후로 미국인들의 주요 관심사에서 멀어졌다. 물론 정부의 역할에 대한 사회적 합의가 바뀐 탓도 없지는 않다. 정부의 개입을 최소화해야 한다는 시카고대학교의 신고전주의 경제학자들과 자유방임주의자들의 주장 쪽으로 미국이 서서히 이동한 결과일 수도 있다. 하지만 테크 독점 기업들은 미국 기업사에서 한 번도 겪어본 적 없는 새로운 위협이다. 이 위협에 대응하려면, 정부는 극적인 변화와 함께 인터넷을 더욱 과감하게 규제하는 프로그램을 신설하고, 개인 정보와 시장 경쟁을 보호하는 완전히 새로운 기구를 만들어야 한다. 하지만 이 문제를 시정하기에 앞서, 먼저 문제를 명확히 하고 문제가 발생한 기원을 이해할 필요가 있다.

1989년, 베를린 장벽이 무너져 수집가들이 찾는 돌무더기로 변해버렸던 바로 그 해에 인터넷은 지금 우리가 아는 형태로 세상에 처음 모습을 드러냈다. 서로 무관해 보이는 두 사건이지만, 정신적으로는 분리되어 있지 않다. 이상으로 가득했던 그 해에, 자본주의는 오랜 경쟁자를 물리쳤고 인터넷은 자유 시장을 향한 여정을 시작했다.[1]

초기 인터넷—'인터네트워크(inter-network)'를 기크스럽게 줄인 표현—을 키워낸 것은 미국 정부였다. 미국 국방부는 1960년대에 소련의 공격을 견뎌낼 수 있는 통신 시스템을 개발하기 위한 예산을 승인했다. 그렇게 탄생한 시스템이 몰라볼 만큼 변해서 원래의 군사적 목적으로부터 벗어나자, 국방부가 이 시스템을 관리하는 것은 더이상 의미 없는 일이 되었다. 결국 국방부는 또 다른 관료 조직인 국립과학재단(National Science Foundation)으로 통제권을 넘겼다. 정부 소속의 관리자들은 인터넷을 "지나치게 사적이거나 개인적인 용도로 사용하는 것"을 금지하는[2] 엄격한 규제를 적용했다.

인터넷에 대한 당국의 관리는 충분히 잘 이루어졌지만, 국립과학재단 관리자들은 더 멀리 내다보고 있었다. 그들은 이렇게 잠재력이 큰 발명품을 정부가 관리해서는 안 된다고 생각했다. 마침 세계는 신자유주의로 방향을 전환하고 있었고, 국립과학재단은 인터넷을 민영화하기 위한 다년 간의 계획을 구상했다. 인터넷이 정부의 족쇄에서 풀려난다면 글로벌 상거래와 매스커뮤니케이션 엔진으로서 혁명적인 잠재력을 실현할 수 있을 것이었다. 세상이 '역사의 종언(End of History)',° 즉 세계화된 자유주의 질서를 향해 달려가고 있다면, 세상을 영광스러운 최종 목적지로 데려다줄 운송 수단이 바로 인터넷이었다.

자본주의가 맛본 승리의 희열은 인터넷이 출현하는 분위기를 결정지었다. 예로부터 이어져온 지혜는 더 이상 적용되지 않는 듯했다. 20세기를 거치면서 서방 국가들은 기업과 금융이 공익에 미칠 피해를 제한하도록 민간 부분에 대한 규제를 시행했다. 하지만 역사는 그 같은 접근 방식으로부터 벗어나고 있는 듯 보였다. 소련의 실패는 국가가 통제하는 방식에 의구심을 불러일으켰다. 그리하여 정부는 인터넷을 사유화하는 데에 그치지 않고, 정부의 감독이 거의 없이 성장하도록 허용하는 의식적인 결정을 내렸다. 연방통신위원회 의장 윌리엄 케너드(William Kennard)는 1999년에 당시 흔했던 정서를 이렇게 밝혔다. "광대역 통신망 세상에 규제가 없는 지대를 만들고 싶습니다."[3]

한동안 인터넷은 1989년에 꿈꾸었던 바를 누릴 수 있었다. 정부도 역할을 했지만, 인터넷의 사유화는 자본주의가 거둔 가장 위대한 성공인 듯했다. 반독점 소송은 1980년대에 들어서까지도 IBM과

° 특정한 정치, 경제, 사회 시스템이 발전하여 인류의 사회문화적 진보의 종점과 인간 정부의 최종 형태에 이를 수 있다는 정치 철학 개념. 토머스 모어, 헤겔, 마르크스 등의 사상이 여기에 해당하며, 특히 1992년 나온 프란시스 후쿠야마의 책 『역사의 종언』은 1990년대에 큰 논쟁을 불러왔다.—옮긴이

AT&T를 괴롭혔다. 거대 기업들은 두 손 두 발이 묶여 있었고, 법무부에서 일하는 변호사들에게 미움을 살까 걱정하느라 중요한 기회가 왔을 때 인터넷에 대한 통제권을 장악하지 못했다. 정부 관료들의 기민한 계획 덕분이기도 했지만 타이밍이 운 좋게 맞아떨어졌던 탓이기도 했다. 결과적으로 어느 한 기업도 인터넷을 장악하지 못했다. 이런 조건들이 맞물려 창조적 파괴의 성대한 축제가 벌어졌다. 새로운 기업들이 끊임없이 생겨나고 사라졌으며, 이곳저곳에서 혁신이 폭발적으로 일어났다. 과거에는 접근하기 힘들었던 지식의 보고에 곧바로 접속할 수 있게 되었다. 소비자의 낙원이 도래한 것이다.

사람들은 비즈니스의 역사가 새로운 패턴으로 접어들었다고 생각하기 시작했다. 이 변화를 반기는 사람들은 이를 신경제(New Economy)라 불렀다. 인터넷 시대에는 기업들이 지배력을 오래 지속할 수 없을 것이었다. 실제로 사유화 작업의 마지막 단계가 완성된 지 6년 만에, 기업 가치를 높이 평가받던 기업들 중 많은 수가 불명예스러운 닷컴 붕괴로 문을 닫았다. 이 기업들이 스포츠 스타디움에 회사 이름을 붙였든 상거래 혁명을 일으켰든 상관없었다. 역사상 가장 거대한 불황 중 하나가 기업들을 덮쳤다. 우리는 닷컴 붕괴를 겪은 후에 인터넷을 바라보는 시각이 바뀌었다. 웹은 절대로 일정한 패턴대로 돌아가지 않을 것이며, 어떤 기업도 차고에서 동종의 스타트업을 시작한 젊은 천재의 도전에서 자유로울 수 없을 것이라는 생각이 그것이다. 웹은 마치 경제학 교수가 설계하기라도 한 듯 완전 경쟁의 환경을 조성했다. 소비자들은 언제나 더 저렴한 대안으로 옮겨갈 수 있고, 아무런 힘을 들이지 않고도 더 나은 테크놀로지로 갈아

탈 수 있다. "사용자는 클릭 한 번으로 당신의 경쟁사에게 가버릴 수 있다."는 것이 통설이었다.

이 말은 놀랄 만큼 오랫동안 통용되었지만, 결국 희망사항에 지나지 않았음이 밝혀졌다. 개방과 유동성의 시기는 필연적으로 끝나간다. 팀 우(Tim Wu)는 커뮤니케이션의 역사를 이야기하면서, 그가 '순환주기(The Cycle)'라고 명명한 자본주의의 진행을 설명한다. 모든 새로운 정보기술(information technology)은 유사한 궤적을 따라간다. "누군가의 취미가 누군가의 산업이 되고, 처음에는 어설프게 만든 물건이 잘 갖춰진 생산 라인에서 제품으로 탄생하고, 공짜로 접근 가능했던 채널이 단일한 기업 또는 기업 카르텔에 의해 엄격히 통제되는 채널이 된다."[4] 역사가 완전히 똑같이 반복되는 건 아니지만, 우리는 우가 말하는 순환주기의 끝에 있는 통제된 단계에 다다랐다. 이제 우리는, 우리 시대의 독점 기업들이 과거에 원하는 대로 행동했던 거대 독점 기업들보다 훨씬 더 철저하게 독점적 지위를 강화할 수 있다는 사실을 받아들여야만 한다. 테크 기업들과 경쟁 기업들 사이의 격차가 점점 더 벌어지게 되는 이유 중 하나는, 이 기업들이 귀중한 자산을 대량으로 비축했다는 사실이다.

우리 시대에 자주 듣는 진부한 표현 중 하나가 '데이터는 새로운 석유'라는 말이다. 처음 들었을 때만 해도 과장되었다고 느꼈지만, 지금은 완벽한 사실이다. 데이터는 생명이 없는 단어처럼 들리지만, 데이터가 어떤 것들을 보여주는지를 생각하면 전혀 그렇지 않다. 데이터는 우리의 행동을 기록한다. 우리가 무엇을 읽고, 무엇을 시청하고, 하루 온종일 어디를 돌아다니는지, 무엇을 사고, 누구와 연락을 주고받으며, 무엇을 검색하는지, 컴퓨터에 입력하려다가 지워버린 생각은 무엇이었는지 등. 데이터가 충분하다면, 상관관계를 살펴서 패턴을 찾아낼 수 있다. 컴퓨터 보안 전문가인 브루스 슈나이어(Bruce Schneier)는 "데이터를 축적하면 당신이 시간을 어떻게 쓰는지 더 정확하게 알 수 있다. 인간의 불완전한 기억력에 의존하지 않아도 되기 때문이다."[5]라고 한다. 데이터를 살펴보면 사용자들을 이해할 수 있다. 말하자면 데이터는 정신의 초상화다. 에릭 슈미트는 "우리는 당신이 어디에 있는지, 그리고 어디에 있었는지 알고 있고, 무슨 생각을 하고 있는지도 어느 정도 짐작할 수 있습니다."[6]라고 자랑스레 얘기한 적이 있다.

정신의 초상화는 막강한 능력을 갖고 있다. 이것을 가진 기업들은 사람들의 행동을 예상하고 그들의 욕구를 예측할 수 있다. 데이터만 있으면 당신이 내일 어디에 있을지 20미터 범위 내로 짐작할 수 있고, 배우자나 연인과의 관계가 유지될지 깨질지도 꽤 정확하게 예측할 수 있다. 자본주의는 소비 심리를 부추기고, 사람들의 뇌를 이용해서 그들이 한 번도 필요하다고 생각해본 적 없는 제품에 대한 욕구를 자극할 수 있게 되는 날을 꿈꿔왔다. 데이터는 이 오랜 꿈이 실현되도록 돕는다. 사람들이 시키는 대로 행동하게 하고, 쉽게 중독되게 하고, 부추김에 쉽게 넘어가게 만든다. 많은 소비자들이 아마존의 구매 추천 상품을 사는 것도, 구글의 광고를 클릭하는 것도 바로 그 때문이다.

시장을 지배하는 테크 기업들은 사람들의 모습을 가장 완벽하게 묘사한 초상화를 대량으로 수집해서 저장하고 있다. 이 기업들은 인터넷을 돌아다니는 사람들의 뒤를 철저하게 따라다니고 있고, 그렇게 돌아다닌 기록이 무엇을 의미하는지 해석할 수 있는 컴퓨팅 파워를 갖추고 있다. 이런 일을 할 수 있다는 이점은 아주 중요해졌을 뿐 아니라, 시간이 지날수록 그 중요성은 더 커진다. 이들은 테크 대기업만이 수집 가능한 방대한 데이터를 활용해서 효과적으로 학습하는 머신을 만들어냈다. 구글에 대항하는 어떤 경쟁사도 구글의 검색 결과를 따라잡을 수 없을 것이다. 구글이 이미 쌓아놓은 검색 기록이나 구글이 이미 찾아낸 검색 패턴을 따라갈 수 없기 때문이다.

이런 면에서 데이터는 석유와 다르다. 석유는 제한된 자원이지만 데이터는 무한히 재생 가능하기 때문이다. 테크 독점 기업들은 자신들이 모은 데이터를 가지고 실험을 반복해서 트렌드 예측 능력을 갖추고, 소비자를 더 잘 이해하고, 우수한 알고리듬을 만들어낼 수 있다. 구글의 수석 경제학자 할 바리안(Hal Varian)은 구글에 합류하기 전에 『정보가 지배한다』라는 중요한 지침서를 칼 샤피로(Carl Shapiro)와 함께 썼는데, 그 책에서 바리안은 데이터가 시장의 기능을 증폭시킬 거라고 예측했다. "양의 피드백(positive feedback)°은 강자를 더 강하게, 약자를 더 약하게 만들기 때문에[7] 강자와 약자가 극단적으로 갈리는 결과를 낳는다." 이런 극단적 결과 중 하나가 데이터를

° 생물학에서 양의 피드백, 혹은 양성 피드백이란 기존의 작용을 촉진시키는 반응으로 많은 것을 더 많아지게 하는 반응이다. 옥시토신의 분비, 젖 분비, 자궁 수축 호르몬의 분비가 그 예이다. 이를 기계나 전산 용어로도 전용해서 사용하는데 원래의 입력과 같은 방향에서의 출력으로 효과를 증폭시키는 것을 말한다.—옮긴이

이용하는 독점 기업의 확산이다.

이런 집중은 위험하다. 이 기업들은 사용자들을 광범위하게 감시하고, 그들의 일거수일투족을 모니터링하고, 그들에 대한 많은 정보를 축적하고 있기 때문에 지배적인 지위를 얻게 되었다. 모리스 스터키(Maurice Stucke)와 아리엘 에즈라치(Ariel Ezrachi)는 이 기업들이 "마치 신처럼 시장을 내려다 본다"[8]고 했다. 직설적으로 말하자면, 이들은 사용자들의 프라이버시를 파괴해서 제국을 건설했다. 이들은 앞으로도 계속해서 한계를 밀어붙이고, 사람들의 개인 생활에 더 깊이 침투해서 지금보다 더 정밀한 초상화를 그려낼 것이고, 이를 통해 현재의 지위를 더욱 공고하게 유지할 것이다. 따라서 이제 프라이버시에 대한 위협 요인과 경쟁 시장에 대한 위협 요인은 더 이상 분리되지 않는 동일한 요인이다. 오늘날 독점의 문제는 과거와는 전혀 다른 모습을 하고 있다.

오늘날을 사는 미국인들은 상상하기 어렵겠지만, 독점과 관련한 문제는 여러 세대에 걸쳐 미국의 정치를 지배했다. 독점에 관한 논의는 미국이라는 국가의 핵심에 맞닿아 있다. 이전에는 권력이 기업에게 집중되면, 국민의 자유를 침해하고 민주주의를 우습게 여기게 될 거라 생각했다. 이 같은 우려는 여전히 남아 있지만, 독점에 대한 논의는 과거에 비해 지극히 협소해졌다. 경쟁에 기반한 경제를 유지하기 위해 고안된 법의 바탕이 되는 반독점법이, 이제는 도덕적인 의미는 상실한 채 고도로 기술적인 논의에만 치중하게 되어서 우리 시대의 시장 지배 기업들을 논의하기 힘든 법이 되어버렸다. 테크 대기업들이 기업의 거대화에 대해 미국이 가졌던 모든 우려를 다 합친 수준으로 커진 상황인데도 그렇다. 이 법이 가지고 있던 원래의 취지를 되살려야 하는 상황인데도 우리는 지난 수십 년 동안 다른 방향으로 가고 있었다.

독점과 관련한 논의에서 중심이 되는 인물—독점에 맞서 싸우는 진영이 '공정함'이라는 논리를 포기하게 되는 과정에서 결정적인 역할을 한 인물—은 어떤 면으로 보나 카우보이였다. 그 인물은 미국 서부가 상상하기 힘들 만큼 멀고 이국적이었던 시절 (서부에 있는) 와이오밍 주 라라미에서 태어나 자라고, 빛나는 기지와 신랄한 유머로 미국의 기득권층에 들어가 자신의 위치를 다진 사람이다. 그 사람은 바로 1930년대에 예일 대학교에서 법학을 가르쳤던 서먼 아놀드 (Thurman Arnold)로, 그의 글에서는 사람들을 싫어하는 그의 성격이 드러난다. 그의 대표작 『자본주의 신화(The Folklore of Capitalism)』는 "멍청한 부르주아(Booboisie)"°를 신랄하게 비판했던 H. L. 멩켄(H. L. Mencken)의 덕을 톡톡히 보았다. 이 책은 미국인들의 생활 전반을 지배하던 환상을 정확히 지적했다. 책을 쓴 아놀드 자신은 마치 "화성인"이 낯선 사회를 관찰하는 듯한 냉정한 (그리고 풍자적인) 태도를 취했다. 그는 국민들이 미국의 제도가 정당하다고 생각하는 이유는 거짓말에 속고 있기 때문이라고 주장했다. 미국인에 대한 아놀드의 평가는 너무나 비관적이라서, 그는 민주주의 자체보다는 (민주주의에 대해) 냉소적으로 공격하는 걸 더 좋아했던 것 같기도 하다. 그는 민주

° 속물을 뜻하는 'boob'과 부르주아지의 합성어—옮긴이

주의가 "평범한 군중의 모자란 판단"이라고 했다.[9] 아놀드에 따르면 미국에 존재하는 다양한 무의미한 의례와 "대중적으로 인기 있는 도덕적 제스처"들 중 하나가 반독점법(antitrust laws)이었다. 그는 이런 법들이 그저 감정적으로나 만족감을 줄 뿐, 경제력 집중을 멈추게 하는 데에는 아무런 효과가 없다고 주장했다.

그랬기 때문에 1938년 프랭클린 루스벨트 대통령이 서면 아놀드를 법무부 독점금지국의 수장으로 임명한 것은 의아한 일이었다. 그의 인사청문회는 특히 쉽지 않았다. 평소 말을 잘하는 아놀드였지만, 자신이 그동안 비판했던 반독점법을 집행하는 직책을 맡으려는 이유를 설득력 있게 설명하기가 쉽지 않았다고 실토했다. 자기 책에 "(아이다호 출신의) 윌리엄 보라(William Borah) 상원의원 같은 사람들은 (반독점법을) 지속하는 것으로 자신의 정치적 커리어를 쌓는다. 실효성이 없지만 보기에는 그럴듯하기 때문이다."[10]라고 썼던 아놀드는, 바로 그 상원의원의 질문에 시달려야 했다. 그렇지만 그때만 해도 사람들이 지금보다는 너그러웠던 시절이었다. 상원은 아놀드가 나중에 "책의 그 부분을 수정하는" 조건으로 아놀드의 인준을 승인했다.[11]

독점금지국장이 되자 아놀드는 우려와 달리 놀라울 정도로 원기왕성하게 일했다. 그가 업무를 시작했을 당시만 해도 반독점국은 빈사 상태에 있었고, 연 평균 고작 아홉 건의 반독점 소송을 제기했을 뿐이었다. 그러던 것이 아놀드의 업무 추진이 탄력을 받기 시작한 1940년에 이르면 무려 아흔두 개 기업을 기소하기에 이른다. 그는 영화, 낙농, 신문, 운송 등 미국의 거의 모든 산업을 겨냥했다. 2차 세계대전이 발발하면서 그의 반독점 노력이 중도에 멈추긴 했지만, 아놀드가 독점금지국장으로 있는 동안 미국 정부는 사상 유례가 없을 만큼 공격적으로 반독점법을 시행했다. 지금과 비교해보면 당시를 짐작할 수 있을 것이다. 오바마 정부가 기존 독점기업을 기소한 건, 단 두 건에 불과하다.

아놀드의 후임자들도 비록 아놀드만큼 적극적이지는 않았지만 그의 견해를 이어받았다. 아놀드는 자신의 글에 썼던 것처럼, 반독점법에서 텅 빈 수사법에 불과한 야심찬 미사여구를 걷어내고 철저하게 현실적으로 반독점법을 적용했다. 루이스 브랜다이스(Louis Brandeis) 대법관이나 우드로 윌슨 대통령처럼 진보 시대 반독점법의 지적 토양을 마련했던 사람들은 반연방주의자인 토머스 제퍼슨의 후계자를 자처했다. 그들이 기업의 거대화를 싫어했던 이유는 거대 기업이 자치정부(self-government)에 해가 된다고 생각했기 때문이다. 그들이 보기에 역사의 주역은 소규모 제조업자나 상인 같은 사람들, 윌슨의 표현을 빌리자면 "돈을 벌기 위해 노력하는 사람들"이었다. 이들은 경제적으로 독립적일 때 비로소 시민 정신으로 무장할 수 있는데, 독점 기업들은 그들의 경제적 독립을 짓밟았다.

하지만 아놀드는 이런 시민 정신에 대한 집착을 마치 "오래된 종교"처럼 이제는 던져버려야 할 쓰레기라고 생각했다. 그에게 기업의 규모는 전혀 중요하지 않았다. 아니, 아예 독점을 하는지 여부조차도 그의 관심사가 아니었다. 브랜다이스는 "거대한 규모"가 "폐해"라고 생각했지만 아놀드는 그렇지 않았다. 그는 "그런 논쟁은 높은 빌딩이 낮은 빌딩보다 더 좋은지 나쁜지,[12] 큰 덩어리의 석탄이 작은 덩어리의 석탄보다 더 좋은지 나쁜지 따지는 일이나 마찬가지"라고 했다. 아놀드가 보기에 반독점법의 목적은 단 하나로서, 비효율적인 기업, 즉 그 비효율성으로 인해 소비자의 이익에 해를 끼치는 기업을 기소하는 것이었다. 정치학자 마이클 샌델(Michael Sandel)은 "브랜다이스식 사고를 계승하여 독점에 반대했던 사람들과 달리, 아놀드는 자치정부를 보존하기 위해 경제력 집중을 막으려 한 것이 아니라 소비자 가격을 낮추기 위해서 경제를 규제했다."[13]고 설명한다.

그 이후 오늘날까지 미국에서는 아놀드 식의 사고가 지배적이다. 사람들은 거대 기업 간의 합병이나 혹은 나쁜 방법으로 경제력이 집중될 때에야 비로소 걱정하기 시작하고, 소비자 가격을 마구 올릴 때만 특정 기업의 시장 지배에 분노한다. 즉 이미 존재하는 독점을 무너뜨릴 행동을 취하는 일은 거의 일어나지 않는다. 사람들은 이제 경제 권력의 집중을 불가피한 현실로 받아들인다. 《이코노미스트》에서 2016년 이런 현상을 분석한 결과, 대부분의 경제 부문—조사 대상 900개 영역 중 3분의 2—에서 1997년에 조사했을 때와 비교해 훨씬 더 심각하게 집중화가 진행되었음을 확인했다.[14] 루즈벨트 연구소(Roosevelt Institute)는 "지금의 시장은 남북전쟁 직후 황금광시대 이후 집중도는 최고조에 달했고 경쟁은 가장 덜하다."[15]라고 발표했다.

과거에 소비자의 이익에 집착했던 것은 반독점법을 좁게 해석한 탓이기는 했어도 그 자체로 잘못은 아니었다. 하지만 아놀드가 활동하던 시대 이후 경제는 크게 달라졌다. 미국의 어떤 대기업들은 이제 상품을 공짜로 뿌린다. 아마존과 월마트는 공짜 상품을 나눠주지는 않지만, 최저가에 광적으로 집착한다. 아놀드의 기준으로 보자면, 우리는 이들 거대 기업에 대해 두려워해야 할 이유가 별로 없다. 그들이 경쟁사를 제압하는 방법에 대해서는 걱정을 해야 하지만, 이 업종의 비효율성에 대해 불안해할 이유는 거의 없다. 그러나 이런 관점은 그 기업들이 미국인의 생활에서 차지하는 역할을 온전히 파악하지 못하는 것이다. 반독점법에 대한 아놀드의 비전은 여전히 유효하지만, 우리 시대의 독점이 가져오는 문제점은 브랜다이스가 경고했던 악몽의 시나리오를 더 닮아가고 있다. 아마존, 페이스북, 구글에서 볼 수 있는 거대화의 위협은 자치정부에 대한 위협이다.

　　한때 기업의 변호사였다가 기업들의 골칫거리로 변신한 브랜다이스는 지나치게 순진한 사람이었을 수도, 잔소리꾼이었을 수도 있지만, 둘 중 어느 쪽이었다고 해도 그의 견해가 가진 영향력을 무시할 수는 없다. 그의 가장 큰 관심사는 미국이 훌륭한 민주주의를 갖추는 것이었지만, 그가 말하는 훌륭한 민주주의는 궁극적으로 훌륭한 국민을 의미했다. 그가 동시대 미국인들을 바라보는 시각에는 대중에 대한 깊은 신뢰와 불신이 공존하고 있었다. 한편으로 그는 평범한 시민들이 정교하고 합리적인 주장을 도출할 만한 잠재력이 있다고 믿었지만, 동시에 소비의 유혹에 쉽게 빠져들고 광고에 휘둘리는 시민들의 모습을 경멸했다. 그의 생각에 평균적인 미국인의 잠재력은 독서와 사색, 그리고 수준 높은 문화를 폭넓게 향유할 때에만 성취될 수 있었다. 이 주제에 대해 이야기할 때면 브랜다이스는 노동자와 상인들이 "자기 계발"을 해야 한다고 열정적으로 주장했다.

　　그가 독서와 사색을 권한 것은 그렇게 하는 것이 시민들 스스로에게 도움이 되기 때문만이 아니었다. 그것은 브랜다이스가 가지고 있던 정치철학의 초석이었으며, 그 철학은 훗날 그가 대법관이 되어 내린 판결로 구체화되었다. "국가의 최종 목표는 국민이 자유롭게 자기 계발을 할 수 있게 하는 것이다."[16] 그는 남녀 누구나 독립적이고 비판적으로 생각할 수 있는 환경을 조성하기 위해 우리 시대의 프라이버시 개념을 만들고 수정했다. 법학자 닐 리처즈(Neil Richards)는 브랜다이스의 이론을 "지적 프라이버시"라고 불렀다. 이는 우리가 어떤 "아이디어를 만들어내는 과정에서 외부의 감시나 간섭을 받지 않도록 보호"[17]한다는 의미였다. 누구나 어떤 것을 공개적으로 논의하려면 그에 앞서 자신의 의견을 정리해야 하는데, 이를 위해서는 그 누구의 감시도 걱정하지 않고 자신의 아이디어를 실험하고 폐기할 자유가 보장되어야 했다. 사람들은 누군가의 감시를 받고 있다고 생각하면, 용기를 내야 하거나 일반적으로 용인되는 견해의 범위를 넘어서는 의견을 탐색할 가능성이 훨씬 낮아진다. 그리고 감시자의 마음에 드는 쪽으로 자신의 의견을 굽히기 시작한다. 자유롭게 생각할 사적인 공간이 없으면 우리의 사고는 죽어버리며, 사고가 죽으면 공화국도 따라서 죽어버린다. 브랜다이스는 "자유에 대한 가장 큰 위협은 타성에 젖어 무기력한 국민이다."[18]라고 썼다.

우리는 브랜다이스의 사상이 가지고 있는 중요한 전제 몇 가지를 되살려야 한다. 첫 번째는 효율성에 대한 비판이었다. 브랜다이스가 효율성을 전적으로 거부했던 것은 아니다. 그는 스톱워치와 데이터 주도 방법론을 동원해서 공장을 더 빠른 속도로 돌아가게 했던 과학적 관리법의 창시자 프레더릭 테일러(Frederick Taylor)의 충실한 신봉자였다. 하지만 브랜다이스는 사회가 효율성을 최고의 가치로 신봉하게 될 가능성을 걱정했다. 편리한 것은 좋지만 우리 자신을 희생하면서까지 달성할 목표는 아니었다. 그는 사람들이 효율성을 위해 자신이 가진 자유를 내어주지 않을까 두려워했다. 그건 독재를 부르는 유혹이었다. 정시에 운행되는 기차를 위해 자유쯤은 포기할 수 있다는 식의 생각이 그것이다. 이런 생각을 요새 기준으로 바꿔보면, 공짜 이메일 계정은 좋지만 그 대가로 프라이버시를 희생해야 한다면 얘기가 다르다. 익일 배송은 좋지만, 그 이익을 누리기 위해서 단일 기업이 유통업 전체를 지배하고 제품과 노동의 시장 가격을 결정하게 허용할 수는 없다.

두 번째 전제는 첫 번째 전제의 연장선상에 있다. 미국의 헌법을 만든 사람들은 자유를 효율성보다 우선시했으므로, 효율성이 다소 떨어지는 형태의 정부를 설계했다. 그들은 견제와 균형을 통해 국가 기구들의 작동 속도를 의도적으로 늦췄다. 브랜다이스는 권력기관들의 힘이 서로 상쇄되는 것이 중요하다고 생각했다. 사회의 한 영역이 지나치게 크고 강력해지면 민주주의는 숨쉬기 어려워진다. 브랜다이스는 기업의 권력을 제한하기 위해서 노동조합이 필수적이라고 믿었다. 소수의 집단이 국가를 좌지우지하는 것은 공화정을 당장 위협하는 요인이었기 때문에, 국가는 그런 일이 일어나지 않도록 과감한 조치를 취할 수 있었다. 그렇다고 브랜다이스가 국가를 전적으로 신뢰한 것은 아니었다. 오히려 그는 연방 정부보다 더 작고 덜 위협적인 단위의 조직에 권력을 맡기는 편을 선호했다. 그가 보기에 현대 사회가 가장 두려워해야 할 것은 소수의 기업들이 큰 정치적·경제적 권력을 누리게 되는 상황이었다. 그는 "미국 국민은 정치뿐 아니라 경제에서도 소수의 독점을 필요로 하지 않는다."고 했다.

브랜다이스가 살아 있다면 구글이나 페이스북, 아마존을 보고 무슨 생각을 했을지 충분히 짐작할 수 있다. 그가 경계했던 모든 것들을 합쳐놓은 기업들이기 때문이다. 이들은 어떤 기관의 감독도 통제도 없이 자유롭게 활동하는 독점 기업들이다. 이들은 인류 역사상 가장 광범위한 감시를 진행하면서 다른 한편에서는 효율성의 복음을 전파한다. 이들은 제품을 만들어 파는 중소기업들에 대한 배려라고는 전혀 없는 지대추구자들(rent-seekers)°이다. 이들은 시민들이 정치적 견해를 형성하기 위해 사용하는 정보를 필터링해서 시민의 생각을 바꾼다. 브랜다이스가 현대 미국인 생활의 규준(norm)을 세우는 일을 도왔다면, 이 기업들은 그렇게 탄생한 규준을 심각하게 훼손하는 시스템을 만들어냈다.[19]

브랜다이스가 활동하던 시대에는 규제 옹호론이 대중을 결속시켰다. 하지만 지금은 사람들이 독점의 문제점을 깨닫지도 못한다. 이 테크 기업들의 독점에 대해서는 특히 더 그렇다. 사람들은 거대 테크 기업들은 자유 시장 체제에서 천재적인 기술을 통해 공정하고 당당하게 지배력을 획득했다고 확신한다. 오로지 실력으로 거둔 성공이라는 이런 이미지 뒤에는 이들 새로운 독점기업에 내재한 몇 가지 불편한 진실이 존재한다. 이들의 지배력은 결코 순수하지 않으며, 혁

° 부동산업자들처럼 기존의 부를 통해 자신의 몫을 챙기면서 새로운 부를 창조하지는 않는 사람들을 가리킨다.—옮긴이

신을 통해서만 얻어진 것이 아니다. 그들은 탈세라는 방법을 사용했다. 물론, 미국의 모든 대기업이 내야 할 세금을 줄이려 노력하는 것은 사실이다. 기업마다 엄청난 수의 회계사들을 거느리고 세금을 줄이는 일은 자본주의에서 흔한 풍경이고, 새로운 세금 공제 방법을 만들어내는 일은 미국에서 볼 수 있는 위대한 혁신의 참모습이다. 하지만 테크 기업들은 세무 당국에게 유독 까다로운 존재다. 거기에는 그 기업들의 제품이 가진 특성이 한몫을 한다. 제조업이나 금융업과는 달리, 테크 업종은 특정 지역에 위치해야 할 필요가 없다. 테크 기업들은 그들의 핵심 자산인 지적재산을 가장 유리한 조건을 내세우는 조세 천국으로 얼마든지 옮길 수 있다. 이들은 자신과 경쟁하는 오프라인 기업이나 미디어 기업들은 감히 시도조차 할 수 없었던 수법을 만들어냈다.

제프 베이조스는 아마존을 처음 구상하던 당시, 본사를 캘리포니아 주에 있는 인디언 보호구역 안에 세우고 싶어했다. 인디언 보호구역에서는 세금을 거의 내지 않아도 되기 때문이다. 물론 조세 당국은 그런 책략을 허락하지 않았다. 하지만 베이조스는 전통적인 방식으로는 인터넷 상거래에 세금을 부과하기 쉽지 않다는 사실을 알았다. 회사를 출범하는 시점에 나온 법원의 유리한 판결 덕분에, 아마존은 제품을 발송하는 주에 판매세를 내지 않고 빠져나갈 수 있었다.

하지만 회사가 성장하면서, 미국 전역에 직원들을 배치할 필요가 생겼다. 아마존이 어떤 주에 사무실이나 창고를 열면, 그 주에서 책정한 세금을 내야 했다. 적어도 그것이 일반적인 법 해석이다. 그러나 베이조스는 일반적인 법 해석을 거부했다. 베이조스가 그렇게

법을 빠져나가려고 하는 노력에는 닉슨 대통령°과 유사한 면이 있었다. 아마존 직원들은 이동할 때면 근무처가 불명확한 명함을 갖고 다님으로써[20] 특정 주에서 아마존이 사무실을 갖고 있다는 사실을 숨겼다. 한 번은 아마존이 텍사스에 창고를 열면서, 텍사스 주 세무 당국에게 그 사실을 숨겼다. 물론 그런 비밀을 지키기는 쉽지 않았다. 텍사스 주 세무서 직원들이 《댈러스 모닝뉴스》의 폭로 기사를 읽으면서 사실이 드러났지만, 베이조스는 2억 6900만 달러(약 3000억 원)에 달하는 미납 세금을 절대 내지 않겠다고 버텼다. 주 당국이 이 돈을 받으려고 하면, 창고 시설을 폐쇄하고 사업을 다른 주로 옮기겠다고 했다. 결국, 텍사스 주는 다음부터는 정직하게 신고한다는 조건으로 아마존의 미납 세금을 탕감해 주었다. 텍사스에서 일어난 이 일은 미국 전역에서 반복되는 선례가 되었다. 사우스캐롤라이나 주에 입성하면서, 아마존은 유통센터 건립을 조건으로 내세워 판매세를 5년 동안 면제받는 특혜를 얻어냈다.

아마존은 소비자들에게 최저가를 약속했고 그 약속을 지켰다. 하지만 아마존이 세금을 제대로 냈다면 최저가는 불가능했다. 오하이오 주립 대학교의 경제학자들이 밝혔듯이, 아마존이 시장에서 자리잡는 데에는 세금 회피가 결정적인 역할을 했다. 이들은 미국 각 주의 정부가 결국 세금을 내라고 압박한 이후 아마존의 판매량이 어떻게 달라졌는지 연구했다. 주 정부들이 세금 징수를 시작하자 아마존에서 구매한 가계 지출은 10퍼센트 하락했다.[21] 저널리스트 브래드

° 야당 사무실에 도청을 시도했다가 발각된 워터게이트 사건으로 사임한 미국 37대 대통령—옮긴이

스톤(Brad Stone)은 아마존의 역사에 대해 쓰면서, 이런 세금 회피가 "아마존이 가진 가장 큰 전술적 우위"였다고 설명했다.[22]

　　세금 회피는 아마존이 기업 운영 전반에 걸쳐 집착하는 목표다. 스톤의 표현을 빌자면, "이미 알려진 세금 회피 수법을 전부 동원하는 데 그치지 않고, 새로운 회피 방법을 발명해내기까지 한다."[23] 아마존은 미국 국세청과 유럽의 세무 관청들을 따돌리기 위해 '상모솔새 프로젝트'를 만들어냈다.[24] 이 프로젝트의 코드명은 룩셈부르크를 상징하는 새 이름에서 가져온 것이다. 아마존은 2003년에 룩셈부르크 대공국과 협상을 해서 그곳에 아마존의 유럽 본사를 설립하는 조건으로 세금의 거의 전부를 감면받았다. 아마존은 그렇게 룩셈부르크에 법인을 설립한 후, 기업이 소유한 방대한 양의 무형 자산을 그곳으로 이전했다. 아마존의 핵심적인 소프트웨어와 상표권, 그리고 그 밖의 다른 지적 자산들이 이에 해당했다. 엄밀하게 말해 이들 자산은 어느 한 특정 국가에 위치하지 않는다. 가령, 원클릭 쇼핑이 특정한 물리적인 위치에 존재하는가? 하지만 그런 자산은 계약서 상으로는 근거지를 갖고 있고, 이 계약서들은 조세의 근거가 된다. 아마존은 미로같이 복잡한 기업 구조를 갖고 있다. 자회사와 지주회사 간의 어지러울 만큼 복잡한 네트워크를 만들어낸 것이다. 아마존은 룩셈부르크에 유럽 본부를 만들면서 그리로 이전한 자산의 가치를 대폭 축소했다. 이러한 아마존의 꼼수에 화가 난 미국 국세청은 아마존을 기소하기 위한 철저한 준비를 시작했다. 국세청의 추산에 따르면 아마존이 상모솔새 프로젝트로 회피한 세금은 최소 15억 달러(약 1조 7천억 원)였다.[25] 이 프로젝트를 가동하지 않았다면 미국 정부에 세금으로 냈을 금액이다.

　구글도 비슷한 회계 수법을 사용해 미국의 국익을 훼손했다. 구글은 '더블 아이리시 앤드 더치 샌드위치(Double Irish and Dutch Sandwich)'°로 알려진 전략을 선호한다. 구글은 또한 자산을 테크 기업의 메카로 유명한 버뮤다°°로 이전했다. 2015년 말 구글은 해외 조세 회피처에서 수익 중 583억 달러를 "영구적으로 재투자"했다.[26] 그 투자에서 벌어들이는 수익에 대해서는 미국에 세금을 한 푼도 낼 필요가 없다. 구글은 데이터는 하나도 지우지 않고 보관하면서도 조세 대상이 되는 수익은 모조리 없애버리고 싶어하는 듯하다. 페이스북은 주식시장에 상장한 2012년에 미국에서 11억 달러의 수익을 기록했지만 연방정부나 주정부에 소득세를 한 푼도 내지 않았을 뿐 아니라, 오히려 정부로부터 4억 2900만 달러를 환급받았다. '조세 정의를 지지하는 시민들의 모임(Citizens for Tax Justice)'°°°에 따르면, 페이스북은 단 한 건의 세액 공제로 국고를 크게 축냈다.[27] 임원들에게 지급한 스톡옵션을 손실로 처리해버린 것이다.

　월마트나 홈디포, 혹은 그 밖의 대형 할인점을 동정하기는 쉽지 않다. 그런 대형 매장들은 미국 내에서 가장 높은 세율을 적용받지는 않지만, 그래도 상당한 금액을 세금으로 냈다. '벤턴빌의 야수'라는 별명을 가진 월마트는 지난 10년 동안 수입의 약 30퍼센트를 세금으

°　1980년대 이후로 미국의 다국적 기업들이 즐겨 사용해온 조세 회피 방법으로, 아일랜드와 네덜란드에 법인을 세워야 해서 붙여진 이름이다.—옮긴이

°°　버뮤다는 테크 산업으로 유명한 곳이 아니지만, 저자는 많은 테크 기업들이 조세 회피를 목적으로 그곳에 법인을 세우는 것을 비꼬고 있다.—옮긴이

°°°　조세 정책을 연구하는 워싱턴 D.C.의 싱크탱크—옮긴이

로 냈으며,[28] 홈디포는 38퍼센트를 세금으로 냈다. 이런 대기업들이 더 많은 세금을 내지 않는다는 사실이 유감스러울 수도 있지만 이들의 가장 큰 경쟁 상대가 그 반만큼도 세금을 내지 않고 있다는 사실을 안다면 이 정도도 합리적으로 보인다. 아마존은 실질 평균 13퍼센트의 세율을 적용받는데, 여기에는 연방 정부, 외국 정부에 내는 세금뿐 아니라 주 정부와 지역 자치 단체에 내는 세금도 포함되어 있다. 애플과 알파벳(구글)은 조세 회피에 아마존보다는 아주 약간 덜 노력해서 둘 다 약 16퍼센트의 세금을 냈다. 이것이 브랜다이스가 그렇게 걱정했던 독점의 폐해이다. 미국의 거대 기업들은 면책권이라는 정치적 파워를 손에 넣음으로써 이득은 더 확장하면서도 공적 책임은 회피하고 있는 것이다.

이 기업들이 용인되는 행위의 한계를 그렇게 밀어붙일 수 있었던 것은 워싱턴 정가에 관심을 갖고 세심하게 신경을 썼기 때문이다. 테크 기업들에게 살찐 로비스트 이미지는 없을지 몰라도, 이들은 유능한 로비스트들을 갖춘 거대한 로비 조직을 만들어서 규제 기관과 의회의 복도를 누비고 다닌다. 구글 임원들은 오바마 재임시 어떤 기업의 임원들보다도 백악관을 자주 들락거렸다.[29] 구글의 수석 로비스트는 백악관을 무려 128번이나 방문했다. 구글은 정파를 초월해서 워싱턴 정가 곳곳에 자금을 뿌려두었다. 민주, 공화 양당에 영향력을 행사하는 사람들을 상대로 약 1700만 달러를 썼다. 한 통계에 따르면 구글은 상장 기업 중에서 가장 많은 돈을 로비 조직에 쏟아부었다.[30] 온라인 뉴스 미디어 '인터셉트'는 이 문제를 조사한 끝에 다음과 같이 결론을 내렸다. "구글은 정부 조직과 일종의 수직적 통합을 이루

었다."[31] 어떤 방법을 동원했는지는 몰라도 구글은 구글의 독점 전략
을 밝혀낸 연방통상위원회(FTC, Federal Trade Commission) 위원들의 기
소 권고를 무력화시킬 수 있었다.[32]

　　구글의 로비스트들은 규제도 세금도 거의 없는 더없이 행복한
독점을 지켜냈다. 그들은 정치인들을 다루는 데 아주 능숙했다. 오바
마 대통령은 재임 기간 내내 테크 기업들을 응원했으며, 미국의 테
크 기업들에게 부과된 세금을 징수하지 말아달라고 유럽 국가들에
게 청원하기까지 했다. 그 보답으로 테크 기업들은 자사 최고의 인재
들을 민주당 행정부로 파견해서 정치 활동을 돕도록 했다. 테크 기업
들은 문화적으로 진보 세력이었을 뿐 아니라 선거에서도 진보 진영
을 지지했다. 그렇게 함으로써 자신들에게 가장 비판적일 수도 있었
던 세력을 무력화했다. 이는 위험을 분산하는 영리한 방법이었다. 왜
냐하면 공화당은 테크 기업이 민주당에 기부금 내는 것을 좋아하지
는 않았을지 몰라도, 공화당의 이데올로기적 성향상 기업을 정부의
영향력 아래 두기를 원하지 않기 때문이다. 거대 테크 기업은 그렇게
기업 활동의 파라다이스를 건설했고, 그런 유리한 환경은 당분간 유
지될 것이다.

　　테크 기업들이 그처럼 워싱턴 정계의 작동방식을 완전히 파악
했을 뿐 아니라 (혁신이라는) 문화적 위상을 갖게 되었기 때문에, 워싱
턴이 이 기업들을 규제하는 모습을 상상하기는 쉽지 않다. 하지만 우
리가 알다시피 정치라는 것은 안정된 상태에 머물지 않으며, 이 기업
들은 공격에 취약한 커다란 구멍이 있다. 바로 이들이 사용자 감시에

열을 올리고 있다는 사실이다. 아직까지는 대중이 이런 침해를 참고 있지만 언제까지나 참고 있지는 않을 것이다.

해커들은 끊임없이 보안 방화벽을 테스트하며, 끊임없이 방화벽을 뚫고 들어간다. 사람들은 이제까지는 이러한 상황을 환상적인 디지털 세상을 누리기 위해 어쩔 수 없이 치러야 하는 작은 희생 정도로 받아들였다. 하지만 러시아의 미국 선거 개입을 제외하면, 이제까지 일어난 개인정보 침해 사건들은 상대적으로 사소한 것이었다. 이는 우리가 필연적으로 겪게 될 거대한 해킹, 즉 사회를 뿌리째 뒤흔들 메가톤급 대재앙에 비하면 몸풀기 정도에 불과할 것이다. 앞으로 다가올 이 재난은 어쩌면 숨겨둔 사적인 정보를 노출시켜 부부 관계를 단번에 파괴할지도 모른다. 애슐리매디슨° 사이트가 해킹 당하면서 일어난 일은 소규모였을 뿐이다. 어쩌면 해커들이 금융 시스템을 파괴해서 거금이 눈 깜빡할 새에 회수 불가능하게 사라질 수도 있고, 인프라 시설을 물리적으로 폭발시켜 사상자를 낼 수도 있다. 예측 가능하다면 방지할 수 있겠지만, 어떤 일이 벌어질지 예측은 불가능하다.

테크 기업들은 그런 대재앙이 다가오고 있다는 사실을 알고 있고, 그로 인해 일어날 결과를 각오하고 있다. 테크 기업들의 입장에서는 당연한 일이다. 이 기업들은 각종 기기와 코드를 통해 세상 어디에서나 사람들을 감시하고 있고, 그들이 보유한 서버는 개인 데이

° 기혼자들을 상대로 불륜을 조장하는 것으로 유명한 데이트 서비스로, 2015년에 해킹을 당했을 당시 사용자는 3700만 명으로 알려졌다.—옮긴이

터의 작은 조각도 버리지 않고 모아두고 있다. 따라서 최악의 해킹이 일어난다면 이 기업들의 책임이 될 것이라는 점은 충분히 예측 가능하다. 가장 유사한 사례는 2008년 금융 위기이다. 은행들이 스스로 촉발시킨 대재앙에 직면했을 때 정치적으로 도움을 얻을 방법이 없었다. 미래에 대재앙이 발생하면, 테크 기업들은 여태껏 교묘하게 회피해온 규제를 더 이상은 피할 수 없을 것이다. (창피스러운 일이지만, 데이터 사용에 관한 현대법은 아직 존재하지 않는다.) 금융위기로 인해 엘리자베스 워런(Elizabeth Warren)이 이끄는 소비자금융보호국(Consumer Financial Protection Bureau)이 출범한 것—미국에서 새로운 정부 기구가 만들어지는 것은 매우 드문 일이다—과 마찬가지로, 대재앙이 발생하면 상당 규모의 규제를 위한 기반이 마련될 가능성이 있다.

우리에게 필요한 것은 정부가 환경을 보호하듯이 개인정보를 보호하는 데이터보호국(Data Protection Authority)이다. 환경과 개인정보는 둘 다 그냥 내버려두면 시장에 의해 파괴된다는 공통점을 가지고 있다. 기업들의 환경 파괴를 완전히 막을 수는 없어도 일정 범위 내에서만 할 수 있도록 제한하는 것처럼, 개인정보에 대해서도 같은 제한을 두어야 한다. 데이터 수집과 이용을 완전히 금지하자는 것이 아니다. 다만 기업이 수집하고 이용할 수 있는 데이터를 제한할 필요는 있다. 일반인들이 서버에 저장된 자신에 관한 데이터를 삭제할 권리를 가져야 한다. 일반인들이 프라이버시 침해를 수동적으로 받아들이는 것이 아니라, 선택해야만 감시가 가능한 옵션을 기업이 기본설정으로 두게 하는 규정이 있어야 한다. 프라이버시를 포기할 의향이 없으면 서비스를 전혀 이용할 수 없다는, 이해하기 힘든 서비스

약관 동의보다 훨씬 더 강력한 옵션이 필요하다.

이는 자기 결정권의 문제이다. 우리의 데이터에 포함된 사적인 세부사항은 우리에게 불리한 용도로 사용될 수 있다. 데이터는 눈에 보이지 않는 차별을 할 수 있는 근거를 제공하고, 소비 습관이나 지적인 습관을 형성하는 선택에 영향을 주는 데에 사용된다. 데이터는 사용자의 영혼을 들여다볼 수 있는 엑스레이를 제공한다. 기업들은 사용자들의 내적 자아를 찍은 사진을 시장에서 거래될 수 있는 재화로 바꾸어 당사자들 모르게 사고판다.

이것은 굳이 설명이 필요없는 기본적인 권리로, 소중히 간직할 가치가 있다. 일반인들의 데이터를 소유하는 주체는, 그들을 은밀하게 추적하는 기업들이 아니라 일반인들 자신이어야 한다. 법은 이 기업들이 데이터를 아주 조심스럽게 다루도록 요구해야 한다. 데이터의 주인은 기업이 아니기 때문이다. 개인 데이터를 보유하는 일에는 윤리적 의무와 함께 막대한 책임이 따른다. 미국 정부는 자기 소유가 아닌 재화로 이윤을 내는 기업들을 분류하는 특별한 카테고리를 가지고 있다. 바로 '수탁사업자(trustee)'이다. 정부는 TV나 라디오 방송국을 이렇게 취급한다. 방송 사업자들은 공공재인 공중파를 이용해서 돈을 벌기 때문에 정부는 이들이 일련의 기준을 준수하도록 요구한다. 그 결과, 이들은 때로는 민방위 경보나 공익광고를 방송으로 내보내야 하고, 품위 기준을 지켜야 하며, 양당 후보자에게 동일한 길이의 선거운동 방송 시간을 제공해야 한다. 정부는 연방통신위원회라는 기구를 통해 방송 사업자들이 이와 같은 의무사항들을 지키도록 감독한다.

데이터를 이용해 돈을 버는 기업이 반드시 준수해야 할 가장 신성한 의무 중에는, 자신들이 가진 힘을 남용해서 민주주의를 훼손하지 말아야 한다는 것이 있다. 정부가 플랫폼의 편집 방향을 지시해서는 안 되지만, 개인 정보를 관리하는 기업이 자신들에 대한 비판을 억누르는 것은 막아야 하며, 그 기업들이 다양한 정보원과 관점에 접근할 권리를 평등하게 제공하도록 강력히 요구해야 한다. 이렇게 하기 위해서는 많은 복잡한 문제가 발생할 것이고, 문제들을 풀기 위해서는 많은 법률과 판결이 뒤따라야 한다는 사실은 부인할 수 없다. 하지만 이것은 정부의 책임을 새롭게 해석한 것이 아니다. 이미 미국의 연방대법원, 그중에서도 가장 보수적인 대법관들이 국가에 요구했었던 사항이다. 1994년 앤서니 케네디(Anthony Kennedy)는 "국민이 다양한 정보원에 접근할 수 있도록 보장하는 것이야말로 정부가 존재해야 하는 가장 고차원적인 이유"라고 했다.[33]

아주 잠깐 사이에 우리는 케네디 판사가 정부를 바라보았던 관점에서 아주 멀리 이동했다. 한때 미국이 했던 역할을 떠맡은 것은 유럽이었고, 미국은 오히려 그런 유럽을 조롱하고 있다. 물론 유럽 국가들이 테크 기업에 대해 가진 적대감과 그 기업들을 막으려고 만드는 잡다한 규제의 근거를 제대로 설명하지 못할 때가 있는 것은 사실이다. 그 이유는 유럽 국가들이 원래 가지고 있던 정치적 전통에서 멀리 벗어나 전혀 낯선 쪽으로 방향을 틀었기 때문이다. 유럽은 전통적으로 국가와 밀착한 거대 기업들의 카르텔에 호의적이었고, 최근까지도 유럽 국가들은 경제력을 분산해야 하는 이유를 알지 못

했다. 따라서 그들이 갑자기 미국의 거대 테크 기업들을 걱정하기 시
작한 것은 결국 미국기업들로부터 유럽의 토착 기업들을 보호하려
는 속셈에서 비롯된 것이라고 봐도 억지는 아니다.

　　하지만 미국은 유럽 연합의 문제 접근 방식을 비난하기 전에 먼
저 자신을 돌아볼 필요가 있다. 유럽연합은 한때 미국 정부가 맡았던
역할의 공백을 채우고 있는 중이다. 지난 수십 년 동안 미국은 커뮤
니케이션 거대 기업의 힘을 제한하는 일을 훌륭하게 수행했고, 그 결
과 새로운 테크 기업들과 새로운 경쟁사들이 성장할 수 있는 공간을
만들어주었다. 미국 건국 초기만 해도 우편 서비스가 정보의 흐름을
독점하고 있었다. 따라서 전신 기술이 출현했을 때 (정부가 운영하는)
우편 제도가 그 신기술을 낚아챌 기회가 충분히 있었다. 하지만 미국
정부는 새로운 미디어를 통제하려는 유혹을 이겨냈고, 민간 기업들
이 활발하게 경쟁할 수 있는 기간을 허용했다. 물론 모든 산업의 주
기가 그러하듯이 그 경쟁의 끝에는 독점 기업이 등장했고, 그것이 웨
스턴유니온이다. 하지만 정치권은 웨스턴유니온을 분할하겠다고 끊
임없이 위협했고, 그런 위협 덕분에 웨스턴유니온은 전화로 사업을
확장할 생각을 하지 못했다. 전화라는 신기술에서는 AT&T가 지배
적인 기업으로 등장했지만, 정부는 AT&T가 라디오로 확장하지 못
하게 막았다. 그렇게 등장한 라디오를 NBC가 장악하자, 정부가 이
번에는 이 방송 사업자를 NBC와 ABC 두 개로 분할했다. 훗날 방송
을 장악하게 된 NBC, ABC, CBS 세 개의 주요 네트워크에 대한 도
전을 장려하기 위해 닉슨 행정부는 케이블 TV의 출현을 촉진했다.
이것이 우리 시대까지 이어져온, 비록 항상 완벽하지는 않았더라도

고귀한 행동주의의 역사이다. 클린턴 행정부가 소프트웨어 대기업
인 마이크로소프트를 상대로 제기한 반독점 소송은 부시 행정부 때
일어난 9·11 테러의 여파로 유야무야되었다. 하지만 그 소송에 겁을
먹은 마이크로소프트는 그릇된 행동 패턴을 더는 반복하지 않았다.
마이크로소프트는 아직 요람을 벗어나지 못한 구글을 죽여버릴 만
큼 충분한 힘이 있었지만, 정부에게 혼날 것이 두려워 멀찌감치 떨어
져서 구글이라는 스타트업이 성장하는 모습을 바라만 보았다.

　　데이터보호국(DPA)은 이 같은 전통을 계승하게 될 것이다. 낮은
(소비자) 가격과 경제적 효율성을 유지하느냐로 기업 합병의 승인 여
부를 결정하는 연방통상위원회(FTC)와는 달리, 데이터보호국의 합
병 승인 기준은 개인정보와 정보의 자유로운 흐름을 보호할 수 있느
냐가 될 것이다. 이 기구는 독점 기업들이 권력을 다음 세대로 이어
가려 할 경우 그들을 제지해서, 궁극적으로 도전자들이 등장할 수 있
는 틈을 만들어줄 것이다. 과거 브랜다이스가 반독점을 바라봤던 견
해를 다시 가져와야 한다. 약간은 시기상조일 수도 있지만, 그렇다
고 해서 정책에 대한 상상력을 제한해서는 안 된다. 페이스북, 구글,
아마존을 대할 때 과거 미국 정부가 AT&T, IBM, 마이크로소프트와
전쟁을 치르게 하고, 여건(과 법)이 허락할 경우 아예 작은 기업들로
분할했던 때와 같은 굳건한 원칙을 적용할 수 있어야 건강한 민주주
의를 지킬 수 있다. 반독점법을 적극적으로 적용한 이후 몇 세대가
지나기는 했지만, 과거의 반독점 소송들이 애초에 그토록 혁신적이
고 개방된 인터넷의 발명을 이끌어낸 환경을 형성해주었다는 사실
을 잊어서는 안 된다.

　　베를린 장벽이 붕괴된 후 30년 가까운 시간이 지났고, 끔찍한 경기침체를 겪었고, 수십 년 동안 불평등이 심화되었지만, 규제는 과거의 명성을 회복하지 못하고 있다. 어떤 면에서는 정부의 규제는 그 위상이 오히려 더 낮아졌다. 이제는 진보 진영에서도 많은 사람들이 보수 진영과 마찬가지로, 정부의 규제는 물론 국가 기관들을 포섭한 기업들에 대한 전반적인 적개심을 좋아하지 않는다. 정부는 거대 기업에 대항해 국민을 지키는 대신 대기업의 하수인이 되고 있다.

　　그러나 오랜 규제의 역사를 통해 배울 수 있는 것은 또 있다. 바로 이 작업이 반대하는 사람들이 주장하는 것만큼 헛된 노력이 아니라는 점이다. 정부가 효율성을 추구하도록 경제를 리모델링하려 했을 때는 성공과 실패가 뒤섞인 결과를 낳았던 반면, 정부가 분명한 도덕적 목적을 달성하기 위해 주어진 권력을 행사했을 경우에 결과는 확실히 성공적이었다. 물론 실패 사례가 없었던 것은 아니다. 이런 보호책으로 인해 민간 부분에 상당한 비용이 발생하기는 했지만, 궁극적으로 우리가 타는 자동차들은 더 안전해졌고, 우리가 사는 환경은 더 깨끗해졌고, 우리가 먹는 식품은 더 안전해졌고, 우리가 이용하는 금융 시스템은 더 공정해졌고, 대규모 경제 붕괴의 가능성은 더 낮아졌다. 하지만 이런 도덕적 비전은 베를린 장벽 붕괴 이후 나타난 자유방임주의의 열기에 휩쓸려 우리의 기억 속에서 사라져 갔다. 인터넷은 분명 놀랍지만 그것이 마치 역사와 무관하게 존재하거나 우리 사회의 도덕적 판단에서 예외라도 되는 것처럼 취급해서는 안 된다. 개인의 주체성과 건강한 민주주의를 지키기 원한다면 더욱 그렇다.

10장 | 가공되지 않은 생각
THE ORGANIC MIND

우리는 실리콘밸리가 피할 수 없는 운명이 아니라는 사실을 최근에 일어난 일련의 일들을 통해 깨닫게 되었다. 실리콘밸리의 독점에서 벗어나는 일은 가능하다. 소비자들이 편리함과 낮은 가격을 거부한 선례를 보면 그 같은 일이 어떻게 일어날 수 있는지 알게 된다. 소비자들은 (문화적) 동질화에 반기를 들었고, 사라질 운명에 처했던 장인의 작업에 기꺼이 보수를 지불했다. 페이스북, 구글, 아마존의 손아귀에서 벗어날 수 있다는 낙관적 전망은 요구르트, 그래놀라, 콘샐러드의 사례에서 찾아볼 수 있다.

적잖은 수의 사람들이 자기가 먹는 음식에 요란을 떨며 신경을 쓰기 시작했다. 이 말은 사람들이 자기 뇌가 섭취하는 것에 대해서도 유사한 주의를 기울이도록 설득할 수 있다는 뜻이기도 하다. 식품의 윤리성이나 품질에 신경을 쓰는 것은 이제 사회적 지위를 나타내는 상징이 되었다. 그렇다면 책이나 에세이, 저널리즘에 대한 관심이라고 다를 이유가 있을까?

스튜어트 브랜드가 《홀어스 카탈로그》를 편집하던 시절로 되돌아가 보면, 그는 대안적 생활에 필요한 것들을 히피들에게 팔고 다녔다. 그는 도시를 떠나 공동체에 거주하던 히피들에게 유기농 식품이 가진 장점을 자랑했다. 음식은 마약만큼이나 반문화의 핵심적인 요소였다. 그들은 음식을 숭배하는 현대 문화에 저항했기 때문이다. 대공황 시기, 미국인들은 주린 배를 안고 잠자리에 들었다. 하지만 2차 세계대전이 끝나자 가난이 사라지기 시작했고 진정으로 풍요로운 세상이 열렸다. 새롭게 솟아나는 교외 주택 지역에는 새로 생긴 슈퍼마켓이 들어섰고 새롭게 발명된 다양한 식품들이 각축을 벌였다. 식료품들은 원더브레드, ("기적의 고기"라 불렸던) 스팸, 인스턴트브렉퍼스트, 미닛라이스 같은 이름으로 저마다 놀라운 특징을 자랑했고, 새로운 식품을 소개하는 광고가 넘쳐났다. '탱(Tang)' 같은 새로운 분말 음료는 우주 시대가 만들어낸 제품이라고 홍보했다. 새로운 식품들이 사람들 눈에 대단해 보였던 이유는 그것들이 현대인들이 가진 본질적 문제인 시간 부족을 해결해주는 것처럼 보였기 때문이다. 정말로 사람들에게 시간이 부족했는지는 모르지만, 적어도 TV 광고는 이제는 예전처럼 요리를 할 시간이 없다며 불안감을 키웠다. 그리고 냉동식품이 그 부족한 시간을 되찾아줄 것이었다.

　반문화는 이렇게 뻔히 보이는 마케팅 수법을 간파했고, 그런 식품들을 비웃으며 거부했다. 반문화 운동을 하던 지식인들은 새로운 식품들을 "미리 포장된 교외 지역에서 누리는 신선한 냉동 생활"[1]이라는 말로 비꼬아 표현했다. 버터볼, 트윙키, 젤로 같은 제품들은 전후 미국 사회의 모든 잘못된 측면을 한꺼번에 보여주는 완벽한 상징이었다. 아무런 맛도, 취향도 없이 대중의 흐름에 순응하는, 기업 자본주의가 만들어낸 전형적인 제품들이었다. 시어도어 로샤크는 원더브레드의 기술관료주의적 해악에 대해 이렇게 썼다. "이 빵은 양만 많은 게 아니라, 비단결처럼 부드럽다. 씹을 필요도 없이 넘어가는데 비타민까지 강화된 빵이다."[2] 저항의 대상으로 소외를 상징할 수 있는 것을 골라야 한다면, 식품은 꽤 괜찮은 출발점이었다.

히피들은 식품 매장에서 산 모든 나쁜 음식들을 식탁에서 치워 버리고, 이로운 것들에 대한 비전으로 그 자리를 채웠다. 전원으로 돌아가서 자족적인 생활을 하려는 신념으로 만들어진 공동체는 밭을 경작하고 가축을 길렀다. 전국의 보헤미안 커뮤니티들은 윤리적으로 생산된 식품의 유통 경로로 비영리 협동조합을 열었다. 한때 제7일안식일예수재림교, 힌두교, 혹은 그 밖에 생각이 자유로운 사람들이나 실천하던 특이한 관습에 불과했던 채식주의는 우드스톡 세대에게서 큰 호응을 받기 시작했다. 완전히 새로운 식문화가 등장했고, 그중에는 두부와 요구르트 같은 처음 보는 식품들도 있었다. 문화 비평가 워런 벨라스코(Warren Belasco)는 히피 식문화의 기호학적 의미에 대해 뛰어난 글을 남겼다. "흰색과 갈색은 중심적인 대조를 이루었다. 흰색은 원더브레드, 화이트타워, 쿨휩 휘핑크림,[3] 미닛라이스, 인스턴트 매시드포테이토, 껍질 벗긴 사과, 화이트 토네이도, 흰색 가운, 화이트칼라 직업, 백색도료,° 백악관, 백인 우월주의를 의미했다. 갈색은 통밀빵, 탈곡하지 않은 벼, 갈색 설탕, 야생화 벌꿀, 유황을 첨가하지 않은 당밀, 간장, 시골 참마, 그리고 '검은색은 아름

° 보기 싫은 것을 칠해서 덮어버리는 눈가림—옮긴이

답다'는 구호를 의미했다.

　반문화는 엄숙한 정치에 쾌락주의, 윤리적 올바름, 육체적 즐거움을 결합했다. 식품은 여러 면에서 반문화 운동의 극치였다. 온갖 급진주의적 주장들의 틈새에서 소위 고메 게토°가 꽃을 피웠다. 앨리스 워터스(Alice Waters)는 캘리포니아 버클리에서 학생들의 정치적인 행동이 막 조직되기 시작하는 시점에 캘리포니아 대학교 버클리캠퍼스로 학교를 옮겼고, 학생운동의 탄생을 목격했다. 워터스는 카리스마 있는 지도자와 이상주의적인 정치가 버무려진 버클리 학생들의 자유발언운동에 완전히 매료되었다. 워터스는 살롱들을 개최했고, 그곳에서 휴이 뉴턴(Huey Newton),°° 애비 호프먼(Abbie Hoffman)°°° 같은 사람들에게 음식을 만들어주었다. 워터스는 자신의 요리를 '샌프란시스코 만(灣)의 정신(Bay Area zeitgeist)'에 결부시켰다. 교환학생 때 맛보았던 프랑스 음식이 그녀의 이상이었다. 냉동식품이나 통조림이 아닌, 농장·숲·바다와 직접적으로 연결된 음식, 그런 음식을 통해서 스튜어트 브랜드가 주장한 전체론(holism)에 도달하고 행성간 연결을 알아보는 일이 가능하다고 생각했다(워터스는 "먹는 것은 정치적 행위"라고 했다.). 1971년 워터스는 '셰파니스(Chez Panisse)'를

°　Gourmet Ghetto. 레스토랑과 커피점이 몰려 있는 미국 버클리의 거리. 1966년 앨프리드 피트 (Alfred Peet)가 시작한 핏츠커피, 1971년 앨리스 워터스가 문을 연 셰파니스 매장이 유명하며, 스페셜티 커피, 로컬푸드 운동의 원조가 되었다.—옮긴이

°°　1942-1989. 아프리카계 미국인 해방 운동가이며 흑표당의 창시자. 루이지애나 주 먼로에서 태어나 세 살 때 캘리포니아로 이주하였다.—옮긴이

°°°　1936-1989. 미국 매사추세츠 주 우스터 출신의 신좌파 성향의 정치·사회 활동가이자 아나키스트.—옮긴이

개점했다. 미국 역사상 가장 큰 영향력을 가진 레스토랑이라고 하는 세파니스에서 워터스는 사철쑥(타라곤)과 꽃상추를 통해 반문화의 가치를 주류 문화에 주입하려 했다.

미국 주류 사회가 반문화 정신을 얼마나 쉽게 흡수해버렸는지는 유명하다. 모든 저항 정신은 순화되고 길들여져서 광고 문구로 사용되었다. 자본주의가 저항이나 (주류에) 순응하기를 거부하는 태도를 덕목으로 찬양하게 된 것이다. 자동차 광고가 "다를 수 있는 용기(Dare to be different)"를 이야기하는 식이었다. 이는 식품에도 해당하는 이야기다. 셀레셜시즈닝스는 여러 명의 히피들이 허브차를 팔던 것이 연간 매출 1억 달러를 내는 기업으로 성장했고, 록그룹 그레이트풀데드를 좋아하던 유대계 미국인 청년 둘이 버몬트 주로 이주했다가 설립한 아이스크림 브랜드°가 지금은 미국 내 모든 세븐일레븐 편의점과 월마트에서 제품을 팔게 되었고, 이제는 맥도날드조차 한때 이국적이었던 야채를 가득 담은 샐러드를 판매한다.

우리는 이런 변화를 냉소적으로 바라볼 수도 있지만, 칭찬과 경외의 대상으로 생각할 수도 있다. 저널리스트 데이비드 캠프(David Kamp)는 미국 식단이 바뀐 건 반문화가 만들어낸 가장 위대하고 오래 지속될 승리일지 모른다고 했다. 원더브레드가 미국을 지배하던 때만 해도 그 흐름을 바꾸는 것은 불가능해 보였다. 물론 아직도 완전히 되돌려진 것은 아니지만, 적어도 과거의 흐름에 변화가 생겼다.

° 제리 그린필드(Jerry Greenfield)와 벤 코언(Ben Cohen)이 버몬트 주에서 공동 창업한 벤앤제리스(Ben & Jerry's) 아이스크림을 말한다.—옮긴이

'농장에서 식탁으로(farm to table)'라는 식문화 운동, 즉 지역에서 재배하고 가공을 최소화한 음식을 먹자는 운동은 이제 중상류층 가정에서 자리를 잡았다. 그렇게 시작한 것이 미셸 오바마가 적극적으로 권하고 스타 셰프들이 가르친 데 힘입어 사회 전체로 퍼져나갔다.

그러나 식문화 운동을 마르크스주의 운동으로 혼동하지는 말자. 재래종 토마토에 열광하고 니먼랜치(Niman Ranch) 농장에서 (곡물 사료가 아닌) 풀을 먹여 기른 소의 고기를 건조 숙성했다고 열광하는 태도가 과시적 소비와 전혀 무관하다고 하기는 힘들다. 부유한 사람들은 항상 음식을 통해 자신을 나머지 사람들과 구별지어 왔다. 히피들이 여피가 되자 가처분 소득을 요리에 쏟은 건 당연한 일이었으며, 이로 인해 고급 주방용품 편집숍 윌리엄스소노마가 성장하고, 푸드네트워크 채널이 등장했으며, 미식포르노(gastropornography)라는 트렌드가 생겨났다.

그럼에도 불구하고 (지역에서 정기적으로 열리는) 농산물 직거래 장터와 유기농 식품에는 여전히 급진적인 뭔가가 남아 있다. 값싸게 대량 생산해서 마케팅 물량 공세를 통해 판매하는 농산물을 외면하는 태도 같은 것이 그렇다. 미국 소비자들이 이처럼 예상치 못한 쪽으로 방향을 바꾼 이유는 무엇일까? 그런 식료품이 대개 품질이 더 좋은 건 사실이다. 하지만 어떨 땐 저가 식료품 매장인 푸드라이온에서 파는 식료품들과 별로 맛 차이가 나지 않는다. 사람들이 정말로 구매하는 건, 옳은 일이나 윤리적인 행동을 할 때 갖게 되는 느낌이다. 마이클 폴런(Michael Pollan)은 이렇게 말한다.

좀처럼 분명히 표현된 적은 없지만, 소비자의 전통적인 역할을 재정립하거나 그 역할을 탈피하는 일은 식문화 운동의 중요한 목표이다. 식문화 운동은 소비자와 생산자의 관계를 다양한 방법으로 새롭게 정립하여, 그 둘 사이에 이웃과 같은 관계를 형성하고자 애썼다. 거래할 때 좀 더 풍부한 정보를 교환하고, 식품 구매에 쓰는 돈을 다른 농업 방식, 더 나아가 다른 경제 체제를 선택하는 투표처럼 생각하자고 독려했다. 오늘날의 시장은 소비자에게 자신의 이익과 가격만을 고려해서 구매할 물품을 결정하게 한다. 식문화 운동은 이 두 가지, 즉 소비자의 이익과 가격을 더 넓은 의미로 이해하라는 암묵적인 제안을 한다. 단지 "가성비"가 아니라 윤리적·정치적 가치에 따라 구매를 결정해야 한다는 것이다. 그렇게 할 때 우리의 만족감 또한 더욱 커질 것이다.[4]

이는 다른 영역에서도 충분히 기대해볼 만한 것들이다.

문화계에서 새롭게 등장한 기업 집중과 식품업계에서 오래된 기업 집중 사이에는 유사점이 있다. 하지만 그렇다고 단순히 악덕 자본만을 탓해서는 안 된다. 미국의 소비자들이 트윙키(Twinkie)°의 시대를 이끌었던 것과 마찬가지로, 그들은 문화의 전락에도 연루되어 있다. 지난 20년 동안 독자들은 서서히 글을 일회용품처럼 생각하게

° 손가락 크기의 스펀지 케이크 속에 크림을 채워만든 과자로, 1930년 시카고의 한 제과점에서 처음 만들어졌으며 "방부제가 많이 들어간 설탕과 지방 덩어리"라는 비난에도 불구하고 80여 년간 미국인들로부터 꾸준한 사랑을 받았다.—옮긴이

되었다. 이들은 자신이 읽은 글에 돈을 지불하지 않거나, 내더라도 부끄러울 정도로 적은 금액이다. 우울한 현실이지만, 상황을 바꿀 수 있는 가능성 또한 여기에 숨어 있다. 즉 독점 지배가 가능하도록 기반을 마련해준 것이 독자들이라면, 그 지배를 뒤엎을 능력도 그들에게 있는 것이다.

　모든 해결의 실마리는 광고라는 악마와의 거래를 무효화할 수 있는지 여부에 달려 있다. 미디어는 늘 광고로 연명해왔다. 더 정확히 말하면, 역사적으로 미디어가 수익을 내는 방법은 대개 두 가지였다. 독자들은 신문과 잡지를 정기구독을 통해서 받아 보거나 가판대에서 샀다. 구독료만으로는 인쇄비와 배달비를 충당하기 힘들었지만, 큰 문제는 아니었다. 정기구독자의 존재는 그 매체가 열성적인 독자를 확보하고 있다는 증거였고, 그렇게 확보한 독자의 주목은 광고주에게 비싼 가격에 팔 수 있었다.

　신문이나 잡지를 독자에게 팔아서 번 돈만으로 수익을 냈던 적이 없기 때문에, 미디어는 인터넷에서도 그렇게는 돈을 벌 수 없을 거라는 결론을 내렸다. 따라서 손실을 내면서 기사를 독자들에게 판매하는 대신, 미디어는 기사를 공짜로 뿌리기로 했다. 미디어 임원들은 광고 판매의 환상에 모든 것을 걸었다. 즉 인터넷에 기사를 무료 배포하면 독자가 크게 늘어날 것이며, 독자가 늘어나면 광고 수입도 커질 것으로 생각한 것이다. 거의 모든 미디어 기업이 그 시나리오를 믿었고, 극소수의 아주 용감한 미디어들만 그런 환상을 믿지 않고 사이트 유료화를 감행했다.

　만약 구글과 페이스북이 없었다면, 가능했을지도 모른다. 신문사와 잡지사들은 웹을 거대한 신문 가판대처럼 될 것으로 생각했고, 독자들이 각 매체가 지닌 뛰어난 명성, 남다른 감성, 유명 필진들에 예전처럼 가치를 부여할 거라 믿었다. 하지만 새로 등장한 거대 포털들이 이 모든 걸 바꿔놓았다. 그들은 독자들이 인터넷에 들어오는 관문이 되었고, 독자들은 인터넷에 들어와서 읽는 기사가 어떤 신문이나 잡지에서 나왔는지 거의 신경쓰지 않았다.

페이스북과 구글은 엄청난 규모를 이용해 미디어를 약화시켜서 말도 안 되게 낮은 가격에 광고면을 팔 수 있었다. 디스플레이 광고를 실을 수 있는 인터넷 페이지를 거의 무한대로 갖고 있었기 때문이다. 페이스북과 구글은 사용자 데이터 수집에 특화되어 있었기 때문에, 정밀하게 분류한 타깃 오디언스를 광고주들에게 보장할 수 있었다. 페이스북과 구글은 광고 가격을 떨어뜨리면서, 지난 100년 가까이 광고 업계를 지배했던, 순전히 감으로 광고비를 집행하는 시스템을 무너뜨렸다. 이제는 누구라도 온라인 광고를 살 수 있게 되었다. 구글의 경우, 광고 구매 과정은 자동화된 경매 방식이라서 수수료를 내고 중개업자를 거칠 필요가 없다. 기초적인 경제학만 알고 있어도 이런 (광고) 가치 하락이 가져올 결과를 예측할 수 있었을 것이다. 미디어 비평가 마이클 월프(Michael Wolff)는 "광고 단가 하락을 극복하려면, 오디언스를 배로 늘려야 했다."[5]고 했다.

광고는 승산 없는 싸움이 되어버렸다. 페이스북과 구글은 광고에서 앞으로도 늘 미디어를 이길 것이다. 2006년부터 2017년 사이에, 신문 광고비 총액은 75퍼센트 가까이 하락했으며, 이 돈의 대부분은 페이스북과 구글로 넘어갔다. 광고비가 이동한 이유는 테크 독

점기업들이 미디어에 비해 오디언스의 주목을 꾸준히 붙드는 능력
에서 훨씬 더 뛰어났기 때문이다. 독자들은 그 기업들이 만든 플랫폼
에 빠져서 하루 종일 재방문을 반복했다. 미디어 기업들이 독자의 주
목을 끌기는 점점 더 어려워졌고, 종종 속임수라도 동원하지 않으면
안 된다. 미디어는 (소셜네크워크 등을 통해) 우연히 들르는 방문자들에
점점 더 의존한다. 페이스북과 구글의 독자들은 정교하게 조작된 헤
드라인, 선정적인 사진, 트렌드에 영합하는 소재에 속아 기사를 클릭
한다. 《뉴욕타임스》 미디어 기자 존 허먼(John Herrman)은 이런 사고
방식을 비웃는다. "웹사이트들은 이 사람들이 플랫폼에 잠시 들렀다
고 말하는 대신 자사 웹사이트의 오디언스라고 그럴싸하게 마케팅
했습니다.[6] 방문자들은 그들이 어디로부터 사이트에 유입되었는지
와는 상관없이 차트비트 집계에 합산되었죠. 적어도 한 개 이상의 광
고를 적어도 1초 이상, 적어도 50퍼센트 이상 봤다는 이유만으로, 자
기들 사이트의 오디언스라는 겁니다."

　더 심각한 문제는, 트래픽 전쟁의 승리라는 것이 지속되기 어렵
다는 점이다. 언론사가 야심찬 목표를 달성하기 무섭게, 광고주들은
그 목표로는 충분하지 않다고 생각한다. 월프는 광고주들이 계속해
서 목표치를 점점 더 높인다는 점에 주목했다. 2010년에 특정 사이
트가 광고주의 의미 있는 구매 대상이 되려면 한 달에 약 1000만 명
의 순방문자(unique visitors)를 확보해야 했지만,[7] 2014년 무렵이면 이
숫자는 5000만 명으로 높아졌다. 미디어가 그런 속도로 성장하게 할
수 있는, 그것도 미디어의 정체성과 도덕성을 지켜가면서 그렇게 성
장할 수 있는 전략은 존재하지 않는다.

누가 인터넷 광고의 끔찍한 독재를 예견했는지 아는가? 다름 아닌 래리 페이지와 세르게이 브린이다. 그들은 구글을 광고 엔진으로 바꾸는 것에 반대했다. 적어도 초기에는 그랬다. 그들은 스탠포드 대학원 재학 중에 쓴 논문에서 "광고에 기반한 검색엔진은 본질적으로 광고주 친화적으로 바뀌면서 소비자들의 필요에서 멀어질 것"이라고 주장했다. 그들은 이 문제를 심각하게 고민한 나머지, 과연 신뢰할 만한 검색엔진이 시장에서 제대로 성장할 수 있을지 의심스러워했다. "우리는 광고 문제가 복잡한 이해의 충돌을 일으키므로 학문적 영역에서 투명하면서도 경쟁력 있는 검색엔진을 갖추는 일이 중요하다고 생각한다."[8] 물론 그들은 자신들이 했던 이런 주장을 내팽개친 지 오래다.

미디어는 가짜 독자들을 찾아다니면서 정작 자신들의 충성 독자층은 의식적으로 방치한다. 인쇄물의 정기 구독자들은 여전히 상당한 수입원이 되고 있음에도 불구하고 구시대의 유물 정도로 취급받는다. 디지털 골드러시에 정신이 팔려 있느라 눈치채지 못했을 수 있지만, 많은 미디어 기업에서 구독 부문은 효율적인 매출 흐름을 가져다준다. 그럼에도 미디어 기업들은 이 독자들이 결국에는 사라질 거라고 생각한다. 게다가 젊은 독자들은 돈 내지 않고 기사를 보는 데에 익숙해져 있기 때문에 젊은 독자층의 비중을 늘린다 해도 아무 의미가 없다는 것이다.

하지만 이 같은 가정을 뒤집어 보아야 한다. 이제 미디어를 광고 의존에서 풀어줄 때가 되었다. 미디어는 (온라인 광고라는) 야망을 줄이고 틈새 시장으로 되돌아와서 핵심 오디언스의 충성도를 회복할 필요가 있다. 그렇게 하면 콘텐츠의 질은 향상되고 사업은 지속 가능해질 것이다. 물론 대기업에 인수되거나 주식 시장에 상장될 수 있을 거라는 미디어 사주의 (대개는 신기루에 불과한) 환상은 깨지겠지만 말이다. 미디어가 스스로를 구원하기 위해서는 독자들에게 요금을 청구해야 하고, 독자들은 요금을 지불해야 한다.

1946년 조지 오웰은 이 주제와 밀접하게 관련된 흥미로운 에세이를 한 편 썼다. 「책과 담배」라는 제목의 이 에세이는 중고책방에서 일하던 청년 오웰이 자신이 소장한 책들의 일람표를 만드는 것으로 시작한다. 이 글은 분석과는 거리가 먼 오웰이, 유일하게 차트와 표를 사용해서 쓴 에세이였다. 물론 글에 포함된 계산은 대단히 복잡하지는 않았지만, 결과적으로 오웰은 자신이 해마다 책을 구매하는 데에 25파운드를 쓴다는 사실을 알게 되었다. 거시적인 관점에서, 이 정도의 지출은 적은 돈이었다. "책을 빌려보지 않고 사서 읽거나 제법 많은 수의 정기간행물을 구독하더라도, 독서에 들어가는 돈은 담배를 사고 술을 마시는 데에 쓰는 돈을 합친 금액을 넘지 않는다."[9]

독서는 돈이 적게 드는 오락거리라는 것이 그의 결론이었다. 그럼에도 불구하고 독서가 노동자들이 갖기에는 너무나 값비싼 취미라고 생각하는 사람들이 많았다. 노동자들은 독서에 대해 그 같은 생각을 굳게 갖고 있었다. 영국 국민이 매년 책에 쓰는 돈은 평균 1파운드 미만이었다. 오웰은 그 사실에 크게 실망했고, 그의 에세이는 다소 신랄하게 끝을 맺는다. "문맹률이 0에 가깝고, 보통 사람이 인도의 시골 농부가 평생 버는 것보다 더 많은 돈을 담배를 사는 데 쓰는 나라에서 (책에는 그토록 적은 돈을 쓴다는 것은) 창피한 일이다. 그리고 책 소비가 앞으로도 계속 이렇게 저조하다면, 그 이유는 어쩌면 책이 너무 비싸서가 아니라, 독서가 경견장°에 가거나, 싸구려 영화를 보러 가거나, 혹은 펍에서 시간을 보내는 것만큼 흥미롭지 않아서라는 사실이라도 인정하자."[10]

물론 오웰의 관심사는 책이었다. 그의 주장을 오늘날에 맞게 표현한다면, 그의 첫 번째 관심사는 저널리즘이 될 것이다. 저널리즘에 비하면 독서 시장은 꽤 희망적이다. 미국인들은 2015년 한 해 동안 하드커버 책만 6억 5267만 3000권을 구매하는 상당한 소비를 했다. 그러니 신문과 잡지가 현재 처한 재정적 상황을 정당화하려고 하지 말자. '정보가 공짜이고 싶어한다(information wants to be free.).'는 건 우스운 주장이다. 1990년대에 가졌던 진부한 주장이 너무 오래 살아남았다. 언론사와 출판사가 글이 유료라고 제시하면, 소비자들은 돈을 지불하고 글을 읽는 데에 애초부터 별 문제가 없었다.

오웰은 독자들에게 재치와 매력, 때로는 그들이 느낄 양심의 가책까지 동원하면서 글을 읽는 데에 돈을 쓰라고 설득했다. 분명 자신의 노력이 실패했다고 느꼈겠지만, 오웰의 생각은 틀리지 않았다. 문화 산업은 소비자들이 가치 있는 텍스트에 돈을 내도록 설득할 수 있다. 그가 이 문제들을 고민하던 시기에, 대서양 건너편 미국에는 어떻게 이런 일이 가능할지 보여준 사람이 있었다.

° 20세기 초 영국에서는 개경주에 돈을 거는 도박이 인기였다.—옮긴이

지크문트 프로이트의 조카 에드워드 버네이스(Edward Bernays)는 갓난아기 때 뉴욕으로 건너왔다. (프로이트가 활동하던) 비엔나에서는 한참 멀리 떨어진 곳이지만, 그는 외삼촌인 프로이트의 이론을 잘 알고 있었다. 성인이 된 버네이스는 이론을 활용할 수 있는 방법을 찾아냈다. 그는 프로이트의 잠재의식 이론을 가져다 PR(public relation)이라는 새로운 직종을 만들어냈다. 초기에는 윌슨 대통령 정부의 슬로건들을 고안하여 1차 세계대전을 지지하는 여론을 도출하는 작업을 했다. 전쟁이 끝난 후 그는 자신의 기법을 사업화했을 뿐 아니라, 선언문 형태로 발표하기도 했다. 버네이스는 『프로파간다』라는 소책자를 썼는데, 이 책은 20세기 가장 영향력 있는 지침서 중 하나가 되었다. 버네이스의 열렬한 추종자 중에는 (나치의 대중 선동을 이끌었던) 요제프 괴벨스도 있었다(히틀러와 프랑코가 선전 활동을 도와달라고 제안했지만 버네이스는 그들을 위해 일하는 걸 거부했다.). 그가 설립한 회사는 미국의 최대 기업들을 위해 슬로건과 광고 캠페인을 지어냈다. 버네이스는 미국인들이 베이컨과 달걀이 건강한 아침 식사의 전형이라고 믿게 만들었다. 그는 사람들이 의식하지 못하게 여성의 성기와 성병 이미지를 끼워넣어서[11] 일회용 종이컵 브랜드인 딕시컵이 자기네 상품을 위생적으로 음료를 마실 수 있는 유일한 방법이라고 홍보했다. 그는 "프로파간다를 사용하면 소수의 생각을 더 빠르게 퍼뜨릴 수 있다."는 섬뜩한 글을 남겼다.[12]

　1930년대 뉴욕 출판업자들은 출판업 자체가 사라질지 모른다는 두려움에 사로잡혀 있었다. 주식 시장 붕괴와 뒤이은 대공황은 출판 산업에 치명타를 가했다. 그들은 판매 불황을 타개할 새로운 아이디어가 없었다. 절망에 빠진 사이먼앤슈스터, 하코트브레이스를 비롯한 미국의 출판사들은 버네이스에게 구조를 청했다. 버네이스는 출판업계를 조목조목 비판했다. 그는 출판사들이 상품의 가격을 너무 낮게 책정했다고 했다. 그리고 업계를 완전히 바꿔놓을 기발한 성공 공식을 내놓았다. 바로 책장이었다. 그는 "책장이 있는 곳에는 책도 있게 되죠."[13]라고 자신있게 단언했다.

책장은 대부분의 미국 가정에 생소한 물건이었으며, 제이 개츠비° 같은 부류에게나 어울릴 만한 사치품이었다. 버네이스는 중산층에 책장을 소개하는 일에 체계적으로 착수했다. 그는 건축가들을 설득해서 인테리어 설계에 책장을 포함시키게 했고 《아름다운 집》, 《미국 가정》, 《가정의 동반자》 같은 잡지들에 등장하는 기사를 통해 붙박이 책장을 널리 알리게 했다. 책장은 분명 장식품이었지만 단순한 장식품에 그치지 않았다. 집안에 책이 있다는 건 사회적 출세를 암시했다. 책은 지적 능력이 필요한 직업을 갖고 있고 신분이 상승하는 전문직 계층이라는 표시였으며, 구매력이 있음을 보여주는 소비재였다. 문화역사가 테드 스트리파스(Ted Striphas)는 1차 세계대전과 2차 세계대전 사이에 책장이 유행했던 건, "사람들이 집을 소유하고 풍요롭게 사는 삶에 매력을 느꼈음을 의미한다. 하지만 그런 삶은 단순히 소비를 통해서만 가능한 게 아니었다. 인쇄된 책을 모으고 진열하는 일도 똑같이 중요했다."고 했다.[14]

책장의 보급은 출판업계에 새롭게 활기를 불어넣었다는 점에서

° 소설 『위대한 개츠비』의 주인공. 대저택에 살면서 매일 밤 호화 파티를 주최하는 인물.—옮긴이

크게 환영받았다. 《퍼블리셔스 위클리》에 실린 어떤 글에서는 "현재 (출판계가 내고 있는) 수익은 최근 몇 년 동안 새롭게 지어진 집에서 책에 대한 수요가 생겨난 덕이다……. 이 추세를 계속 이어나가야 한다!"고 했다.[15] 이 현상은 20세기 중반 사회학자 어빙 고프먼(Erving Goffman)이 『자아 연출의 사회학』에서 설명한 내용을 보여주는 전형적인 예에 해당한다. 어빙 고프먼은 사람들이 연극 배우처럼 자신을 다른 사람들에게 보여준다는 사실을 알고 있었다. 사람들은 자신이 맡은 배역을 더욱 실감나게 묘사하기 위해서 적절한 무대장치와 소품을 고른다. 사회에서 자신이 차지하는 위치에 신경쓰는 중산층이 증가했고, 책은 그들에게 더 높은 사회적 신분에 걸맞는 고상한 인상을 선사했다.

《뉴요커》는 이런 류의 소품 역할을 톡톡히 한다. 사람들은 이 잡지를 지하철에서 읽거나 커피점 테이블에 올려놓는다. 또 다른 사람들이 보는 앞에서 페이지를 넘기면서 자신이 국제적인 감각과 문학적 취향을 가지고 있음을 과시한다. 《뉴요커》도 다른 매체와 마찬가지로 교묘한 낚시성 글과 (사회과학으로 가장한) 자기개발서 같은 글을 싣는다. 그럼에도 이 잡지는 광고 의존 일변도를 탈피해서 독자들을 통해 매출을 내는 방향으로 이동하는 데 성공했다. (《뉴요커》는 광고로 수익을 낼 때조차 광고에서 들어오는 돈을 좋게 생각하지 않았다. 고상한 체하기로 유명했던 윌리엄 숀(William Shawn)은 그 잡지의 편집장으로 오래 재임하는 동안 자기가 보기에 불쾌한 광고, 특히 여성용 속옷 광고 등을 종종 거절하곤 했다.) 《뉴요커》는 모든 글을 인터넷에 공짜로 제공하고 싶은 충동을 누르고 자신들의 가장 중요한 자산인 종이 잡지의 가치를 지켜냈다.

물론《뉴요커》는 예전부터 항상 그래왔듯 미국 문화에서 독특한 위치를 차지하고 있다. 하지만 바닥부터 시작해서 문화적으로 독특한 자산을 만들어내는 일도 가능하다. 묘하게도 그런 일을 가장 잘 해낸 건 테크 기업들이다. 아이패드 광고는 이 제품을《뉴욕타임스》와《뉴요커》를 읽고 천문학이나 예술 사진 같은 취미 생활을 하는 방법으로 소개한다. 아마존의 광고에서는 '킨들'을 손에 들고 세계 곳곳을 누비는 여행자들을 보여준다. 지위의 상징인 동시에 문화적 소양을 가져다줄 기기라고 홍보하는 것이다.

식문화 운동이 좋은 본보기가 되는 것은 바로 이 지점이다. 문화 산업은 사람들의 사회적 지위와 열망을 드러내는 상징이 되는 자연스러운 대안으로서 보여야 한다. 미디어는 최근에 보였던 행보를 폐기하고, 테크 기업들이 권장하는 속도 기반의, 한 번 소비하고 버려지는 일회용 가공식품 같은 글쓰기에 대한 저항을 주도해야 한다. 구독은 낚시성 글에서 벗어나는 방법이다. (《뉴욕타임스》의 경우 도널드 트럼프의 당선 직후 민주주의의 보루임을 내세워 마케팅한 것이 성공을 거두었다. 트럼프가 당선되는 충격 직후 구독자를 13만 명이나 늘리면서, 음모와 가짜 뉴스로 가득한 페이스북과 은근한 대조를 보여주었다.) 물론 앞으로도 온라인에서는 많은 정보를 공짜로 얻을 수 있을 것이다. 하지만 우리가 세상의 이치를 깨닫고 필요한 덕목을 갖추는 것이 공짜로 쉽게 얻을 수 있는 게 아니라면 그 정도 가격은 비싼 게 아니다.

'agriculture(농업)'라는 단어와 'culture(문화)'라는 단어는 라틴어 어원, 'colere'에서 왔다. 더 이상 사용되지 않는 그 라틴어 단어를 발굴해낸 사람은 위대한 비평가 레이먼드 윌리엄스(Raymond Williams)였다. 그는 "'colere'는 '거주하다, 경작하다, 지키다, 숭배하다' 등 다양한 의미를 갖고 있다."[16]라고 했다. 라틴어가 영어로 넘어오면서, 이 단어는 농경이라는 좁은 의미를 갖게 되었고, '문화'는 곡물과 가축이 자연스럽게 성장할 수 있도록 돌본다는 의미가 되었다.

계몽주의 시대가 가까워지면서 이 '문화'라는 단어는 사람에 대한 비유로 변했다. 작물·동물뿐 아니라 사람도 성장을 도와줘야 했다. 그중에서도 인간의 정신, 즉 세심한 주의와 보호, 교화가 필요한 정신은 도움을 필요로 했다. 토머스 모어는 "정신의 함양과 유익을 위해서"라고 했고, 프랜시스 베이컨은 "정신을 가꾸고 함양하는 일"을 이야기했다. '문화'는 한 가지 의미에 고착되지 않는 단어이다. 우리는 오히려 이 단어를 잡다한 의미로 이곳저곳에 사용하며, 우리가 가진 편견을 단어에 주입한다. 윌리엄스는 '문화'가 "영어에서 가장 까다로운 단어 두세 개 중 하나"[17]라고 했다.

그런데 이 '문화'라는 단어는 길고 복잡한 역사를 겪어오면서도, 라틴어 'colere'의 흔적을 지니고 있다. 우리가 문화에 대해 가졌던 신념이 점점 약해지면서 그 빈 자리를 데이터에 대한 열광이 대신 차지하고 있지만, 아직도 사람들은 문화를 숭상한다. 우리는 여전히 예술과 책, 음악과 영화가 자아를 함양하는 힘을 갖고 있다고 믿는다. 루이스 브랜다이스가 집착했던 "타고난 능력의 계발"이 바로 그것이다.[18]

자아를 계발하려는 것이 고상한 생각이기는 하지만, 그렇다고 완전히 순수한 의도만은 아니라는 것도 우리는 알고 있다. 자기 자신을 "교양 있는(cultured)" 사람이라고 부르는 것은 자신이 우월하다고 주장하는 것이다. 사회학자 피에르 부르디외(Pierre Bourdieu)는 사람들의 그런 태도를 (다소 지나치게) 지적하는 일을 자신의 학문적 커리어로 삼은 사람이다. 농부의 자식으로 태어난 부르디외는 사라져가는 시골 사투리를 사용하면서 자랐다. 그는 오로지 자신의 실력으로 급격한 신분 상승을 이루었고, 극소수만이 다다를 수 있는 최고의 지식인 반열에 올랐다. 하지만 부르디외는 일단 그렇게 지식인 그룹에 받아들여진 후에는 지식인들을 비난했다. 그는 지배 계층이 사회적으로 용인되는 것과 그렇지 않은 것에 관한 규칙을 정하고 강요한다고 주장했다. 그들은 훌륭한 예술, 훌륭한 음식, 훌륭한 책을 정의하며, 이를 설명하는 배타적인 어휘를 만들어낸다. 그는 "취향은 분류하고, 분류하는 사람까지도 분류한다."[19]°라는 유명한 말을 남겼다.

　　부르디외가 그려 보이는 세상은 프랑스 사회의 특징이 두드러져서, 미국인들이 이해하기에는 조금 어렵다. 그런 종류의 우월 의식은 대서양을 건너왔지만 햄버거와 애플파이라는 모래톱에 부딪혀 좌초되었다. 또 다른 프랑스인인 알렉시스 드 토크빌(Alexis de Tocqueville)은 이 점을 이해했다. 미국 사회는 태생적으로 엘리트주의를 꺼렸다. 토크빌의 설명에 따르면, 미국의 엘리트들은 노동자들과 은행 잔고는 크게 달랐을 수 있어도 그들과 동등하게 생각하

° 사람들은 취향에 따라 서로 다른 계층으로 분류되지만, 그렇게 다른 사람들을 분류하는 사람들은 그 행위를 통해 자기 자신도 분류하게 된다는 의미―옮긴이

고 교류했다(이런 평등에 대한 믿음이 사회 전체를 지나치게 평범하고 뻔한 것으로 만든 것도 사실이기는 하다.). 문화적 엘리트들은 대중의 취향을 높이는 작업에 착수했다. 이런 분위기가 20세기 중반 미국 중산층 문화의 눈부신 성장을 가져왔다. 그 같은 '경이로운 시기'에, 헨리 루스(Henry Luce)가 운영하던 출판사들은 제임스 에이지(James Agee), 드와이트 맥도널드(Dwight Macdonald), 존 허시(John Hersey), 대니얼 벨(Daniel Bell) 같은 무게 있는 작가들을 고용했고, 월터 리프먼, 라인홀드 니부어(Reinhold Niebuhr), T. S. 엘리엇 등 진정한 지식인들을 잡지의 표지 모델로 삼았으며, 그런 표지를 디자인한 사람들은 페르낭 레제(Fernand Leger), 디에고 리베라(Diego Rivera), 록웰 켄트(Rockwell Kent) 같은 뛰어난 예술가들이었다. NBC 방송국은 아투로 토스카니니에게 오케스트라를 지휘하게 했고, 레너드 번스타인은 황금시간대에 CBS 방송국에서 관현악 감상법을 설명하는 프로그램을 진행했다. 이달의 '책클럽(The Book of the Month Club)'과 '독자의 구독(The Readers Subscription)' 같은 서비스는 미국의 가정에 문학작품을 정기적으로 배달했다.

이런 작업에는 '노블레스 오블리주'라는 인식이 있었고, 사회적 신분에 불안을 느낀 미국의 대중은 이런 노력을 받아들였다. 2차 세계대전 이후에 도입된 제대군인 원호법의 도움으로 수백만 명의 미국인들이 대학교에 진학했다. 그들 중에는 가족 중 처음으로 대학에 들어간 사람들도 많았다. 전후 시대의 번영이 중산층을 팽창시켰다. 미국인들은 사회적 신분 상승을 입증하기 위해 고급 문화로 자신을 둘러쌌다. 그들은 버네이스에게서 영감을 받아 백과사전, 가죽 양장

본의 고전들, 하드커버 소설들로 책장을 채웠다. 장 뤽 고다르나 미켈란젤로 안토니오니 감독의 영화를 보려는 관객이 많아지면서 예술 영화를 상영하는 극장이 급격히 늘어났고, 중간 규모 도시들에서도 시립 교향악단들이 생겨났다.

이 시기에 융성했던 모든 것들이 찬사를 받을 만했던 건 아니다. 중간 취향(middlebrow)이라는 말이 조롱의 대상이 되었던 데에는 그럴 만한 이유가 있었다. 문화를 바라보는 시각에는 긴장감이 존재했다. 미디어와 출판사, 음반사, 영화 제작사를 경영하는 엘리트들은 자신들이 훌륭한 문화 후원자라고 자부했지만, 결국 그들은 돈을 버는 기업을 경영한 것이다. 대중 소설을 위대한 소설로 포장해서 퍼뜨리는 건 나쁜 일이었지만, 다른 한편으로 야심찬 예술과 새롭고 도전적인 사상을 키워서 사회에 파는 건 좋은 일이었다.

훌륭한 언론사와 출판사들은 자신들의 사명을 신화화해왔고, 지금도 많은 기업들이 숭고한 마음으로 사업을 하는 것처럼 치장하고 있다. 하지만 이 같은 고상한 태도는 쉽게 벗겨진다. 이 기업들은 진지한 지성의 수호자를 자처하지만, 동시에 수익을 내기 위해 존재한다. 그들은 현대판 메디치 가문°이 아니다. 그들이 스스로를 그렇게 생각하는 건 힘든 사업을 하는 데 정신적인 위안이 될지는 몰라도 사실 자체가 달라지는 건 아니다. 하지만 우리 문화를 건강하게 유지하기 위해서는 그런 신화를 계속 유지해야 한다. 그 신화는 언론·출판 기업들을 문화의 먼 기원이 되는 'colere', 즉 정신을 고양시

° 이탈리아의 르네상스를 탄생시킨 많은 예술가들을 후원했던 피렌체의 가문—옮긴이

켜야 한다는 신념과 묶어주는 끈이다. 이 신화가 없다면 문화는 그저 시장에서 반기는 흔한 상품에 불과하다.

신화는 여전히 살아 있지만 그저 간신히 연명하고 있을 뿐이다. 우리 사회는 이제 예술과 사상이 알고리듬에 의해 좌우되는 시대로 진입을 앞두고 있다. 기계들은 사람들이 찾아보는 가장 인기있는 화제들을 점점 더 많이 제안하고 있으며, 사람들은 점점 더 기계에 복종하고 있다. 실험과 새로움이 아닌 데이터가 길을 인도하면서, 정해진 공식으로 우리를 이끌어간다. 인간의 정신을 고양시킨다는 신화는 터무니없는 조작에 자리를 내어준다.

이 같은 변화 앞에서 사람들이 흔히 보이는 반응은 체념이다. 피할 수 없는 테크놀로지의 진보와 쉽게 변하는 젊은 세대의 습관을 그저 숙명이려니 하고 받아들이는 태도다. 변화를 비판하는 건 늙은이처럼 역정을 내면서 역사의 흐름에 거스르는 것처럼 느껴질 수도 있다. 그래서 사람들은 성숙한 태도를 취하자고, 주어진 상황을 받아들여 가진 것을 최대한 활용하면서 험한 바다를 헤쳐 나가자고 마음먹는다. 하지만 그런 타협은 너무나 큰 대가를 요구한다는 사실을 작가나 편집자들은 비록 내놓고 인정하지는 않아도 이미 알고 있다. 독자들 중에는 훨씬 더 나은 대안이 있음을 눈치채는 사람들이 있다. 우리 모두가 이 생각에 분명히 동의하는 순간들이 있다. 우리는 도널드 트럼프가 대통령에 당선되는 걸 보면서 우리의 미디어 문화가 퇴락했다는 사실을 깨닫고 다같이 충격에 빠졌고, 페이스북이나 구글처럼 무기력한 게이트키퍼들보다 훨씬 더 강한 책임감을 갖고 진실을 지켜줄 존재가 필요하다는 것도 깨달았다. 그러나 문제를 파악하는 것만으로는 충분하지 않다. 우리 사회의 가장 중요한 제도나 기관, 가치가 회복 불가능한 수준으로 바뀌어버리기 전에, 우리의 문제 분석을 토대로 전면적인 해결책을 찾아야 한다.

11장 | 종이의 반격
THE PAPER REBELLION

필연적으로 등장해야 했다며 사람들이 환영했던 기술이 있다. 소비자들이 선택하지 않을 수 없다고 생각한 이 기술은, 실제로는 기대에 못 미쳤다. 요란한 광고와 현실 간의 격차가 드러나면서, 사람들이 무의식적으로 제품에 비판적인 태도를 갖고 반발하는 모습이 보인다.

제프 베이조스가 2007년 킨들을 처음 발표했을 때, 나는 곧바로 하나를 주문했다. 평생 책을 사랑해왔던 사람으로서 조금 찜찜한 기분이 들었다. 하지만 책 읽기가 변화하는 흐름에 나도 힘을 보태고 있다는 죄책감을 참아냈다. 사실 킨들은 내가 꿈꾸었던 제품이었다. 서점과 책, 내가 제일 좋아하는 두 가지가 하나의 하드웨어에 담긴 것이다. 세상에 존재하는 모든 책을 그 기기에서 만날 수 있고, 어느 책이든 하품 한 번 하는 것보다도 짧은 시간 안에 내 손 안으로 다운로드할 수 있다고 했다.

기기 자체는 그다지 매끄럽지 못했다. 잘 작동하지 않는 키보드가 달려 있었고, 둔하게 움직이는 조이스틱은 내 손놀림이 얼마나 정교한지 시험하는 듯했다. 페이지를 다 읽지도 않았는데 실수로 다음 장으로 넘어가버리곤 했다. 그럼에도 킨들은 마술이었고, 나는 책을 마구 사들이기 시작했다. 하지만 서점에 돌아다니면서 사 모을 때와는 다르게, 책을 마구 사들여도 방에 책더미가 쌓이지도 않았고, 읽지 않은 모든 책들이 책상에 앉은 나를 노려보는 듯한 죄책감에 시달리지 않아도 되었다. 그 후 1년 동안 킨들은 가방의 바깥 주머니에 담겨 나와 함께 다녔고, 침대 옆 협탁에서 함께 잠들었다. 미색의 킨들 표면은 내 손때가 묻어 거뭇거뭇해졌다.

아마존 웹사이트에 가면, 사용자가 킨들에서 구매한 책들에 접속하기 위해 등록한 기기 목록을 볼 수 있다. 내가 사용한 하드웨어들의 역사인 셈이다. 나는 세 개의 킨들과 세 개의 아이패드, 여섯 개의 아이폰을 소유했었다. 이 정도면 작은 환경 재앙이 될 수도 있는 수준이다. 그래도 나는 이 기기들을 내버리지 않고 상자에 넣어 지하실에 보관하고 있다는 점만큼은 말해두어야 하겠다. 그 기기들을 재활용품을 수집하는 곳에 가지고 갈 날이 있을지도 모른다.

테크놀로지의 마법이 우리의 눈을 가려 앞을 못 보게 하더라도, 시간이 지나면서 마법이 사라질 수 있다. 킨들의 세 번째 버전이 세상에 나왔을 즈음 나는 종이책으로 돌아가 있었다. 종이책으로의 회귀는 내가 의식하지 못한 사이 서서히 일어났다. 나는 킨들을 사용하는 동안에도 종이책 모으는 일을 멈춘 적이 없었다. 잡지사에서 일했기 때문에 서평을 위한 책들이 사무실에 우편으로 배달되어 오곤 했다. 킨들에서는 구할 수 없는 오래된 책을 사야할 일이 있으면 나는 중고책 판매상에 주문했다. 종이책들이 다시 내 눈에 들어오기 시작했다. 의식적으로 종이책으로 돌아가기로 결정한 건 아니었다. 마치 자석에라도 이끌린 듯 일어난 일이었다.

나는 스크린에 반대하는 대단한 원칙을 가지고 있거나 체계적으로 스크린에 반대하는 사람이 아니다. 인터넷은 내가 온종일 시간을 보내는 보금자리 같은 곳이다. 트위터는 내 관심의 많은 부분을 차지한다. 나는 인터넷에서 엄청나게 많은 정보를 단시간 내에 얻을 수 있다는 점, 그리고 정치와 축구, 시(詩), 언론의 가십 기사 따위를 아주 좁은 주제에 한정시켜서 팔로우할 수 있다는 점이 마음에 든다. 하지만 그날 하루 내가 무슨 글들을 읽었는지 돌아보고 되새기려면 잘 되지 않는다. 물론 컴퓨터를 뒤지면 정확한 기록을 찾아낼 수 있을 것이다. 하지만 막상 책상에 앉아 컴퓨터 화면을 스쳐간 모든 트윗과 기사와 포스팅을 열거하려 시도해보면 실제로 기억나는 게 거의 없다. 웹에서의 읽기는 정신 없이 벌어지는 일로, 압축되어 있고, 닥치는 대로 일어나며, 몰입도 잘 되지 않는다.

인터넷을 옹호하는 사람들은 이에 대해 아주 분명한 태도를 가지고 있다. 인터넷은 완전히 다른 성격의 매체이며, 따라서 인터넷만의 리듬과 지적인 편향을 발생시킨다는 것이다. 종이책은 고정되어 있어서 시작과 끝이 있으며, 페이지마다 쓰인 글들은 바뀌지 않는다. 하지만 인터넷은 유동적이다. 케빈 켈리가 썼듯이, 디지털 세상은 "좋은 것들은 고정적이거나 불변일 필요가 없다."[1]는 것을 보여준다. 인터넷은 끝없는 대화이다. 인터넷에서는 모든 논의가 반박되고, 공유되고, 수정되고, 확장된다. 전 세계에서 벌어지고 있는 일들이 실시간으로 올라오기 때문에 짜릿하지만, 동시에 사람을 지치게 한다.

나는 결국 그런 탈진 상태 때문에 킨들을 포기한 것 같다. 킨들이 형편없는 기기란 뜻은 아니다. 솔직히 소셜미디어에서 시끄럽게 쏟아내는 이야기들에 비하면 킨들은 더할 나위 없이 차분하다. 하지만 웹에서 긴 시간을 보내고 나면 스크린에서 벗어나 종이로 피신하고 싶은 마음이 간절해진다.

내가 내린 결정을 정당화해야 한다면, 킨들이 웹에서 벗어난 휴식을 온전히 제공하지 못하기 때문이라고 설명하겠다. 킨들은 소음을 낮출 수는 있지만, 웹으로부터 분리된 상태를 제공하지는 못한다. 아마존은 전자책에서 일어나는 모든 움직임을 추적한다. 킨들을 통해 긁어모은 이런 데이터를 이용해서 아마존에서 판매하는 책들의 상업적 성공 가능성을 예측한다. 사람들이 어디에 밑줄을 쳤는지 확인하고, 그것을 다른 독자에게 공유한다. 킨들은 여전히 거대 테크 기업의 요새이며, 킨들 기기로만 접근 가능한 전용 매장과 탯줄로 연결되어 있다. 킨들은 책을 잘 모방하긴 했지만, 어디까지나 모방일 뿐이다.

전자책 판매가 종이책을 넘어서고 출판을 장악할 거라는 전망이 있었다. 2010년, MIT 미디어랩의 설립자 니콜라스 네그로폰테(Nicholas Negroponte)는 종이가 사라지게 될 시점을 예언했다. "앞으로 5년 안에 그런 일이 일어날 겁니다."[2] 그가 말한 멸망의 날은 조용히 지나갔다. 종이책은 밀려나지 않은 반면, 전자책은 예상했던 속도로 성장하지 못했을 뿐 아니라 오히려 판매가 급락했다. 2015년 전자책 매출은 11퍼센트 감소한 반면,[3] 오프라인 서점 수입은 2퍼센트 가까이 증가했다. 결국 나만 킨들을 포기한 게 아니라 많은 사람들이 같은 결정을 내리고 있었다. 내 직감에는 상당수 독자들이 정신없이 돌아가는 인터넷에서 벗어나 조용히 글을 읽으며 홀로 사색하는 시간을 갖고 싶어했는데, 결국 종이책이, 아니 종이책만이 그런 경험을 제공해주는 것 같다는 생각을 떨쳐버리기 힘들었던 게 아닐까 싶다. 많은 사람들이 페이지―(인터넷에서처럼) 비유적인 의미의 페이지가 아니라 손가락으로 문지를 수 있는, 섬유질로 이루어진 실물 페이지―에 자꾸 끌리는 건 우리가 읽기의 역사에서 얻은 근원적인 교훈에 끌리기 때문이다.

조금 민망할 수도 있을 이야기라 미리 양해를 구한다. 독자들에게 내 모습을 상상하게 만들려는 의도는 아니지만, 내가 가장 좋아하는 책읽기 장소는 욕조이다. 따뜻한 물에 몸을 푹 담그면 정신이 이완되고 사고가 개방되지만, 책의 페이지가 물에 젖을 위험이 있다. 아이들 중 누군가가 욕조를 차지하고 있다면, 침대도 그런대로 나쁘지 않다. 커다란 베개들이 등 뒤를 받치고, 강한 램프 불빛은 페이지를 밝게 비춘다.

내 사생활을 공개하기는 했지만 좀 뻔한 내용이다. 욕실이나 침실은 사람들이 책을 읽을 때 흔히 사용하는 장소이기 때문이다. 아니, 어쩌면 가장 흔한 장소일지도 모른다. 역사적으로 사람들은 그런 사적인 공간에서 책을 읽어왔고, 자신만의 은신처에서 혼자 읽기를 좋아했다. 사람들은 조용한 장소를 찾아 글을 읽는다. 복잡한 세상을 탈출하고 싶기 때문이지만, 또한 탈출이 가져다줄 지적인 가능성을 기대하기 때문이기도 하다.

　중세 초기만 해도, 책은 말 그대로 기적이었다. 그것은 사제가 신의 말씀을 전달하는 수단이었다. 당시 글을 읽고 쓰는 것은 희귀한 능력이었고, 유럽에서는 백 명 중 한 명 정도만이 글을 읽을 수 있었다. 역사학자 스티븐 로저 피셔(Steven Roger Fischer)가 설명한 것처럼, 모든 "읽기"는 소리 내어 읽기였다.[4] 소리 없이 읽기(묵독)는 아주 드물었다. 소수의 묵독 사례가 기록으로 남아 있는데, 그런 사례가 기록으로 존재하는 이유는 소리를 내지 않고 읽는 일이 보는 사람들에게 몹시 충격적이었기 때문이다. 독서는 아마도 최고의 사회적 행위였다. 이야기꾼들은 시장에 모인 사람들에게 읽어주었고, 사제들은 신도들에게 읽어주었고, 교수들은 대학교 학생들에게 읽어주었으며, 교육받은 사람들은 혼자서도 소리 내어 읽었다. 중세의 텍스트들은 보통 오디언스에게 "귀를 기울일" 것을 요구했다.

　지적으로 다소 척박한 시대였지만, 읽고 쓰는 능력은 소수 엘리트의 전유물을 넘어서 천천히 퍼져나갔다. 상업의 성장은 새로운 상인 계층을 등장시켰고, 더불어 이들의 필요를 충족시키는 전문적인 텍스트도 서서히 생겨났다. 과거 유럽의 텍스트들은 단어를 분리하는 여백 없이 한 단어가 다음 단어에 딱 붙어 있어서, 한 페이지의 모든 글자가 한덩어리로 붙어 있었다. 이런 상황은 새로운 통사 규칙의 등장으로 달라졌다. 글을 읽는 데 들어가는 노력이 줄어들면서, 사람들은 더 쉽게 텍스트에 접근할 수 있게 되었다. 이런 변화들이 완전히 정착되어 대중이 소리 없는 묵독을 할 수 있게 되기까지는 그로부터 수백 년이 걸렸다.

　이는 인류 역사상 가장 엄청난 변화 중 하나였다. 읽기는 더 이상 수동적이고 집단적인 경험이 아닌, 능동적이고 사적인 경험이 되었다. 묵독은 사고 자체를 바꾸었고, 그에 따라 개인이 전면에 나서게 되었다. 개인 침실에서 읽든 도서관에서 읽든, 혼자서 책을 읽을 때면 주류에서 벗어난(사회가 용납하지 않는) 생각을 할 만한 여지가 생겼다. 피셔는 이런 변화를 다음과 같이 설명했다.

> 이제 독자의 적극적인 참여를 요구하는 능동적인 묵독이 주된 읽기 방법이 되었다. 이로써 독자가 행동의 주체가 되었으며, 저자는 이제 보이지도, 소리를 내지도 않는 독자에게 다양한 길을 보여주는 안내자일 뿐이었다. 중세 초기의 '청취자-독자'였던 사람들이 거의 항상 한목소리로 호칭기도(Christian litany)를 일제히 합창하는 소리를 들었다면, 중세 후기의 인문주의 학자들은 온 세상의 다양한 목소리들을 조용히 읽고 있었다. 각각의 목소리는 여러 가지 언어로 다른 노래를 부르고 있었다……. 구어의 속박에서 벗어나려는 여러 세대에 걸친 노력 끝에, 많은 독자들이 비로소 토마스 아 켐피스(Thomas a Kempis)가 『그리스도를 본받아』에서 했던 것과 같은 고백을 할 수 있게 되었다. "나는 행복을 찾아 온 세상을 헤매었으나, 다른 데가 아닌 작은 책의 작은 한 귀퉁이에서 행복을 찾았도다."[5]

우리 문화에는 이런 작은 귀퉁이에서 벗어나려는 강한 충동이 존재한다. 남들과 어울려 네트워킹하고, 협업하고, 창조하고, 전략을 수립하는 사상가들이 사회에서 승자가 될 사람들이라는 말을 종종 듣는다. 우리 아이들은 학교에서 그룹으로 모여 공부하고 팀 프로젝트를 해내야 한다. 일터에서는 사무실 내의 벽을 허물고, 조직은 부문 단위로 함께 일한다. 또한 거대 테크 기업들은 사람들로 하여금 크라우드에 동참하게 한다. 그들은 우리에게 지금 화제가 되고 있는 검색어를 보여주고, 그들이 가진 알고리듬은 세상의 다른 모든 사람들이 읽는 것과 동일한 기사, 트윗, 포스팅을 읽으라고 추천한다.

대화가 지닌 창조적인 힘, 주위 사람들로부터 겸손하게 배울 때 얻게 되는 지적 잠재력, 그리고 집단이 문제 해결을 위해 협력해야 할 필요성에 대해서는 의심의 여지가 없다. 하지만 이들 중 그 어느 것도 사색이나 혼자만의 시간을 대체해서는 안 된다. 그런 시간이 있어야 사람들은 비로소 독자적인 사고를 통해 자신만의 결론에 도달할 수 있게 된다.

우리가 글을 읽을 때 외딴 귀퉁이, 침대, 욕조, 개인용 서재 같은 곳을 찾는 이유는 이런 곳들이 사색하기에 가장 좋다고 느끼기 때문이다. 나는 살면서 이런 장소를 대체할 수 있는 곳을 찾았다. 카페나 지하철에서도 읽으려면 읽을 수 있지만, 정신을 집중하기 위해 애써 노력해도 잘 되지는 않는다. 내 주변에 다른 사람들이 있다는 사실을 의식하지 않을 수 없기 때문이다.

독서에 깊고 온전하게 몰두하면, 우리는 외부 세계를 차단하는 무아지경에 빠진다. 책장에 쓰인 글과 머릿속에서 빠르게 지나가는 추상적 사고 사이에서 간극이 사라진다. 묵독을 시작한 첫 세대가 경험한 것처럼 사회에서 금기시하는 생각도 자유롭게 떠올랐다 사라지고, 우리는 지적인 금기에서 벗어난다. 우리가 습관적으로 책을 들고 혼자만의 공간으로 들어가는 이유가 바로 그 때문이다. 개인 공간에서는 사회적 관습에 대해 걱정할 필요도 없고, 바깥 세상이 어깨 너머로 우리가 읽는 걸 훔쳐보지도 않는다. 테크 기업들이 우리로 하여금 종이책을 포기하게 하려고 있는 힘을 다하고 있음에도 불구하고 우리가 종이책을 포기할 수 없는 이유가 그것이다.

테크 기업들이 인류의 모든 것을 남김없이 흡수해 버리려고 해도, 종이책 읽기는 그들이 완전히 손에 넣을 수 없는 몇 남지 않은 영역이다. 테크 기업들은 이를 앞으로 해결될 공학적인 난제 정도로 생각할 것이다. 그들을 제외한 우리 모두는 종이가 제공하는 보호구역으로 주기적으로 피신해야 한다. 이 보호구역은 끊임없이 침투해오는 시스템을 피해 휴식을 얻을 수 있는 곳이며, 우리가 의식적으로 거주해야 하는 낙원이다. 우리가 저항의 모델로 삼아야 할 체코의 소설가가 있다.

밀란 쿤데라는 당대에 가장 외설스러운 소설가였다. 그는 난교 파티에 대한 묘사로 이름을 떨쳤고, 굴욕적 성행위 묘사의 대가였으며, 관습에 어긋나는 다양한 성행위를 운율에 맞춰 글로 옮겼다. 물론 동시대의 다른 체코 작가들도 대개 그랬고, 쿤데라가 유별났던 건 아니다. 요세프 슈크보레츠키(Josef Škvorecky)와 이반 클리마(Ivan Klíma)의 소설에도 온갖 문란하고 생생한 성행위 묘사가 넘쳐난다. 이들의 작품은 독자들을 흥분시키기로 유명했지만, 그게 중요한 전부는 아니었다. 그들이 살았던 전체주의 사회가 개인의 사생활을 말살하려 했지만, 소설가는 사생활을 지키려 애썼다. 그들이 섹스에 집착한 이유는 그것이 국민의 모든 삶을 감시하는 국가에서 하나의 해

독제 역할을 했기 때문으로 보인다. 섹스는 인간이 할 수 있는 진정으로 개인적인 경험으로, 국가가 통제하지 못하는 영역이었다.

인터넷 상에서 일어나는 감시는 전체주의 국가의 검열과는 크게 다르다. 소련과 소련의 위성 국가들이 국민을 감시한 건 그들에게 두려움을 심어서 공산당의 가르침을 강요하고, 이를 통해 결과적으로 소수 엘리트가 비민주적 권력을 유지하기 위해서였다. 반면 현재 우리가 인터넷에서 당하는 감시는 기업들이 우리에게 제품을 보다 효과적으로 판매하기 위한 것이다. 몰래 감시하는 주체는 국가 기관이 아니라 기계이다.

인터넷 감시가 전체주의적인 감시가 아니라고 해서 아무런 해가 되지 않는다는 말은 아니다. 우리를 감시하는 이유는 우리를 조종하기 위해서이다. 어떤 조종의 경우에는 사람들에게 환영 받는다. 우리는 알고리듬이 추천해주는 음악을 즐기고, 스크린에 띄워주는 운동화 광고를 좋아할 수도 있다. 엄청난 양의 정보에서 필요한 것을 골라내려면 컴퓨터의 도움이 필요하다. 하지만 기계가 주는 편리함을 다르게 해석할 수도 있다. 기계의 편리함은 우리가 가진 자유의지를 포기하고, 알고리듬에게 우리 대신 선택을 해달라고 하는 것이다. 이것이 그다지 나쁜 일처럼 느껴지지 않는 것은 우리가 조종당하겠다고 자진해서 내린 결정이기 때문이다. 하지만 우리가 의도했던 것보다 더 많이 포기한 것 같고 우리가 기대한 것보다 더 많이 조종당한다는 느낌을 받는다면, 그것은 착각이 아니다.

우리의 디지털 미래는 광고에서 보여주는 것처럼 눈부시게 아름다울 수도 있지만, 지옥 같은 디스토피아일 수도 있다. 시민과 독자 입장에서는, 기계에 저항해야 할 충분한 이유가 있다. 인류의 생각을 점점 더 강력하게 지배하는 독점기업들을 제지할 수 있는 건 정부의 정책밖에 없다. 하지만 우리는 우리 자신을 이 기업들이 만든 영향권과 생태계로부터 의식적으로 빼내는 시간을 만들 수 있다. 완전한 탈퇴가 아니라 나만의 시간을 갖는다는 뜻이다.

　체코의 소설가들은 국가 감시의 눈을 피할 틈새를 찾았다. 종이로 된 책, 잡지, 신문 등이야말로 우리가 도피해서 머무를 수 있는 틈새이다. 그곳은 독점기업의 손을 벗어난 공간이며, 데이터 흔적이 남지 않는 곳이며, 추적당하지 않을 수 있는 곳이다. 종이에 쓴 글을 읽을 때면, 문자와 각종 알림 등 우리의 관심을 요하는 긴급한 일들의 방해에서 벗어나 생각에 잠길 수 있다. 종이로 된 페이지는 하루 중 잠시나마 기계에게서 벗어나 인간인 우리 자신의 중심을 돌아볼 수 있게 해준다.

　이 책의 핵심이 되는 질문들은 미국인들에게는 특히 불편하다. 역사적으로 미국인들은 자신들이 두 개의 '쌍둥이 혁명', 즉 과학 혁명과 정치 혁명의 선봉에 있다고 자부해왔다. 미국인들은 세계에서 테크놀로지의 육성과 발명에 가장 앞서 있다고 주장해왔다. 기술 발명가라는 이미지는, 미지의 땅을 찾은 개척자들이 세운 실험적인 공화국이라는 미국이 가진 또 다른 국가 정체성도 잘 반영했다. 공학 기술의 혁명은 당연히 미국 독립혁명과 밀접한 연관이 있다. 두 혁명은 동일한 계몽주의의 산물이었으며, 둘 다 이성에 대한 신뢰를 담고 있었다. 프랭클린이나 제퍼슨 같은 건국 초기 위대한 기술 발명가들은 정치적 자유의 열렬한 주창자들이기도 했다. 미국은 테크놀로지와 개인주의가 가진 복음을 소리내어 알렸고, 열정적으로 전 세계에 퍼뜨렸다. 미국인들은 또한 그 두 가지를 부단히 혁신했다. 전구를 발명했는가 하면 사생활에 대한 권리를 주창했고, 공장의 조립 라인을 만들어냈는가 하면 발언의 자유를 보장했다.

이 쌍둥이 혁명은 서로를 발전시켰다. 둘 사이에는 때때로 긴장이 형성되기도 했지만, 그런 순간이 지나면 함께 앞으로 나아갔다. 미국의 자유는 대개 역동적이고 구습에 얽매이지 않는 경제를 만들었고, 그런 경제는 창조 행위를 크게 장려했다. 또한 새로운 발명품들은 새로운 개인의 표현 수단을 만들어내고 이동의 자유와 자아 실현을 가능하게 함으로써 자유라는 대의를 한층 더 진척시켰다.

지금 이 순간이 몹시 불편하게 느껴지는 이유는 바로 그 때문이다. 테크놀로지에 대한 우리의 신념은 이제 더 이상 자유에 대한 믿음과 궤를 같이하지 않는다. 우리는 두 개의 혁명 중 어느 한쪽을 훼손하지 않고서는 다른 쪽을 지킬 수 없는 시기에 접어들고 있다. 테크놀로지가 지금과 같은 방향으로 발전한다면 개인의 사생활은 살아남을 수 없다. 우리가 가졌던 경쟁 시장에 대한 믿음은 위기에 처했다. 소셜미디어가 거짓과 음모를 확산하고, 무엇이 사실인지에 대한 공통된 합의가 소멸하면서, 권위주의가 등장하기 좋은 환경이 만들어지고 있다. 이제까지 인간과 기계의 결합은 인간에게 유리한 쪽으로 진행되어 왔지만, 이제 우리는 새로운 시대로 접어들었고, 그 둘의 결합은 개인을 위협한다.

인간의 본성은 변형 가능하다. 하지만 본성이 고정된 것이 아니더라도 거기에는 한계점이 존재한다. 한계점에 이르면 인간의 본성은 더 이상 인간의 것이라고 할 수 없게 된다. 우리는 그런 변화의 한계점을 넘어서기로 자발적인 결정을 내릴 수 있지만, 그 같은 결정에는 대가가 따른다는 사실을 인정해야 한다. 현재 우리가 가고 있는 방향은 우리가 주도적으로 결정한 것이 아니다. 정치 시스템이나 미디어, 지식층은 인류가 정처없이 떠내려가는 상황에 아무런 손을 쓰지 못하고 있다. 그렇게 해서 우리는 독점과 대세 순응, 그리고 독점 기업들이 가진 기계를 향해 떠내려가고 있는 중이다.

급속한 자동화의 시대, 인터넷이 세상의 거의 모든 사람과 거의 모든 사물을 연결하고 있는 이 시대에, 우리 스스로 나아가는 방향을 결정할 수 있다고 생각한다는 게 어리석고 무의미하게 느껴질 수 있다. 철학자 미셸 세르(Michel Serres)는 "우리가 가진 장악력은 우리의 장악력을 벗어난 듯하다."[6]고 했다. "우리는 우리의 지배력을 어떻게 지배할 수 있는가?" 이것은 까다로운 질문이지만, 인류에게는 아직 사용하지 않은 능력이 있음을 암시한다. 테크 기업들은 사람들의 일상생활과 습관을 패턴화하려는 열망을 갖고 있지만, 우리의 일상생활과 습관은 여전히 우리의 것이다. 우리 사회가 언젠가는 정신을 차리고 이들 기업의 해독으로부터 우리의 문화와 민주주의, 그리고 개인을 지켜낼 수 있는 현명한 정책을 낼 수도 있을 것이다. 하지만 정말로 그런 날이 올 때까지는 우리가 스스로를 지켜내야 한다.

우리는 그동안 착각에 빠져, 영원히 지속되는 것보다 당장의 편리함과 효율성에 더 신경을 써왔다. 사색하는 생활이나 글 읽기에 깊이 몰입함으로써 얻게 되는 지속적인 자양분과 비교해보면, 웹사이트에서 얻게 되는 난잡한 즐거움들은 대부분 쉽게 사라져버린다. 어떤 글을 읽고 어떤 물건을 구매할지, 여가와 자기계발에 얼마나 시간을 들일지 스스로 선택하고, 공허한 유혹을 피하고, 조용한 공간을 지켜내고, 우리 자신에 대한 주체성을 장악하고자 의식적으로 노력한다면, 사색하는 생활은 얼마든지 가능하다.

감사의 말

이 책은 생각하는 세상에 대해, 그리고 사람들이 그런 세상에 더 이상 적절한 가치를 두지 않을 때 일어날 일에 대해 쓴 책이다. 운 좋게 내가 몸담을 수 있었던 지식 공동체에 빠짐 없이 감사를 표했으면 한다.

이 책의 핵심 개념 중 많은 부분은 리언 위즐티어(Leon Wieseltier)의 사무실에서 나왔다. 나는 매일 오후 그의 사무실에서, 현재 당면한 이슈들과 그의 서가에 꽂혀 있던 시대를 초월한 책들에 대해 토론하며 시간을 보냈다. 20년 가까이 위즐티어는 내 친구이자 동료이자 선생님이었다. 이 책은 친한 사람들이 친절한 독자가 되어준 덕분에 엄청나게 나아졌다. 특히 편집자 레이철 모리스(Rachel Morris)는 빈틈없이 세심하게 나를 이끌어주었다. 데이비드 그린버그(David Greenberg), 배리 린(Barry Lynn), 니컬러스 리먼(Nicholas Lemann), 모리스 스터키(Maurice Stucke), 제이커브 와이스버그(Jacob Weisberg)가 전해준 의견에 대해 평생 고마운 마음을 잊지 않겠다. 힐러리 매클레런(Hillary McClellen), 제시 로버츠(Jessie Roberts)의 자료 조사 지원은 정말 최고였다. 내게 학문적 교분이 필요했을 때, 뉴아메리카파운데이션(New America Foundation)의 앤마리 슬로터(Anne-Marie Slaughter)와 피터 버겐(Peter Bergen)이 때마침 그 역할을 해주었다. 책을 쓰는 동안 계속해서 《뉴리퍼블릭》의 오랜 동료와 친구들이 책의 방향성에 도움을 주었다. 조너선 체이트(Jonathan Chait), 아이작 초티너(Isaac Chotiner), 존 쥬디스(John B. Judis), 알렉 맥길리스(Alec MacGillis), 크리스 오르(Chris Orr), 제프리 로젠(Jeffrey Rosen), 마이클 셰퍼(Michael Schaffer), 노엄 샤이버(Noam Scheiber), 주디스 슐레비츠(Judith Shulevitz), 어맨다 실버먼(Amanda Silverman), 앤드루 설리번(Andrew Sullivan), 그레그 바이스(Greg Veis), 제이슨 젠걸리(Jason Zengerle), 수전 애시(Susan Athey), 토머스 케이턴(Thomas Catan), 앨런 데이비드슨(Alan Davidson), 톰 프리드먼(Tom Freedman), 피터 프릿치(Peter Fritsch), 제프리 골드버그(Jeffrey Goldberg), 조너선 캔터(Jonathan Kanter), 조디 캔터(Jodi Kantor), 래리 크레이머(Larry Kramer), 로저 놀(Roger Noll), 테리 위노그래드(Terry Winograd) 모두에게 감사를 전한다.

앤 거도프(Ann Godoff)가 출판계에서 최고로 꼽히는 데에는 이유가 있다. 앤은 내가 주장하는 방향을 처음 내가 생각했던 것보다 훨씬 더 잘 알아보았고, 세부 내용에 세심하게 주의를 기울이면서도 큰 그림을 놓치지 않았다. 앤은 미국 펭귄 출판사에서 윌리엄 헤이워드(William Heyward), 케이시 라쉬(Casey Rasch), 스콧 모이어스(Scott Moyers), 엘리자베스 칼라마리(Elisabeth Calamari)를 팀원으로 영입해서 최고의 팀을 꾸렸다. 영국에서 조너선케이프 출판사의 비어 헤밍(Bea Hemming)은 이 프로젝트 초반부터 헌신했다. 내 친구이자 대리인, 래피 세이걸린(Rafe Sagalyn)도 마찬가지로 헌신해주었다.

내 동생들은 책을 쓰는 내내 내게 힘이 되었고, 부모님은 솔직한 비판과 아낌없는 격려 사이에서 정말 세심한 조화를 잃지 않으셨다. 이 책은 낙관적인 전망으로 끝을 맺었다. 태어날 때부터 이상주의자인 테오와 세이디가 든든한 동반자로 나와 함께 있기 때문이다. 글쓰기에서든 삶에서든 어려움에 부딪힐 때마다 늘 헤쳐나갈 용기와 사랑과 지혜를 주는 아내 애비에게 온 마음을 다해 고마움을 전한다.

주

1장

1. Tom Wolfe, *The Electric Kool-Aid Acid Test* (Farrar, Straus & Giroux, 1968), 2, 11.
2. 브랜드의 신상에 관한 세부 사항은 대부분 다음 세 권의 책에 바탕을 두었다. Fred Turner, *From Counterculture to Cyberculture* (University of Chicago Press, 2006); John Markoff, *What the Dormouse Said* (Viking Penguin, 2005); Walter Isaacson, *The Innovators* (Simon & Schuster, 2014).
3. Turner, 59.
4. Sherry L. Smith, *Hippies, Indians, and the Fight for Red Power* (Oxford University Press, 2012), 52.
5. Charles Perry, *The Haight-Ashbury* (Random House, 1984), 19.
6. Markoff, 61.
7. Wolfe, 12.
8. Isaacson, 268.
9. Turner, 11.
10. Turner, 2.
11. Paul E. Ceruzzi, *A History of Modern Computing* (MIT Press, 2003), 34~35.
12. Ceruzzi, 12.
13. Theodore Roszak, *From Satori to Silicon Valley* (Don't Call It Frisco Press, 1986), 16~17.
14. Judson Jerome, *Families of Eden* (Seabury Press, 1974), 18.
15. "From Counterculture to Cyberculture: The Legacy of the *Whole Earth Catalog*," Stanford University symposium, November 9, 2006.
16. Steve Jobs, Stanford University commencement address, June 12, 2005.
17. *Whole Earth Catalog*, Fall 1968.
18. *The Last Whole Earth Catalog*, June 1971.
19. Turner, 73.

20. Katherine Fulton, "How Stewart Brand Learns," *Los Angeles Times*, October 30, 1994.

21. Stewart Brand, "Spacewar: Fanatic Life and Symbolic Death Among the Computer Bums", *Rolling Stone*, December 7, 1972.

22. Brand, "Spacewar."

23. Stewart Brand, *II Cybernetic Frontiers* (Random House, 1974).

24. Turner, 121.

25. Marshall McLuhan, *Understanding Media* (McGraw-Hill, 1964), 3.

26. Eric McLuhan and Frank Zingrone, eds., *Essential McLuhan* (BasicBooks, 1995), 92.

27. McLuhan, 80.

28. Isaacson, 261.

29. Tim Berners-Lee, *Weaving the Web* (HarperCollins, 1999), 209.

30. Linus Torvalds, *Just For Fun* (HarperCollins, 2001), 227.

31. Tim Wu, *The Master Switch* (Alfred A. Knopf, 2010), 8.

32. Ron Chernow, *The House of Morgan* (Atlantic Monthly Press, 1990), 54.

33. Peter Thiel, *Zero to One* (Crown Business, 2014), 35.

34. Thiel, 32.

35. Alexia Tsotsis, "Marc Andreessen On the Future of Enterprise," *TechCrunch*, January 27, 2013.

2장

1. Larry Page, University of Michigan commencement address, May 2, 2009. 칼 페이지에 대한 서술은 대부분 슈웬징 등을 비롯해 미시건 주립대학교 동기생 여러 명과 대화를 나누며 알게 된 내용이다. 페이지 가족은 가까운 친구들에게 기자들과의 인터뷰를 거절해달라고 요청했고, 그들은 익명을 조건으로 내게 이런 이야기를 들려주었다.

2. Verne Kopytoff, "Larry Page's Connections," *San Francisco Chronicle*, December 31, 2000.

3. Larry Page interview, *Academy of Achievement*, October 28, 2000.

4. David A. Vise and Mark Malseed, *The Google Story* (Delacorte, 2005), 24.

5. Vise and Malseed, 22.

6. Vise and Malseed, 22.

7. Sherry Turkle, *The Second Self* (Simon and Schuster, 1984), 247.

8. Ken Auletta, *Googled* (Penguin Press, 2009), 28, 32.

9. Larry Page, Google I/O 2013 Keynote, May 15, 2013.

10. Larry Page, "Envisioning the Future for Google: Always a Search Engine?" Stanford University, May 1, 2002.

11. Steven Levy, "All Eyes on Google," *Newsweek*, April 11, 2004.

12. Vise and Malseed, 281.

13. Stephen Gaukroger, *Descartes* (Oxford University Press, 1995), 1.

14. Steven Nadler, *The Philosopher, the Priest, and the Painter* (Princeton University Press, 2013), 106.

15. David F. Noble, *The Religion of Technology* (Alfred A. Knopf, 1997), 144.

16. Nadler, 107.

17. Noble, 145.

18. Noble, 147.

19. Isaacson, 41.

20. Stuart Hampshire, "Undecidables," *London Review of Books*, February 16, 1984.

21. Andrew Hodges, *Alan Turing* (Vintage, 2012), 418.

22. B. Jack Copeland, ed., *The Essential Turing* (Oxford University Press, 2004), 463.

23. Ray Kurzweil, Ask Ray blog, "My Trip to Brussels, Zurich, Warsaw, and Vienna," December 14, 2010.

24. Ray Kurzweil, "I've Got a Secret," 1965, https://www.youtube.com/watch?v=X-4Neivqp2K4.

25. Steve Rabinowitz quoted in *Transcendent Man*, directed by Barry Ptolemy, 2011.

26. *Transcendent Man*, 2011.

27. Ray Kurzweil, *The Singularity Is Near* (Viking Penguin, 2005), 299.

28. Kurzweil, *Singularity*, 40.

29. Kurzweil, *Singularity*, 9.

30. Ray Kurzweil, *The Age of Spiritual Machines* (Viking Penguin, 1999), 129.

31. Kurzweil, *Spiritual Machines*, 148.

32. Kurzweil, *Spiritual Machines*, 147.

33. Peter Diamandis, quoted in *Transcendent Man*.

34. Kurzweil, *Singularity*, 389.

35. Robert M. Geraci, "Apocalyptic AI: Religion and the Promise of Artificial Intelligence," *Journal of the American Academy of Religion 76*, no. 1 (March

2008): 158~159.

36. Wendy M. Grossman, "Artificial Intelligence Is Still the Future," *The Inquirer*, April 7, 2008.

37. Kurzweil, *Singularity*, back cover.

38. John Markoff, *Machines of Loving Grace* (HarperCollins, 2015), 85.

39. Alphabet Inc., Research & Development Expenses, 2015, Google Finance.

40. Larry Page and Sergey Brin, "Letter from the Founders: 'An Owner's Manual' for Google's Shareholders," August 2004.

41. Josh McHugh, "Google Vs. Evil," *Wired*, January 2003.

42. Greg Kumparak, "Larry Page wants Earth to Have a Mad Scientist Island," *TechCrunch*, May 15, 2003.

43. Robert D. Hof, "Deep Learning," *Technology Review*.

44. Sara Jerome, "Schmidt: Google Gets 'Right Up To The Creepy Line'," *The Hill*, October 1, 2010.

45. David Rowan, "On the Exponential Curve: Inside Singularity University," *Wired*, May 2013. 239

46. "Google Pledges $3 Million to Singularity University to Make Graduate Studies Program Free of Charge," *Singularity Hub*, January 28, 2015.

47. Exponential Advisory Board brochure, Singularity University.

48. "*Time* Talks to CEO Larry Page About Its New Venture to Extend Human Life," *Time*, September 18, 2013.

49. Steven Levy, *In the Plex* (Simon & Schuster, 2011), 354.

50. Levy, *In the Plex*, 355.

51. Levy, *In the Plex*, 353.

52. George Dyson, *Turing's Cathedral* (Pantheon, 2012), 312~313.

53. Page, Google Keynote, May 15, 2013.

54. Steven Levy, "Google's Larry Page on Why Moon Shots Matter," *Wired*, January 17, 2013.

55. Levy, *Wired*, January 17, 2013.

3장

1. Steven Levy, *Hackers* (O'reilly Media, 2010), 29, 96.

2. Markoff, *Doormouse*, 272.

3. Patrick Gillespie, "Was Mark Zuckerberg an AOL Add-on Developer?," patorjk.

com, April 9, 2013.

4. Ben Mezrich, *The Accidental Billionaires* (Anchor Books, 2009), 49.

5. Levy, *Hackers*, 475.

6. "Facebook CEO Mark Zuckerberg on stumbles: 'There's always a next move,'" *Today*, February 4, 2014.

7. "Mark Zuckerberg's Letter to Investors: 'The Hacker Way,'" *Wired*, February 1, 2012.

8. David Kirkpatrick, *The Facebook Effect* (Simon & Schuster, 2010), 144.

9. Kirkpatrick, 209.

10. Kirkpatrick, 199.

11. Kirkpatrick, 200.

12. Kirkpatrick, 254.

13. Marc Andreessen, "Why Software is Eating the World," *Wall Street Journal*, August 20, 2011.

14. Laura M. Holson, "Sutting a Bolder Face on Google," *New York Times*, February 8, 2009.

15. Ben Thompson, "Why Twitter Must Be Saved." *Stratechery*, November 8, 2016

16. Matthew Stewart, *The Courtier and the Heretic* (W.W. Norton, 2006), 12.

17. Umberto Eco, *The Search for the Perfect Language* (Blackwell, 1995), 274.

18. Stewart, 141.

19. Eco, 281.

20. James Gleick, *The Information* (Pantheon, 2011), 93.

21. John MacCormick, *Nine Algorithms That Changed the Future* (Princeton University Press, 2012), 3~4.

22. Chris Anderson, "The End of Theory: The Data Deluge Makes the Scientific Method Obsolete," *Wired*, June 23, 2008.

23. Constance L. Hays, "That Wal-Mart Knows About Customers' Habits," *New York Times*, November 14, 2004.

24. Latanya Sweeney, "Discrimination in Online Ad Delivery," *Communications of the ACM 56*, no. 5 (May 2013), 44~54.

25. *Charlie Rose Show*, November 7, 2011

26. Alexandra Chang, "Liveblog: Facebook Reveals a 'New Look for News Feed'," *Wired*, March 7, 2013.

27. Motahhare Eslami, Aimee Rickman, Kristen Vaccaro, Amirhossein Aleyasen, Andy Vuong, Karrie Karahalios, Kevin Hamilton, and Christian Sandvig, "I always assumed that I wasn't really that close to [her]: Reasoning about

Invisible Algorithms in News Feeds," *CHI'15 Proceedings of the 33rd Annual ACM Conference on Human Factors in Computing Systems*, April 2015, 153~162.

28. Jon Kleinberg and Sendhil Mullainathan, "We Built Them, But We Don't Understand Them," *Edge*, 2015.

29. Tom Simonite, "That Facebook Knows," *Technology Review*, June 13, 2012.

30. Adam D. I. Kramer, Jamie E. Guillory, and Jeffrey T. Hancock, "Experimental Evidence of Massive-Scale Emotional Contagion through Social Networks," *Proceedings of the National Academy of Sciences 111*, no. 24 (June 17, 2014), 8788~8790.

31. Reed Albergotti, "Facebook Experiments Had Few Limits; Data Science Lab Conducted Tests on Users With Little Oversight," *Wall Street Journal*, July 2, 2014.

32. Robert M. Bond, Christopher J. Fariss, Jason J. Jones, Adam D. I. Kramer, Cameron Marlow, Jaime E. Settle, and James H. Fowler, "A 61-Million-Person Experiment in Social Influence and Political Mobilization," *Nature 489*, no. 7415 (September 13, 2012), 295~298.

33. Michal Kosinski, David Stillwell, and Thore Graepel, "Private Traits and Attributes are Predictable From Digital Records of Human Behavior," *Proceedings of the National Academy of Sciences 110*, no. 15 (April 9, 2013), 5802~5805.

34. Michael Rundle, "Zuckerberg: Telepathy is the Future of Facebook," *Wired*, July 1, 2015.

35. Joanna Plucinska, "How an Algorithm Helped the LAT Scoop Monday's Quake," *Columbia Journalism Review*, March 18, 2014.

4장

1. "Jeff Bezos in Conversation with Steven Levy," Wired Business Conference, June 15, 2009.

2. Brad Stone, *The Everything Store* (Little, Brown and Company, 2013), 24.

3. 지식경제학에 대한 논의는 대체로 이 책을 참조했다. David Warsh's excellent Knowledge and the *Wealth of Nations* (W.W. Norton, 2006).

4. Paul M. Romer, "Endogenous Technological Change," *Journal of Political Economy 98*, no. 5 (October 1990), S71~102.

5. Cory Doctorow, *Information Doesn't Want to Be Free* (McSweeney's, 2014), 41.

6. Lawrence Lessig, *The Future of Ideas* (Random House, 2001), 14.

7. Kevin Kelly, *New Rules for the New Economy* (Viking Penguin, 1998), 40.

8. Astra Taylor, *The People's Platform* (Metropolitan Books, 2014), 204.

9. Paul Mason, *Postcapitalism* (Farrar, Straus and Giroux, 2015), 125.

10. Herbert A. Simon, "Designing Organizations for an Information-Rich World," in Martin Greenberger, ed., *Computers, Communications, and the Public Interest* (Johns Hopkins University Press, 1971), 40.

11. Gleick, 410.

12. Chris Ruen, *Freeloading* (OR Books, 2012), 7.

13. Robert Levine, *Free Ride* (Doubleday, 2011), 9.

14. Scott Cleland, "Grand Theft Auto-mated," *Forbes*, November 30, 2011.

15. Mark Zuckerberg, Facebook post, November 12, 2016.

5장

1. Staci D. Kramer, "Don Graham on the Sale of The Washington Post, Jeff Bezos, and the Pace of Newsroom Innovation," *NiemanLab*, August 6, 2013

2. David Manning White, "The 'Gate Keeper': A Case Study in the Selection of News," *Journalism Quarterly 27* (December 1950), 383~390.

3. Walter Lippmann, *Liberty and the News* (Harcourt, Brace and Howe, 1920), 7.

4. John B. Judis, *The Paradox of American Democracy* (Pantheon, 2000), 23.

5. Judis, *Paradox*, 22.

6. Katharine Graham, *Personal History* (Alfred A. Knopf, 1997), 465.

7. David Halberstam, *The Powers That Be* (Knopf, 1975), 188.

8. Jeff Bezos, Letter to Amazon shareholders, 2011.

9. Thomas L. Friedman, "Do You Want the Good News First?," *New York Times*, May 19, 2012.

10. Bezos, Letter, 2011.

11. Bezos, Letter, 2011.

12. Jeff Bezos, "Jeff Bezos on Post Purchase," *Washington Post*, August 5, 2013.

13. George Packer, "Cheap Words," *New Yorker*, February 17, 2014.

14. Stone, *Everything*, 243.

15. Daniel Lyons, "Why Bezos Was Surprised by the Kindle's Success," *Newsweek*, December 20, 2009.

16. Ben H. Bagdikian, *The New Media Monopoly* (Beacon Press, 2004), 121.
17. Bagdikian, 16.
18. Wu, *Master Switch*, 219~221.
19. Robert W. McChesney and John Nichols, *The Death and Life of American Journalism* (Nation Books, 2010), 152.
20. André Schiffrin, *The Business of Books* (Verso, 2000), 1.
21. Bennett Cerf, *At Random* (Random House, 1977), 285.

6장

1. Tom Standage, *The Victorian Internet* (Bloomsbury, 2014), 215.
2. Paul Starr, *The Creation of the Media* (Basic Books, 2004), 171~3.
3. Starr, 176.
4. Menahem Blondheim, *News Over the Wires* (Harvard University Press, 1994), viii.
5. Blondheim, 151.
6. David Hochfelder, *The Telegraph in America, 1832~1920* (Johns Hopkins University Press, 2012), 44.
7. Starr, 177.
8. Wu, 22.
9. Starr, 187.
10. Jonathan Zittrain, "Facebook Could Decide an Election Without Anyone Ever Finding Out," *New Republic*, June 1, 2014.
11. Joshua Green, "Google's Eric Schmidt Invests in Obama's Big Data Brains," *BloombergBusinessweek*, May 31, 2013.
12. "Obama for America uses Google Analytics to democratize rapid, data-driven decision making," Google Analytics Case Study, 2013.
13. Steve Lohr and David Streitfeld, "Data Engineer in Google Case is Identified," *New York Times*, April 30, 2012; David Streitfeld, "Google is Faulted for Impeding U.S. Inquiry on Data Collection," *New York Times*, April 14, 2012.
14. Robert Epstein, "How Google Could Rig the 2016 Election," *Politico*, August 19, 2015; Robert Epstein and Ronald E. Robertson, "The Search Engine Manipulation Effect (SEME) and Its Possible Impact on the Outcomes of Elections," *Proceedings of the National Academy of Sciences 112*, no. 33 (August 18, 2015), E4512~4521.

15. Les Brown, "Subliminal Ad Pops Up in National TV Promotion," *New York Times*, December 27, 1973.

7장

1. Greg Bensinger, "Competing with Amazon on Amazon," *Wall Street Journal*, July 27, 2012.
2. Jonah Peretti, "Hormons, Mullets, and Maniacs," New York Viral Media Meetup, August 12, 2010.
3. John Morton Blum, ed., *Public Philosopher: Selected Letters of Walter Lippmann* (Ticknor & Fields, 1985), 133~134.
4. Lippmann, *Liberty and the News*, 5.
5. Robert Darnton, "Writing News and Telling Stories," *Daedalus 104*, no. 2 (Spring 1975), 175~184.
6. Taylor, 87.
7. "The Worst Jobs of 2015," CareerCast.com.
8. Andy Serwer, "Inside the Mind of Jonah Peretti," *Fortune*, December 5, 2013.
9. James Fallows, "Learning to Love the (Shallow, Divisive, Unreliable) New Media," *Atlantic*, April 2011.
10. "Innovation," *New York Times*, March 24, 2014.
11. Joshua Topolsky blog, July 11, 2015.
12. Andrew Sullivan, "Guess Which Buzzfeed Pieces is an Ad," The Dish blog, February 21, 2013.

8장

1. Evan Osnos, "Embrace the Irony," *New Yorker*, October 13, 2014.
2. Simon van Zuylen-Wood, "Larry Lessig, Off the Grid," *New Republic*, February 5, 2014.
3. Lawrence Lessig, "Laws That Choke Creativity," TED, March 2007.
4. T. S. Eliot, *Selected Essays 1917~1932* (Harcourt, Brace and Company, 1932), 182.
5. Taylor, 23.
6. Robert Levine, *Free Ride* (Doubleday, 2011), 84.

7. Clay Shirky, *Cognitive Surplus* (Penguin, 2010), 82.

8. Thomas L. Friedman, "Collaborate vs. Collaborate," *New York Times*, January 12, 2013.

9. Thomas Aquinas, Basic Writings of St. Thomas Aquinas, vol. 1, ed. Anton C. Pegis (Random House, 1945), 312.

10. Mark Rose, *Authors and Owners* (Harvard University Press, 1993), 18.

11. Percy Lubbock, ed., *The Letters of Henry James: Volume 1* (Charles Scribner's Sons, 1920), 424.

12. William Wordsworth, *The Poems of William Wordsworth* (Methuen and Co., 1908), 516.

13. Martha Woodmansee and Peter Jaszi, eds., *The Construction of Authorship* (Duke University Press, 1994), 5.

14. Siva Vaidhyanathan, *Copyrights and Copywrongs* (New York University Press, 2001), 50.

15. Vaidhyanathan, 45.

16. Robert Spoo, Without Copyrights (Oxford University Press, 2013), 42.

17. Jenny Hartley, ed., *The Selected Letters of Charles Dickens* (Oxford University Press, 2012), 96.

18. Rudyyard Kipling, *Kipling's America: Travel Letters, 1889~1895*, ed. D H. Stewart (Johns Hoplins University Press, 2003), xx.

19. Henry Holt, "The Commercialization of Literature," *Atlantic Monthly*, November 1905.

20. Frederick Anderson, Lin Salamo, Bernard L. Stein, eds., *Mark Twain's Notebooks & Journals, Volume II*, 1877~1883 (University of California Press, 1975), 414.

21. John William Crowley, *The Dean of American Letters* (University of Massachusetts Press, 1999), 11.

22. Crowley, 11.

23. Holt, "Commercialization of Literature."

24. Ernest Hemingway, *Green Hills of Africa* (Scribner, 2015), 50.

25. James L. W. West III, ed., F. Scott Fitzgerald, *My Lost City: Personal Essays, 1920~1940* (Cambridge University Press, 2005), 189.

26. William J. Quirk, "Living on $500,000 a Year," *American Scholar*, Autumn 2009.

27. Alfred Kazin, *Starting Out in the Thirties* (Atlantic Monthly Press, 1962), 15

28. Lewis A. Coser, Charles Kadushin, Walter W. Powell, Books: *The Culture and*

Commerce of Publishing (University of Chicago Press, 1985), 233.

29. Authors Guild, "The Wages of Writing," 2015 Member Survey, September 2015.

30. William J. Baumol and William G. Bowen, *Performing Arts* (Twentieth Century Fund, 1966).

31. Jason Epstein, *Book Business* (W.W. Norton, 2001), 1.

32. "Chris Anderson on the Economics of 'Free'," *Der Spiegel*, July 28, 2009.

33. Kevin Kelly, *What Technology Wants* (Viking, 2010), 237.

34. Kevin Kelly, "Scan This Book!," *New York Times Magazine*, May 14, 2006.

35. Kelly, "Scan This Book!"

36. Evgeny Morozov, *To Save Everything, Click Here* (PublicAffairs, 2013), 292.

9장

1. Shane Greenstein, *How The Internet Became Commercial* (Princeton University Press, 2015). 인터넷의 민영화에 관한 나의 이야기는 그린스타인의 이 역사서를 많이 참조한 것이다.

2. Ceruzzi, 321.

3. "Competition and Deregulation: Striking the Right Balance," Remarks of William E. Kennard, United States Telecom Association Annual Convention, October 18, 1999.

4. Wu, 6.

5. Bruce Schneier, *Data and Goliath* (W. W. Norton, 2015), 2.

6. Schneier, 22.

7. Carl Shapiro and Hal R. Varian, *Information Rules* (Harvard Business School Press, 1999), 175.

8. Ariel Ezrachi and Maurice E. Stucke, *Virtual Competition* (Harvard University Press, 2016), 71.

9. Thurman W. Arnold, *The Folklore of Capitalism* (Beard Books, 2000), 66.

10. Arnold, 217.

11. Nomination of Thurman W. Arnold, Hearings Before a Subcommittee of the Committee on the Judiciary, United States Senate, 75th Congress, 3rd session, March 11, 1938, 5.

12. Michael J. Sandel, *Democracy's Discontent* (Harvard University Press, 1996), 241.

13. Sandel, 240.

14. "Too much of a Good Thing", *Economist*, March 26, 2016.

15. K. Sabeel Rahman and Lina Khan, "Restoring Competition in the U.S. Economy," Roosevelt Institute Report, June 2016.

16. Jeffrey Rosen, *Louis D. Brandeis* (Yale University Press, 2016), 48.

17. Neil Richards, *Intellectual Privacy* (Oxford University Press, 2015), 95.

18. Rosen, 22.

19. Louis D. Brandeis and Norman Hapgood, *Other People's Money* (F. A Stokes, 1914), 142.

20. Stone, 290~291.

21. Robb Mandelbaum, "Then Amazon Collects Sales Tax, Some Shoppers Head Elsewhere," *New York Times*, April 28, 2014.

22. Stone, 287.

23. Stone, 294.

24. Harry Davies and Simon Marks, "Revealed: How Project Goldcrest Helped Amazon Avoid Huge Sums in Tax," *Guardian*, February 18, 2016; Simon Marks, "Amazon: How the World's Largest Retailer Keeps Tax Collectors at Bay," *Newsweek*, July 13, 2016.

25. Davies and Marks, Guardian; Gaspard Sebag and David Kocieniewski, "What Is Amazon's Core Tech Worth? Depends On Which Taxman Asks," *BloombergTechnology*, August 22, 2016.

26. "Fortune 500 Companies Hold a Record $2.4 Trillion Offshore," Citizens for Tax Justice, March 3, 2016.

27. "Facebook's Multi-Billion Dollar Tax Break," Citizens for Tax Justice, February 14, 2013.

28. David Leonhardt, "The Big That Avoid Taxes," *New York Times*, October 18, 2016.

29. David Dayen, "The Android Administration," *Intercept*, April 22, 2016.

30. "Mission Creep-y," Public Citizen report, November 2014.

31. Dayen, "Android Administration."

32. Brody Mullins, Rolfe Winkler, and Brent Kendall, "Inside the U.S. Antitrust Probe of Google," *Wall Street Journal*, March 19, 2015.

33. McChesney and Nichols, Death and Life, 151.

10장

1. Warren J. Belasco, *Appetite for Change* (Cornell University Press, 2007), 62.
2. Belasco, 49.
3. Belasco, 48.
4. Michael Pollan, "The Food Movement, Rising," *New York Review of Books*, June 10, 2010.
5. Michael Wolff, *Television is the New Television* (Portfolio/Penguin, 2015), 50.
6. John Herrman, "Mutually Assured Content," *The Awl*, July 30, 2015.
7. Wolff, 73.
8. Taylor, 184.
9. George Orwell, "Books v. Cigarettes," *The Collected Essays, Journalism and Letters of George Orwell* (Harcourt, Brace & World, 1968), 94.
10. Orwell, 95~96.
11. Alan Bilton, *Silent Film Comedy and American Culture* (Palgrave Macmillan, 2013), 16.
12. *Public Relations, Edward Bernays and the American Scene* (The F.W. Faxon Company, 1951), 19.
13. Larry Tye, *The Father of Spin* (Henry Holt and Company, 1998), 52.
14. Ted Striphas, *The Late Age of Print* (Columbia University Press, 2009), 29.
15. Striphas, 28.
16. Raymond Williams, *Keywords* (Oxford University Press, 1976), 87.
17. Williams, 87.
18. Rosen, 48.
19. Pierre Bourdieu, *Distinction* (Harvard University Press, 1984), 6.

11장

1. Kevin Kelly, *The Inevitable* (Viking, 2016), 81.
2. MG Siegler, "Nicholas Negroponte: The Physical Book Is Dead In 5 Years," *TechCruch*, August 6, 2010.
3. "U.S. Publishing Industry's Annual Survey Reveals Nearly $28 Billion in Revenue in 2015," Association of American Publishers, July 11, 2016.
4. Steven Roger Fischer, *A History of Reading* (Reaktion Books, 2003), 27.
5. Fischer, 202~203.

6. Michel Serres, *Conversations on Science, Culture, and Time,* trans. Roxanne Lapidus (University of Michigan Press, 1995), 171~172.

찾아보기

옮긴이 후기

미국 실리콘밸리 기업들의 지식 독점을 지적하는 이 책의 한국어 출간을 앞두고 흥미로운 일이 벌어졌다. 이 책의 저자인 프랭클린 포어가 서문에서 밝혔듯이, 저자로 하여금 이 책을 쓰게 만든 단초를 제공한 페이스북의 공동 설립자인 크리스 휴스가 「이제는 페이스북을 분리할 때(It's Time to Break Up Facebook)」라는 글을 2019년 5월 9일 《뉴욕타임스》 오피니언 섹션에 기고한 것이다. "실리콘밸리가 저널리즘을 망가뜨렸다."는 말이 나오게 만든 그 장본인이 페이스북의 독점 문제를 지적하는 글을 쓴 것에 대해 이 책의 저자가 어떻게 생각하는지는 알 수 없지만, 실리콘밸리의 핵심에 있었던 사람의 입에서 그런 말이 나온 것은 강한 파급력을 발휘했다.

크리스 휴스의 글이 《뉴욕타임스》에 등장한 후 한 달이 채 지나지 않아 테크 기업들, 특히 이 책의 2장, 3장, 4장에서 각기 다루고 있는 세 기업 구글, 페이스북, 아마존의 분사 논의는 "하느냐 마느냐의 문제가 아니라 시기의 문제"라는 말까지 나올 만큼 빠르게 논의가 확산되고 있다. 게다가 휴스가 페이스북을 분리해야 한다고 주장하면서 들었던 근거는 포어가 이 책에서 이야기하는 것과 다를 바 없다. "미국은 권력이 한 곳에 집중되어서는 안 된다는 아이디어로 만들어진 나라"라는 것이다. 휴스가 내세운 주장은 이 책에 담긴 포어의 주장과 놀라울 만큼 똑같다.

갖가지 다양한 사례와 역사적 팩트가 가득한 이 책이 주는 교훈을 하나만 꼽으라면, 기업들의 독점 문제는 결코 경제적인 문제에만 국한되지 않는다는 것이다. 우리나라에도 독점을 방지하는 '독점 규제 및 공정거래에 관한 법률'이 존재하지만 이는 경제법의 테두리 안에 존재한다. 입법 취지에서 한국 독점규제법의 존재 목적은 '창조적인 기업 활동을 조장하고, 소비자를 보호하며, 국민경제의 균형 있는 발전을 도모'하는 데 있다고 밝힐 만큼 궁극적으로 경제법이다.

하지만 이 책에서 저자가 설명하듯이, 미국의 독점 규제는 대기업의 힘이 궁극적으로 행정부나 입법부, 사법부와 같은 국가 권력기관과 다르지 않다고 생각하는 데에서 출발한다. 기업이 가진 힘에도 권력 기관에 적용되는 견제와 균형(check and balance) 원리를 똑같이 적용하는 것이다. 소비자 보호나 기업과 경제의 성장이라는 경제적 논리에 국한되지 않고, 견제와 균형이라는 정치적 원리를 적용하게 되면 정말 모든 것이 달라진다! 당장 아무도 독점의 피해를 겪고 있지 않는 상황에서도, 단지 그 규모가 지나치게 크다는 이유만으로 기업 분리를 명령할 수 있기 때문이다.

저자는 서면 아놀드와 루이스 브랜다이스의 견해 차이를 들어 미국 독점방지법을 둘러싼 논쟁의 핵심을 알기 쉽게 설명하는데, 이는 추상적인 법 논리 싸움이 아니다. 실제로 근래에 미국에서 논의된 독점방지법들은 결국 '소비자에게 피해가 되느냐'는 아놀드식 기준을 따르고 있고, 페이스북과 구글, 아마존이 (적어도 미국 내에서는) 비교적 안심하고 있었던 이유도 그것이다. 저자는 이 모든 것을 브랜다이스의 논리로 다시 점검해야 한다고 주장한다.

　이 책의 출간이 시의적절한 이유는 최근 미국 법무부에서 반독점법 위반 조사에 착수했을 뿐 아니라, 2020년 미국 대선에서 트럼프의 재선을 저지하기 위해 출사표를 던진 민주당 후보들이 거의 예외 없이 테크 대기업을 쪼개야 한다는 주장을 펼치고 있기 때문이다. 특히 소비자 보호에 앞장서온 엘리자베스 워런 상원의원은 "오늘날 테크 대기업들은 (미국의) 경제와 사회, 그리고 민주주의에 너무나 큰 권력을 행사한다."는 주장을 하고 있다.

　따라서 이제 본격화되어서 2020년 11월 초까지 이어질 미국의 선거 운동에서 테크 대기업의 독점 문제는 가장 중요한 이슈 중 하나가 될 것이고, 민주당 후보가 당선된다면 이 문제는 다음 정권의 주요 어젠더가 될 수도 있다. 특히 트럼프의 당선과 영국의 EU 탈퇴, 즉 브렉시트 투표에서 세계 최대의 소셜네트워크인 페이스북의 역할이 분명하게 드러난 이상 민주당 정권에서는 이를 경제적인 문제가 아닌 민주주의에 대한 위협으로 인식하고 대응할 것이다.

　물론 이 책은 테크 대기업들의 폐해를 정치적인 위협에 국한해서만 설명하지 않으며, 대형 플랫폼이 인류의 지식과 사고에 미치는 영향까지 심도 있게 다루고 있다. 특히 21세기 초에 막강한 파워를 갖게 된 이 기업들이 실리콘밸리를 정신적 토대로 삼고 있다는 점, 그리고 그 정신이 인류의 지식사에서 갖는 의미를 설명하는 대목은 독점법 논쟁 부분과 더불어 이 책의 백미다.

　『생각을 빼앗긴 세계』는 세계의 정치, 경제적 환경은 물론 인류의 지적 환경이 급변하는 2019년 현재를 살고 있는 우리가 반드시 읽어봐야 할 책이고, 앞으로 몇 년 동안 일어날 정치, 경제를 비롯한 다방면의 논의에서 계속해서 참조하고 언급하게 될 책이다. 이렇게 중요하고 흥미로운 책을 제때에 번역할 수 있게 도와주신 반비 출판사와 김희진 편집장님께 깊은 감사를 드린다.

2019년 5월
옮긴이를 대표하여
박상현

생각을 빼앗긴 세계

거대 테크 기업들은
어떻게 우리의 생각을 조종하는가

1판 1쇄 펴냄 2019년 7월 15일
1판 5쇄 펴냄 2021년 12월 20일

지은이   프랭클린 포어
옮긴이   이승연, 박상현

편집   최예원 조은
미술   김낙훈 한나은
전자책   이미화
마케팅   정대용 허진호 김채훈 홍수현 이지원 이지혜
홍보   이시윤 박그림
저작권   남유선 김다정 송지영
제작   임지헌 김한수 임수아 권혁진
관리   박경희 김도희 김지현

펴낸이   박상준
펴낸곳   반비

출판등록 1997. 3. 24.(제16-1444호)
(06027) 서울시 강남구 도산대로1길 62 강남출판문화센터
대표전화 515-2000, 팩시밀리 515-2007
편집부 517-4263, 팩시밀리 514-2329

블로그 http://blog.naver.com/banbi
페이스북 http://www.facebook.com/Banbibooks
트위터 http://twitter.com/banbibooks

만든 사람들
책임편집 김희진
디자인   이경민